平野 智美 監修
新・教育学のグランドデザイン
*
中山 幸夫・田中 正浩 編著

関 聡・新田 司・上野 正道・古屋 真・池谷 美佐子

八千代出版

執筆分担（掲載順）

平野　智美	元・上智大学名誉教授	第1章
関　　聡	久留米信愛女学院短期大学学長	第2章
新田　司	千葉敬愛短期大学教授	第3章・第8章
田中　正浩	実践女子大学教授	第4章・第10章・資料
上野　正道	上智大学教授	第5章
古屋　真	駒沢女子短期大学准教授	第6章
中山　幸夫	敬愛大学教授	第7章
池谷美佐子	敬愛大学教授	第9章

はしがき

　本書の初版（2010年）が発行されて早6年が経過した。八千代出版森口恵美子代表から改訂版の出版要請があった。6年の経過の中で、日本の政治、経済の急激な変化において、教育の理論と実践も変化した。はしがきでは、全章の前提となるこの変化の要点を取り上げてみたい。

　日本の教育と社会は今、きわめて重大な曲り角に立っている。それは経済のグローバル化や増大する巨額の財政赤字によって生じたのではなく、政治の主導によってである。政治の主導は、教育においては、1984年の臨時教育審議会からはじまった。

　それは第一次安倍内閣（2006年9月）と第二次安倍内閣（2012年12月）の政策、改革から顕著になった。政治主導、政策の主たるものは、戦争放棄、戦力不保持、交戦権否認を規定する憲法第9条に関連するものである。臨時教育審議会の第四次答申の今後の改革の主要点については、個性重視の原則、生涯学習体系への移行、社会の変化への対応である。しかも、個性重視の原則には、画一性、硬直性、閉鎖性の打破と自由と規律、自己責任の原則を主たる指針とした。それは多元的で多様な個性ではなく、一元的個性、一元的な能力主義と自己責任により教育機会の差別化を促す政策として展開された。

　さらに、安倍政権下では、教育基本法の改正、道徳教科化、学校システムの再編も行われた。法制度の変革は、教育の改善改革に導くものではない。教育の弊害と矛盾が増大し、深刻化することになる。ここに政治主導の教育改革の重大な問題点がある。

　安倍政権下の教育政策には、教科書政策に見られる国家主義的な思想統制、道徳の教科化の人格統制、教育委員会制度改革による行政的統制、学力テストの学校別結果公表の国家教育統制などがある。

　経済財政政策は合理性、妥当性、有効性が判断基準となるが、教育政策は判断基準、評価基準となる合理性、有効性、適切性が安倍政権下では無視されている。従来、教育政策は文部大臣（現文部科学大臣）の諮問機関である中

央教育審議会において審議、策定されてきたが、臨時教育審議会以降、教育改革国民会議（2000年）、教育再生会議（2006年、野依良治：独立行政法人理化学研究所理事長以下16人）、教育再生実行会議（2013年、鎌田薫：早稲田大学総長以下14人）などは、内閣総理大臣の諮問機関において基本路線が設定され、中央教育審議会はその基本路線の政策を具体化し正当化する傾向を強化してきた。

　この傾向はさらに、教育改革国民会議と教育再生会議のメンバーが内閣総理大臣、内閣官房長官、文部科学大臣で構成され、教育再生実行会議では、「新しい歴史教科書をつくる会」元会長や全日本教職員連盟の元委員長が委員となっている状況へと拡大した。

　このように、安倍政権下の教育政策では、中央教育審議会とは異なり、委員構成が偏り、教育の専門家や現場教師が非常に少数で、とりわけ、首相、官邸の人脈が重視され、その意向に添った思想的、教育的関心をもつ人が多数選任されている、そのうえ、初等・中等教育専門の教育学者が非常に少数である。なお、両会議の詳細は、第8章、第9章、第10章と巻末の資料を参照されたい。

　最後に、初版の発行と同様に全章の執筆者の原稿を精読して語彙と表記の間違いを訂正していただいた八千代出版社の森口恵美子代表と編集担当の井上貴文氏に大変お世話になりました。記して衷心より感謝したい。

監修者　平野智美

目 次

はしがき　i

第1章　教育の意義と課題 …………………………………… 1
第1節　教育の意義　1
1　教育とは何か　1　　2　無力な存在　1
3　教育によって人間になる　2　　4　教育の可能性　3
第2節　教育を構成する要因　3
1　教育活動の本質　3　　2　教師と愛情　3
第3節　意図的教育と無意図的教育　4
1　学校教育と家庭・社会の教育　4　　2　生 涯 学 習　5
第4節　今日の教育課題　6
1　教育への疑念　6　　2　現代社会の激動と教育の変化　6
3　新しい教育の基本的方向　8

第2章　教育の諸理論 ………………………………………… 9
第1節　コメニウス　9
1　コメニウスの生涯と業績　9　　2　コメニウスの教育理論　10
第2節　ロ ッ ク　10
1　ロックの生涯と業績　10　　2　ロックの教育理論　11
第3節　ル ソ ー　12
1　ルソーの生涯と業績　12　　2　ルソーの教育理論　12
第4節　ペスタロッチ　13
1　ペスタロッチの生涯と業績　13　　2　ペスタロッチの教育理論　14
第5節　フレーベル　15
1　フレーベルの生涯と業績　15　　2　フレーベルの教育理論　16
第6節　ヘルバルト　17
1　ヘルバルトの生涯と業績　17　　2　ヘルバルトの教育理論　17
第7節　ケ　　イ　18
1　ケイの生涯と業績　18　　2　ケイの教育理論　19
第8節　デュ ー イ　20
1　デューイの生涯と業績　20　　2　デューイの教育理論　21

第3章　教育の歴史・思想の展開　23
第1節　西欧における教育の歴史的展開　23
1　古代ギリシアの教育と教育目的　23
2　中世の教育と教育目的　24
3　ルネサンス期の教育と教育目的　25
4　近代の教育と教育目的　27　　5　国民教育から公教育へ　28
第2節　日本における教育の歴史的展開　31
1　古代・中世の教育と教育目的　31
2　近世の教育と教育目的　32
3　近代以降の教育と教育目的　34

第4章　教育と社会　39
第1節　社会の教育的機能　39
1　社会生活と教育　39
2　意図的な教育作用と無意図的な教育作用　40
第2節　教育の社会的機能　42
1　社　会　化　42　　2　教育の社会的機能と社会改造機能　43
3　社会集団と教育　44

第5章　教育課程と教育内容　53
第1節　教育課程の意味―カリキュラム・デザインへ―　53
第2節　教育課程の編成―カリキュラムの類型と構成―　54
1　カリキュラムの類型　54　　2　カリキュラムの構成要件　57
第3節　教育課程の変遷　58
1　近代日本の教育課程　58　　2　現代の教育課程の変遷　60
第4節　学習の原理　66
1　状況的学習（正統的周辺参加論）　66　　2　活動理論　67
3　社会文化的アプローチ　68　　4　ケアリング　68
5　学びの共同体　69

第6章　教育方法　71
第1節　教育の方法的原理の自覚　71
第2節　教授・学習の原理　72
1　直観教授　72　　2　段階教授法　72
3　問題解決学習　73　　4　発見学習　74

5　有意味受容学習　75　　6　プログラム学習　76
　　第3節　授業の構造　77
　　　1　授業の設計と展開　77　　2　教材と教具　79
　　　3　教　科　書　80
　　第4節　生　徒　指　導　81
　　　1　生徒指導の意義と目的　81　　2　生徒指導の留意点　81
　　　3　これからの生徒指導　82

第7章　学校教育の制度 ……………………………………… 85
　　第1節　近代学校制度の成立と発展　85
　　　1　学校の起源と歴史　85
　　　2　公教育の思想と近代学校制度の成立　87
　　　3　公教育制度の基本原理　89
　　第2節　学校体系の類型　90
　　　1　複　線　型　91　　2　単　線　型　91　　3　分　岐　型　92
　　第3節　主要国の学校制度　93
　　　1　欧米主要国の学校制度　93
　　　2　アジア主要国の学校制度　101
　　　3　日本の学校制度　104

第8章　教育行政と学校経営（運営） ……………………… 107
　　第1節　教育行政とは何か　107
　　　1　教育行政とは　107　　2　日本の教育行政の特色　108
　　第2節　教育行政のシステム　109
　　　1　国（文部科学省）　109　　2　地方（教育委員会）　110
　　第3節　教　育　法　規　111
　　　1　教育関連法規　111　　2　教員と関連法規　113
　　第4節　学校経営と運営　116
　　　1　学　校　経　営　116　　2　学校運営をめぐる近年の動き　118

第9章　教師の仕事 …………………………………………… 123
　　第1節　教職の専門性　123
　　　1　教師の仕事　123　　2　教職の専門性の条件　124
　　第2節　教師の力量形成　127
　　　1　教師の力量形成の必要性　127　　2　不断の研修　128

第3節　教師教育の課題　130
　　1　教員に求められている資質・能力　131
　　2　学生が教員を目指す動機　131　　3　学生から聞かれる不安　132
　　4　教育現場からの不満　132　　5　課題の原因とその解決　133
　第4節　学　級　経　営　134
　　1　わかるようでわかりにくい「学級経営」という言葉　134
　　2　学級経営の意義　134　　3　学級経営を支える学級経営案　135
　第5節　学級経営の配慮事項　135
　　1　組織の一員であるという意識　135
　　2　高い危機管理意識　136
　　3　児童・生徒に対する平等な指導　136
　　4　観念的・固定的な判断の回避　136
　　5　保護者との望ましい連携の構築　137

第10章　現代の学校問題　　　139

　第1節　学校不信のメッセージ　139
　　1　告発的な問いかけ　139　　2　「不登校」というメッセージ　140
　　3　「居場所」を探す子ども　141
　第2節　「いじめ」から見えること　142
　　1　「いじめ」という病理現象　142
　　2　「いじめ」への取り組み　144
　　3　新たな「いじめ」の手法　145
　第3節　教師と親の学校問題　146
　　1　指導力不足の教師　146　　2　壊れていく学級　147
　　3　常識や理屈が通じないモンスター　147
　第4節　学校問題を問い直す　148
　　1　教育条件の変容　148　　2　学校教育の再考　149

資　　料　151
索　　引　207

第1章
教育の意義と課題

第1節　教育の意義

1　教育とは何か

　古来多くの教育学者や思想家によって、様々な定義が企てられてきた。これらの定義は見方によれば、十人十色であって、全く帰一することがないのである。しかし、詳細に考察すれば、すべてに共通した考えがあることがわかる。コメニウス (Johann Amos Comenius, 1592-1670) は「人間は教育によってのみ人間となる」と書いている。またカント (Immanuel Kant, 1724-1804) も「人間とは教育が人間から作りだしたものにほかならない」と述べている。両者の定義から、教育は「人間を人間たらしめる活動」であるということになる。

2　無力な存在

　「人間を人間たらしめる」とはいかなる意味であろうか。私たち人間は人間として誕生したのである。しかし、あらゆる生物の中で、人間の幼児ほど無能、無力で哀れなものはいない。生物学的に見て、人間以外の動物は生後ただちに、あるいはきわめて短期間に直立や歩行ができるが、人間は生後10カ月たってようやく、このような基本的な運動ができるようになる。ポルトマン (Adolf Portmann, 1897-1982) は、「人間は生後一歳になって、哺乳類が生まれた時に実現している発育状態に、やっとたどりつく」とし、人間のこの状態を1年間の「生理的早産」と呼んでいる。またゲーレン (Arnold Gehlen, 1904-1976) は、人間は動物から見ると「欠陥生物」であると指摘している。人間は生物学的に見て、全く「頼りない存在」である。

その幼児が17～20年後には、一人前になり、いろんな言葉を話し、書き、読んで、多くの人々や社会と交わりを結ぶ。そして人々や社会との交流を豊かにするのに必要な、礼儀、思いやり、助け合いなどの道徳、習慣、慣習を身につける。また、自分の生活や職業に必要な知識や技術を習得し、生活を維持するのに必要な経済的な能力を身につけるようになる。感情や想像力を発揮して、自然界や人間界の美を受け入れて、芸術性を習得する。さらに、社会生活の秩序を維持するのに必要な法律や秩序を理解し、実践する人間となる。

3 教育によって人間になる

無力、無能な頼りない幼児のこのような驚嘆すべき変化と発展は、どのようにして、また何によって生じたのであろうか。それはすべて教育によってである。前述の様々な知識、技術や道徳、秩序などの文化価値は、ことごとく教育によって生じているのである。ゆえに教育によってはじめて、人間の子は単なる生物であることを止めて、人間になり成人になるのである。ルソー (Jean-Jacques Rousseau, 1712-1778) は次のように述べている。「私たちは弱い者として生まれる、私たちには力が必要である。私たちは何も持たずに生まれる。私たちには助けが必要だ。私たちは分別を持たずに生まれる。私たちには判断力が必要だ。生まれた時に私たちが持っていなかったもので、大人になって必要となるものは全て教育によって与えられる」と。人間はただ教育によってのみ人間となるのであって、人間は「理性的動物」であるとか、「社会的動物」とかいわれてきたが、全く同じように、人間は「教育的存在」であるといえる。「人間は教育されることを必要とする唯一の存在である」(カント)。

以上、人間は教育によってのみ、人間以外の他の生物には見られない驚くべき成長と発達を遂げることを考察した。ところで、教育は他の動物には不可能で、なぜ人間に対してのみ可能であるのか。

4 教育の可能性

よく知られているように、人間の遺伝的素質は柔軟性、流動性がきわめて豊かであり、他の動物の遺伝的素質は、固定不動であり、遺伝によって受け継いだ本能・衝動の範囲内に限られた成長と発達しかできない。人間の子も本能・衝動を遺伝として受け継いでいるが、人間の素質には、本能・衝動とは異質の、様々な価値あるものを求めて止まない力や特質がそなわっている。人間以外の動物には、このすばらしい力や特質はそなわっていない。このことから考えても、人間以外の動物には教育は不可能である。人間にだけ見られる教育可能性は、かつては「陶冶性」といわれていた。人間にはこの教育可能性がそなわっているので、教育が可能なのである。

第2節　教育を構成する要因

1 教育活動の本質

教育は次の要因から構成されている。①資格をもつ専門職の教師、②教師から教育を受ける児童・生徒（被教育者）、③教師が児童・生徒に伝える教育内容＝教科・教材（curriculum）、④教師、児童・生徒、教育内容の3者に影響する現代社会の状況。教育はこれら4者の全体的な関連において展開される活動である。教師は児童・生徒に対して、教育内容を媒介にして働きかけ、教育内容を構成する様々な客観的な文化価値（文化財）を伝達し、児童・生徒の主観的精神と教育内容の客観的精神との融合を目指すのである。これによって、単に自然的・主観的な存在であり、遺伝的な素質の可能性に過ぎない児童・生徒を、客観的な価値を身につけた人間、自律的な人格にまで形成することができる。このことが教育活動の本質であり務めでもある。

2 教師と愛情

教師の活動は、単に児童・生徒に対して行われるのではなく、彼らが成人となって構築する理想の社会や国家のためになされるのである。それはいささかも教師自身の利益や名誉のためになされるのではない。人の働きが他人

のために捧げられる場合、それは愛と呼ばれる。教師の活動のすべてに愛が染み渡っていなくてはならない。この教師の愛に包まれ支えられなくては、力も弱く、抵抗力も少ない、経験も乏しい児童・生徒は、この世の荒波、誘惑、危険に耐えることはできないし、人間としての価値を身につけることはできない。

　子どもたちが真の人間になるためには、教師の愛による安定感が不可欠である。子どもたちの安定感は教師への信頼を生む。教育、教師の聖人と崇拝されたペスタロッチ（Johann Heinrich Pestalozzi, 1746-1827）は、教育の最高の秘訣は教師の愛と説いている。彼の墓碑銘には、「すべてを他者のためにして、自分のためには何もしなかった」と記されている。教育の仕事に専念する教育関係者すべてが、あらためて銘記すべき言葉ではないだろうか。

　教師が児童・生徒を価値ある人間に高めようとする教育内容は、人類が長い歴史の歩みの中で、様々な困難、迷い、闘争から創造された貴重な文化財である。この数多くの文化財の中から、被教育者の発達段階に応じて、彼らの能力や経験にふさわしい、かつ教師が被教育者に理解可能と予想するものだけを選んで編成されたものであり、それが教科であり教材である。児童・生徒が教育内容を習得し受容するためには、教師の愛情の浸み通った数々の援助、指導、励ましなどが必要である。それがなくては、彼らはとうてい教育内容を理解することも、それを自分たちの人格形成の糧にすることもできない。

第3節　意図的教育と無意図的教育

1　学校教育と家庭・社会の教育

　人間は教育によってのみ人間になるといっても、教育は人間の一生において、単に子どもの時期に限定されるのか、それとも全生涯にわたって行われるのか、また、教育の行われる場所は学校のみに限定されるのか、それとも家庭、社会の全体を含むのか、という問題が生じる。さらに、これら3領域における教育はすべて同一のものか、それとも各領域は独自な機能と特質を

もっているのか、ということも検討されなくてはならない問題である。まず教育のはじまる時期を考えてみると、ルソーが「人間の教育は、生まれると同時に始まる。ものを言う以前、聞き分ける以前に子どもは教育されつつあるのである」と述べるように、人間教育はこの世に生まれると同時にはじまると考えるべきであろう。

しかし、今日では母体内で成育中の胎児期においても教育（胎教）がはじまることが、医学的に証明されている。教育の終期も単に学校教育の終期に限定すべきではない。学校を卒業して社会に出た人間は、上司、先輩、同僚などから様々な指導や影響を受ける。最近は「企業内教育・研修」も意図的に実施されている。また家庭においても、親、兄弟、姉妹、祖父母のいる家庭などから絶えず教育を受けるのである。さらに私たちが住む地域社会の人々や風俗・習慣によって、教育的な影響を受けている。

もちろん、現代のマス・コミュニケーションは青少年に強力な影響を及ぼしている。今日の青少年による非行、犯罪の増加とその低年齢化は、低俗化した情報の氾濫がその一因であろう。青少年が静かに落ちついて事がらの本質と価値を見抜く力を回復させなければならない。このように、人間の教育は特定の人、特定の場所においてのみ行われるのではなくて、全生涯の間、社会全体を通じて行われると考えるべきである。私たち日本人は、伝統的に教育は学校教育のみで行われる、と考えがちであるが、この考えは根本的に是正しなくてはならない。

2　生涯学習

では、学校教育と家庭・社会教育は機能的に同じであるのか、異なるのかを検討しなくてはならない。学校教育は教える者と学ぶ者が明確に区別されており、また法的に計画されて運営されている。さらに被教育者への教育は法的規定に基づいて、学校段階別に客観的な目的や基準によって展開されている。このように有意的・計画的・合目的的の3条件を完全にそなえていることが、学校教育が「意図的教育」と呼ばれる理由である。一方、学校教育に対して、家庭・社会教育は、学校教育を規定する法的に必要な3条件を完

全に具備していない、という理由から「無意図的教育」と呼ばれている。意図的教育と無意図的教育が、相互に有機的に関連し合いながら、人間教育にその作用を及ぼしているのである。今日、このように二分化された教育観を根本的に是正しなくてはならない事態が生じている。世界各国が教育政策の中心としている「生涯学習」である。それは意図的教育の中心である学校教育と、現実に実施されている家庭・社会の教育の無意図的教育とを総合する第三の新たな教育である。

第4節　今日の教育課題

1　教育への疑念

　教育は私たちの身近な経験であり、生活の一部になっていて、その意味は自明なものであった。大人はいうまでもなく子どもでさえも、教育は人間を善くするためのもの、人間にとって大切なものであると答えることができた。しかし1960年代の「教育爆発の時代」の後半から、「教育とは何か」という問い、疑念が提起されてきたが、満足のいく答えが見出されることなく現在に至っている。すなわち、人間にとって教育とは、政治とは、家庭とは、幸福とは何か、という問いである。これまで人間との深いかかわりをもっていた教育、政治、家庭、幸福などが、今や人間を離れて独走するようになり、「脱人間的」「人間疎外的」なものになってきたのである。たとえば、イリッチ（Ivan Illich, 1926-2002）の「脱学校」（deschooling）論である。彼は、学校制度の存在を自明なことと考えてきたこれまでの社会の通念を、根本から考え直すべき時期である、と主張した。

2　現代社会の激動と教育の変化

　次に私たちが検討すべき課題は、現代社会の激動と教育と教育の課題である。教育は政治、経済、社会、文化、思想などの諸条件に影響される。人類がはじめて経験する今日の社会の激動は、教育を根本的に変化させた。したがって、現代社会の激動の実相について、そして当面する教育の課題を明ら

かにしなくてはならない。

　第一は、社会全般の変動である。高度産業社会の急速な発展と情報化の進行によって、都市化が進み、地域社会はその機能が弱体化し、家族は核家族化したのに、逆に、国家の機構や企業の組織は変化して複雑になった。こうした変化から、身分、階層、職業による階層間の「格差」が目立たなくなり、平均化された「中間層」が多くなり、人々の社会的上昇への要求が強まった。その手段として、わが国の学歴＝学校歴尊重の伝統を背景に過酷な受験体制を生み出した。

　第二は、経済を中心とした世界のグローバル化である。最近のアメリカの金融危機は、世界各国に経済危機を惹起した。銀行、証券会社、企業の倒産により多数の失業者が生じた。このことから、家庭の経済的格差が生じ、教育の機会均等の原則が揺らぎ、子弟の進学に影響を及ぼすことになった。

　第三は、生産革命と高度知識社会の出現である。科学・技術革命とコミュニケーションの発展によって、知識・技術の量が爆発的に増加し、質も高度化して「高度知識社会」が出現した。このことから、質の高い多くの知識の学習を子どもに要求することになった。「教育内容の現代化」の世界的動向はその現れである。ここに、教育内容と子どもの発達や能力との間にギャップが生じ、落ちこぼれ、怠学、中途退学、不登校などの学校教育病理が生じた。

　第四は、大衆社会の出現と人間性の喪失である。以上の変化に加えて、現代の社会は「大衆社会」に変貌した。それに伴い、人々の思想や価値観が流動し、多元化して、そこに混乱や相克が生じた。ここから、人間が人間として共通にもつべき価値や目標に向かって自分を高めようとする生き方、また、社会の中での他者との対処の仕方、さらに、生きがいのある人生を送ろうとする意欲が喪失し、孤独感、無力感、欲求不満の中で自分の世界に閉じこもり、そこを自分の「居場所」にするようになる。生きがいのある人生をどのようにして確立するかが、教育の深刻な課題となる。

3 新しい教育の基本的方向

　以上、現代社会の激動とそれが教育の根本を動揺させる、様々な点について明らかにした。私たちが現代社会の激動のみに関心を向け、それに追随するならば、教育は時流に迎合して、「人間を人間性に高める」教育の基本方向を見失うのである。特に政治に翻弄されてきたわが国の教育の現状は、この方向に進みつつある。私たちは、国民のための、とりわけ次代を担う子どものための教育の確立に、積極的に取り組まなければならない。

●参考文献
稲富栄次郎『新教育原理』福村出版、1967年
I. イリッチ著、東洋・小澤周三訳『脱学校の社会』東京創元社、1977年
苅谷剛彦・山口二郎『格差社会と教育改革』岩波ブックレット、2008年
I. カント著、勝田守一・伊勢田耀子訳『教育学講義』明治図書出版、1971年
A. ゲーレン著、亀井裕・滝浦静雄他訳『人間学の探究』紀伊國屋書店、1970年
J. A. コメニュス著、鈴木秀勇訳『大教授学』明治図書出版、1962年
杉谷雅文『教育哲学』玉川大学出版部、1968年
杉谷雅文・村田昇編著『教育学原論（全訂版）』ミネルヴァ書房、1984年
藤田英典『教育改革』岩波新書、1997年
藤田英典編『誰のための「教育再生」か』岩波新書、2007年
A. ポルトマン著、高木正孝訳『人間はどこまで動物か』岩波新書、1961年
藤田英典『安倍「教育改革」はなぜ問題か』岩波書店、2014年
森昭『現代教育学原論』国土社、1968年
T. リット著、石原鉄雄訳『教育の根本問題』明治図書出版、1971年
J.-J. ルソー著、今野一雄訳『エミール』（上・中・下）岩波文庫、1962〜1964年

第2章 教育の諸理論

第1節　コメニウス

1　コメニウスの生涯と業績

　「近代教育の父」と呼ばれるコメニウス（Johann Amos Comenius, 1592-1670）は、今日のチェコ共和国のモラヴィア出身の宗教改革者であり教育思想家である。ドイツの大学で学び、祖国に戻りボヘミア同胞教団の牧師や教団付属学校の教師を務めていたコメニウスは、後にヨーロッパに大きな惨禍をもたらす三十年戦争（1618-1648）の戦禍に巻き込まれる。ドイツ皇帝軍により故郷の町は焼かれ、自身の家財もすべて失い、所属する教団は非合法化された。コメニウスは亡命し、以後、二度と故郷に戻ることなく、一生をヨーロッパを舞台に流浪のうちに過ごす。

　流浪生活の中でコメニウスは、教団の復興と祖国や世界の平和は次世代の教育による以外にない、と考えるようになった。そのような信念に基づいて、コメニウスは組織的な学校教育や合理的な教授法を思索したのである。その結果、「すべての人に、すべての事を教える、普遍妥当の技術を示す書」とサブタイトルをつけた『大教授学』（1657）を著す。体系的教授学の先駆である本書と世界最初の絵入りの言語入門教科書である『世界図絵』（1658）は、ヨーロッパ中で読まれ大きな影響を及ぼし、コメニウスは近代教育学の祖として位置づけられることになった。生涯を研究活動や教団活動、そして世界平和に捧げたコメニウスであったが、祖国の独立はかなうことなく78歳でその生涯を閉じた。

2 コメニウスの教育理論

『大教授学』においてコメニウスは、学校制度を、「母親学校」(0～6歳)・「母国語学校」(6～12歳)・「ラテン語学校」(12～18歳)・「大学」(18～22歳)の4つの段階に分けて構想した。これは今日の学校制度とほとんど同じであるが、コメニウスはこれを17世紀半ばに構想したのである。コメニウスの教育思想の原点は、「すべての人に、すべての事を教える」ことにあり、彼が目指したのは、国民全員が教育を受けるための教育内容・教育方法の探究であった。『大教授学』においては、教育目的と内容、学校教育、教授方法の原理、教授方法の具体論、学校制度と管理が論じられ、教育学におけるはじめての体系的著書と考えられている。すべての人々が就学し、民衆に合理的な教育方法で体系的な教育内容を教授することにより、世界平和の構築を達成するというのがコメニウスの教育的信念であった。

「自然の秩序に従い事物に即してすべての人に知識を授ける」という教育原理は、後にルソー、ペスタロッチへと受け継がれていく。その一つは、教育は外部から形成するものではなくて、子どもの内部にある自然の法則に則って行われるという子ども観・教育観である。もう一つは、言葉や文字の暗記という教育方法から、絵・図や事物・標本を使った直観教授と呼ばれる教育方法への転換である。これらの自然主義・感覚主義的な教育によって理想的社会の建設を目指す態度は、それ以降の教育学および教育者に大きな影響を与えた。

第2節 ロック

1 ロックの生涯と業績

生まれてきた人間は白紙であるという「白紙説」を説き、教育の力を大きく評価したロック (John Locke, 1632-1704) はピューリタン革命から王政復古、そして名誉革命へと激動するイギリスに生まれ、イギリス市民社会の成立の指導者となった。

オックスフォードにて医学や自然科学を学んだロックは、30代半ばから

15年間、政界の大人物（シャフツベリ卿）の秘書となり、ともに政治にかかわりつつ教育や哲学の思索を深める。シャフツベリ卿の反王政運動の失敗に伴いオランダに亡命するが、名誉革命後に帰国し、新政府の指導的役割を果たし、イギリスの近代民主主義の代表的思想家となる。

ロックの教育論は『教育に関する若干の考察（教育論）』（1693）に代表される。冒頭に「健全な精神は健全な肉体に宿る」（A Sound Mind in a Sound Body）と記された本書は、彼がオランダ亡命中に母国の友人宛に出した、友人の息子の教育のための書簡をまとめたものである。したがって体系的な教育学ではないが、出版後は広くヨーロッパで読まれ、大きな影響を与えた。

2　ロックの教育理論

『教育論』の冒頭にもあるように、ロックは教育を、知育・徳育・体育ととらえ、特に体育の重要性を説き、身体の訓練の習慣化を提唱し、イギリスの紳士教育の原点をつくった。そこでは、薄着・冷水浴・水泳・粗食・硬いベッドなどが奨励され、もともとイギリスの伝統である、習慣主義・訓練主義・練成主義的な貴族教育ないし紳士教育が説かれている。徳育については、体罰や脅しを否定し、言葉による訓戒ではなく実践による模範を説き、規則は少なくし守らせると具体的な提案をする。知育においては、知識獲得よりも実技的・技能的な内容が重視され、伝統的ラテン語主義はその非実用性から否定されている。

以上の教育論はまさにブルジョア階級の紳士論をめぐるものであって、ロックは別に、下層階級の教育についても晩年に論じている。『下層階級の子弟のための労働学校案』（1697）がそれで、下層階級の子どものための労働学校の設立構想である。3歳から14歳までの貧困家庭の子どもを労働学校に義務的に収容し、子どもたちは労働に携わりながら収入を得て教育を受けることができる。一方、貧困階級の親は子どもの面倒を見ることなく労働に専念できるという貧民救済策であった。この学校は実現するに至らなかったが、貧困児の救済施設はその後ヨーロッパにおいて、ロックの構想した流れで展開していく。

ロックの「白紙説」は教育の力を高く認めるものであり、名誉革命後の市民社会形成期にふさわしい思想であった。よき教育的働きかけによって、よき紳士が形成される。知識は感覚を通して経験によって得られる。教育が人間をつくるのである。ロックの提唱した「自然」や「自由」の概念は、ルソーが『エミール』を書く時に、ロックの『教育論』から大きな影響を受けたように、次の教育思想家たちに受け継がれていく。

第3節　ル　ソ　ー

1　ルソーの生涯と業績

　「子どもの発見者」といわれるルソー（Jean-Jacques Rousseau, 1712-1778）は、スイス、ジュネーブの時計職人の息子として生まれる。出生後すぐに母親が死去し、若くして父や兄とも別れ長く放浪生活を送った後、パリで思想界にてデビューする。懸賞論文に応募した『学問芸術論』（1750）が金賞をとり、一躍名声を得たのである。さらにルソーは、『人間不平等起源論』（1755）を執筆し、その思想家としての地位を固めた。1761年に書簡体恋愛小説『新エロイーズ』を、翌年には、「人間は自由なものとして生まれた。しかもいたるところで鎖につながれている」と冒頭に記した『社会契約論』、教育思想史上の不朽の著『エミール』を世に出し、ヨーロッパ思想界の寵児となる。
　しかし、『エミール』の中に伝統的教会の教義や儀式を否定する記述があったため、当局の弾圧を招き、パリ高等法院により『エミール』は焚書となり、自身にも逮捕状が出てジュネーブに逃れる。ところが、ジュネーブ当局もまた『社会契約論』と『エミール』を焚書とし、ルソーの逃亡生活がはじまる。迫害と孤独の中、各地を放浪しながら自伝的著作『告白』（死後出版）を書き、1778年、パリ近郊で死去した。

2　ルソーの教育理論

　『エミール』の序でルソーはいう。「人は子どもというものを知らない。子どもについてまちがった観念をもっているので、議論を進めれば進めるほど

迷路にはいりこむ。このうえなく賢明な人々でさえ、大人が知らなければならないことに熱中して、子どもにはなにが学べるかを考えない。かれらは子どものうちに大人をもとめ、大人になるまえに子どもがどういうものであるかを考えない」(岩波文庫・今野訳) と。

ルソー以前、子どもは「小さな大人」であり、子ども時代は「大きな大人になる準備期間」であった。ルソーによって子どもは大人から切り離され、子ども独自の価値が与えられた。それゆえルソーは「子どもの発見者」と呼ばれるのである。

さらにルソーは次のようにいう。「万物をつくる者の手をはなれるときすべてはよいものであるが、人間の手にうつるとすべてが悪くなる」と。人間は善いものとして生まれてくるが社会が人間を堕落させる、という性善説がルソーの教育思想の出発点である。したがって、大人や教師が積極的に手を加える教育ではなく、自然の成長にゆだねる「消極的教育」が主張される。

『エミール』は小説的で教訓的な教育書であるが、5歳までは束縛を解き体を強くすることが説かれ、12歳までは知的教育よりも感覚器官・運動器官の訓練が重視され、12歳から15歳までは知的欲求に応える知識獲得を、15歳から20歳までに情緒的発達と道徳的態度が完成される。

このような発達段階に応じた教育内容や教育方法。子どもは内在する自然の計画に沿って発達するという発達観。活動や労作を通して感覚器官や運動器官を訓練する方法。子ども独自の感性や思考の尊重。すなわち、児童中心主義・消極的教育論・自然主義・感覚主義等に特色づけられるルソーの教育思想は、次のペスタロッチやフレーベルのみならず、20世紀の「新教育運動」へ引き継がれていくことになる。

第4節 ペスタロッチ

1 ペスタロッチの生涯と業績

その卓越した教育思想と生涯を貧しい子どもたちの教育に捧げたペスタロッチ (Johann Heinrich Pestalozzi, 1746-1827) は、「人類の教育者」とも「愛の教

師」とも「民衆教育の父」とも呼ばれ、教師の理想像として今も教育に携わる多くの者から慕われている。ペスタロッチはスイスのチューリッヒの外科医のもとに生まれるが、5歳の時に父が死去し、敬虔なキリスト教の信仰のもと、兄弟とともに母の手で育てられる。当時のスイスは産業革命や市民革命が進行し、大きく社会が変革する中で、貧しく虐げられた弱い立場の人々そして多くの子どもたちが出現した。

聖職者を目指した若きペスタロッチは、社会の現実や様々な思想に触れ（特にルソー）、法律家へと志望を転換し、政治活動にも参加した。しかし1767年に政治事件によって投獄され、官職に就くのを断念した。その翌年、ペスタロッチは妻とともに農場経営に乗り出し、ノイホーフに農園をつくった。しかし農場経営は計画通りに進まず、1774年に貧民の子どもたちのための教育施設を開いた。そこでの経験は、『隠者の夕暮』（1780）や『リーンハルトとゲルトルート』（1781）に著される。

ノイホーフの施設は5年で閉鎖となるが、1798年、シュタンツにて戦災による孤児のための施設を経営することになる。4歳から8歳までの80人を収容した施設の困難と思索をペスタロッチは『シュタンツ便り』（1799）に記している。シュタンツの激務で健康を害したペスタロッチであるが、教師こそ自らの天職であると悟り、ブルックドルフ（1799）で小学校の教師となる。さらにミュンヘンブーフゼーにて私塾を開き、1805年にイフェルドンに学校を設立する。その間に書かれたのが、『ゲルトルートはいかにしてその子を教えるか』（1801）であり、最晩年の著は『白鳥の歌』（1825）である。イフェルドンの学校も最終的には教師の対立で廃止されるが、ペスタロッチの生涯は悪戦苦闘の連続であり、貧民救済と教育にすべてを捧げたのである。

2　ペスタロッチの教育理論

「玉座の高きにあっても木の葉の蔭に住まっても人間の本質は同じ」とペスタロッチは『隠者の夕暮』でいう。ルソーから受け継いだ平等主義であり、ペスタロッチは生涯を貧民階級の子どもたちに尽くす。ペスタロッチは『白鳥の歌』において、人間の根本的力とは、精神力・心情力・技術力であると

説いた。さらにこれを、精神的・道徳的・身体的な3つの力とも、「頭」「心臓」「手」とも表現した。頭によって象徴される精神力の教育が「知識の教育」である。心臓によって象徴される心情力の教育が「道徳・宗教の教育」である。手によって象徴される技術力の教育が「職業訓練や身体の教育」である。これら3つの教育が心臓の教育を軸として調和的に統一されること、すなわち「全面発達」がペスタロッチの意図する教育であった。また、コメニウスやルソーからペスタロッチが受け継ぎ、さらに孤児院や学校での実践に基づいた彼の教育方法は直観教授法と呼ばれ、事物や事象、活動や経験による教育法であった。

　失敗や苦悩の連続とも見えるペスタロッチの生涯であるが、そこにある人間愛や教育愛は、あるべき教師の姿を今も私たちに教えてくれるのである。

第5節　フレーベル

1　フレーベルの生涯と業績

　世界ではじめての幼稚園（Kindergarten）を創設した「幼児教育の祖」とも「幼稚園の父」とも呼ばれるフレーベル（Friedrich Wilhelm August Fröbel, 1782-1852）は、ドイツのチューリンゲンの山の中の小さな教会の牧師の息子として生まれた。フレーベルの出産後半年で母親は亡くなり、彼は後に来た継母から疎まれ、孤独な幼少期を過ごした。母親の愛情には恵まれなかったが、キリスト教的精神と故郷の森林などの自然が幼きフレーベルを育てていった。

　イエナ大学で自然科学を学んだ後、様々な職業に就いたフレーベルは、25歳の時にイフェルドンのペスタロッチのもとで教育に携わることになる。そこでフレーベルはペスタロッチから、彼の教育思想や教育方法を学び、ゲッチンゲンに移りベルリンに転じ、物理・科学・生物学そして哲学等を学び、自らの教育哲学を構築する。1816年にグリースハイムにて（「一般ドイツ教育舎」と名づけた）、翌年にはカイルハウにて（「カイルハウ学園」と呼ばれた）、学校を開き、フレーベルの独自の教育実践がはじまった。彼の学校経営は主に経済的理由から困難を伴ったが、そこでの実践をもとに著されたのがフレーベル

の主著『人間の教育』(1826)である。その後、孤児院の経営などにかかわりながら、フレーベルは幼児期の教育の重要性に目を向けることになる。

　1839年、保育者養成も兼ねた保育施設である「遊びと作業の施設」をブランケンブルグに開設し、翌年、「一般ドイツ幼稚園」と名をあらためた。今日の「幼稚園」の誕生である。そこで使われた遊具が「恩物」(Gabe、神から賜ったものの意)である。幼稚園の拡大を「幼稚園運動」と呼ぶが、プロイセン政府の自由主義弾圧により、「幼稚園禁止令」(1851)が出され、フレーベルは禁止令が解かれないまま翌年に亡くなる。フレーベルの死後、幼稚園運動は高まり、1860年に禁止令は解かれ、以後、急速にヨーロッパ中に広まり、世界に拡大していった。その幼稚園運動の標語が「子どもたちに生きよう」というフレーベルの言葉だった。

2　フレーベルの教育理論

　『人間の教育』においてフレーベルは次のようにいう。「すべて天地間の万物の中には一つの永遠不滅の法則が存在し、それが万物を生かし、しかもこれを支配している」「万物を支配するこの法則の根底には、あまねく万物に通じ、自ら明瞭な、生きた、自覚的な、したがって永遠に存在する統一者が必然的に存在する」「統一者とはすなわち『神』である」(玉川大学出版)と。

　人間はもとより自然や宇宙など万物に神性を置くのがフレーベルの世界観である。したがって、教育の役割とは人間の内に秘められた神性を引き出すことである。子どもの活動もまた神的なものの表現であり、その自己表現や自己活動を尊重しなければならない。子どもは、創造し、活動し、表現する。それは、手段ではなくて目的なのである。そこで、フレーベルは子どもの「遊び」の教育的価値を高く評価する。

　日本ではじめての幼稚園（東京女子師範学校附属幼稚園）がつくられたのは、彼がブランケンブルグで幼稚園をつくってわずか30数年後のことである。

第6節　ヘルバルト

1　ヘルバルトの生涯と業績

　フレーベルと同じくヘルバルト（Johann Friedrich Herbart, 1776-1841）もまたペスタロッチのもとを訪ね、その教えを受け継いだ者である。フレーベルは実践に生涯を捧げ「幼稚園」を設立し、ヘルバルトは理論に生涯を捧げ、教育学史のうえではじめて科学的教育学を構想し、「科学的教育学の祖」と称せられている。

　北ドイツのオルデンブルグの弁護士の息子として生まれたヘルバルトは、子どもの頃から神経質であったが秀才の誉れが高く、18歳でイエナ大学に入る。大学では、哲学を学び、ヘルダー（Johann Gottfried von Herder, 1744-1803）やシェリング（Friedrich Wilhelm Joseph von Schelling, 1775-1854）、シラー（Johann Christoph Friedrich von Schiller, 1759-1805）やフィヒテ（Johann Gottlieb Fichte, 1762-1814）などの影響を受ける。1797年から3年間、スイスのベルン州知事の3人の息子の家庭教師となり教育の実践を積み、ブルックドルフのペスタロッチを何度か訪ね、ペスタロッチの理論と実践に触れる。

　1802年、ゲッチンゲン大学で教授の資格を得て教育学を講じ、1803年、『ペスタロッチの直観のABC』を著す。1806年、教育学史上、はじめての体系的科学的教育学の著といわれる『一般教育学』を世に出した。1809年、カント（Immanuel Kant, 1724-1804）の後任としてケーニッヒスベルグ大学の正教授に就任する。大学においては、教育学講座の設置や教員養成制度の整備に努め、ドイツ教育学の土台をつくり、1841年、研究と講義と著述の生涯を65歳で閉じる。

2　ヘルバルトの教育理論

　これまでの子育て論や教育論を超え、科学的教育学を構築しようとしたヘルバルトは、教育学を倫理学と心理学で基礎づけようとした。教育の目的を倫理学が、教育の方法を心理学が導くのである。

ヘルバルトの教育理論はカントから受け継いだ倫理主義・道徳主義であり、強固な「道徳的品性」の陶冶を教育目標とする。ヘルバルトは道徳的品性を、①内心の自由（内的な徳）、②完全（意志の力）、③好意（他人への同情）、④正義（お互いの権利）、⑤公平（正・不正の判断）の5つに分け、その5つの理念の完成を目指した。この教育目標を具現化するために、管理と教授と訓練があるとヘルバルトはいう。管理とは訓練と教授を可能にする秩序をもたらす作用であり、訓練とは子どもへの直接的な働きかけである。教授についてヘルバルトは「教育的教授」という概念を使い、子どもの内面への働きかけを強調する。

　ヘルバルトはこの教育的教授の目的を、「他方面的興味」を開くことであるとする。他方面的興味とは今日でいう教科内容であり、それらを一人ひとりの子どもが内面で統一を図ることがその目的になる。そのための教授段階（教育方法）をヘルバルトは次の4段階に分けた。「明瞭」「連合」「系統」「方法」の4段階である。今日の学校教育で一般的に使われる「導入」「展開」「整理」「発展」等の原型ともいえる。このヘルバルトの4段階は、ヘルバルト学派によって引き継がれ、「分析―総合―連合―系統―方法」（チラー）や「予備―提示―比較―総括―応用」（ライン）の5段階法に発展し、日本に導入され、明治のわが国の教育界に大きな影響を与えた。

第7節　ケ　　イ

1　ケイの生涯と業績

　20世紀の幕開けの時に、「20世紀は児童の世紀」と高らかに謳ったケイ（Ellen Key, 1849-1926）は、スウェーデンに生まれた。当時のスウェーデンはヨーロッパにおいて、もっとも遅れた貧しい小国であり、急速な近代化の波に翻弄されていた。そのような中、彼女は美しい自然に囲まれた貴族の田園の館で、愛情と教養に包まれた幸せな家庭のもとで育つ。22歳の時に、国会議員になった父に伴ってストックホルムに出て、様々な知識人と交友をもつ。1880年頃、父の失敗により一家は離散するが、ケイはストックホルム

に残り、女子学校の教壇に立ち自活をしながら、新聞等で評論活動をはじめ、教育問題や社会問題や婦人問題について独自の立場から論陣を張った。

　ケイは、19世紀を「女性の世紀」と呼び、近代化に伴う女性の地位向上などの女性を取り巻く環境の変化に目を向ける。ケイは家庭に閉じ込められ男性に従属させられていた女性の自我が確立するのを認めるが、同時に、子どもや家庭をおろそかにする女性や、女性が工場労働者として取り込まれていくことに大きな危惧をもつ。すなわち、母性の危機である。彼女はいう。「新しい女性」は母性に帰る、と。女性が子どもを産み育てる。女性の使命と責任はそこにあり、それゆえに女性は男性と対等に価値をもつ。幼き子どもは家庭で育てるべきであるというのがケイの発想である。

　1900年の新年を迎える鐘の音とともに書き上げられたという伝説をもつ『児童の世紀』は、各国に翻訳され新教育運動の標語ともなった。1989年、国連は「子どもの権利条約」（Convention on the Rights of the Child）を採択した。この条約は、ケイの『児童の世紀』から、「ジュネーブ宣言」(1924)、「世界人権宣言」(1948)、「子どもの権利宣言」(1959)と受け継がれてきた子どもの権利を謳う歴史の到達点である。

2　ケイの教育理論

　20世紀初頭の新教育運動は、「児童から」（Vom kinde aus）、「児童中心」（Child-centered）といった標語で表され、ケイの『児童の世紀』もまた新しい思想を表したものであった。ケイは子どもを押し潰そうとする近代学校教育制度を批判して次のようにいう。「幼稚園は単なる工場にすぎない。そこで子どもたちは、自分の好みにしたがって粘土のケーキを形作るのではなく、『型にはまる』ことを学ぶ。それが、小さな人間の素材たちが身をもって経験することの典型なのである。そして、加工された物体は、工場の一階から一つ上の階、すなわち学校へと送られ、その後、学校から大量に出荷されていくのである」と。そこにはルソー以来の、子どもは「小さな大人」ではないという、子ども中心主義が貫かれている。さらにケイは、「私のこの夢の学校は、政府がその軍備に大きく犠牲を払っている限り、この世には現れてこない」

と軍国主義を批判している。

　ケイの思想は、「新しい世紀」「新しい女性」「新しい学校」「新しい教育」を希求し続けたものである。新しい世紀においては新しい教育が新しい人間をつくり、その結果、世界は神性に包まれ、そこには愛情と平和がもたらされる、と彼女は21世紀の夢を見たのである。

第8節　デューイ

1　デューイの生涯と業績

　20世紀においてもっとも影響力のあった教育学者の一人であるデューイ (John Dewey, 1859-1952) は、アメリカのバーモント州に生まれ、バーモント大学を卒業し、ハイスクールの教師となる。1882年、デューイはジョンズ・ホプキンス大学大学院に入学し、哲学の博士号を取得し、ミシガン大学、ミネソタ大学で教鞭をとった後、新設のシカゴ大学の哲学・心理学科の主任として招かれる。

　1896年、「実験学校」と呼ばれるシカゴ大学の付属小学校をデューイは開設する。その成果を『学校と社会』(1899)に著すが、そこでデューイは次のようにいう。「旧教育は、これを要約すれば、重力の中心が子どもたち以外にあるという一言につきる。重力の中心が、教師・教科書、その他どこであろうとよいが、とにかく子ども自身の直接の本能と活動以外のところにある。…（略）…いまやわれわれの教育に到来しつつある変革は、重力の中心の移動である。それはコペルニクスによって天体の中心が地球から太陽に移されたときと同様の変革であり革命である。この度は、子どもが太陽となり、その周囲を教育の諸々の営みが回転する。子どもが中心であり、この中心のまわりに諸々の営みが組織される」と。すなわち、「児童中心」主義教育の宣言である。

　1904年にコロンビア大学に移り、さらに思索を深めるが、彼の思想は教育哲学のみならず、文化や政治など広範囲に及び、知識・道徳・真理・正義などの諸問題を論じ、20世紀最大の教育思想家と位置づけられるに至る。

日本の教育にも大きな影響を与えたデューイは、1952年、冷戦のさなかに生涯を閉じる。

2 デューイの教育理論

　進歩主義教育とも呼ばれるデューイの思想は、プラグマチズムの立場をとり、実験主義（Experimentalism）とも道具主義（Instrumentalism）とも自らを称している。デューイによれば、教育とは「経験の連続的改造」であり、その目的は子どもの「成長」である。デューイにとって教育は生活であり、経験の改造であり、同時に社会過程であった。そして子どもはそれを、「なすことによって学ぶ」（learning by doing）のである。デューイの「問題解決学習」は次の5段階の過程をたどる。①問題を感じとる、②問題を予測する、③注意深く調べる、④仮説をつくる、⑤仮説を確かめる、である。問題に直面し、問題を整理し、解決のための仮説を立てて検証し、新たな問題を見出すプロセスに子どもの成長がある。思考とは問題を解決するための道具（道具主義）であり、その正しさは実験（実験主義）によって確かめられるのである。

　デューイは『民主主義と教育』（1916）において次のようにいう。「成長が生命の特徴なのであるから、教育は成長とまったく同じことであり、それ以外にいかなる目的も持たない。学校教育の価値の基準は、どれだけ今後の成長への願望を作り出し、この願望を実現する手段を与えるかである」と。デューイにおいては、教育目的・教育方法・教育内容すべてに子ども中心が貫かれており、ルソーにはじまる「子ども中心」の教育原理が現代において結実した思想・理論であるといえよう。

●参考文献
長田新監修『西洋教育史』御茶の水書房、1959年
教育思想史学会編『教育思想事典』勁草書房、2000年
平野智美編著『教育の理論』八千代出版、1988年
森昭・吉田昇・村井実編集『教育の思想』（教育学全集2）小学館、1967年

第3章
教育の歴史・思想の展開

第1節　西欧における教育の歴史的展開

1　古代ギリシアの教育と教育目的

　紀元前8世紀頃、ギリシア各地に都市国家であるポリスが成立したが、なかでもスパルタとアテネは代表的なポリスとして知られる。軍事国家であったスパルタは男子を国家に貢献できる兵士にすることが教育目的であった。「スパルタ式」という言葉で象徴されるように、スパルタの教育は厳格なものであった。男子は誕生直後から国家の管理下に置かれ、6、7歳になると国の教育施設に入れられ、軍事訓練を中心とする教育を30歳になるまで受け続ける。読み書きや学芸は限られ、個人は国家のためにあるという意識を植えつけられた。一方アテネは、私的な教育機関によって教育が行われ、子どもは家族のもとで養育された。アテネには私的な機関として、体育学校であるパライストラ、音楽学校であるディダスカレイオンがあり支配階級の子弟が通った。15歳になり国営のギムナシオン（上級の体育学校）に入学した者は、優秀な戦士となるための厳しい訓練を受ける。

　紀元前5世紀頃、アテネで活躍したのがソクラテス（Sokrates, B. C. 469頃-399）である。ソクラテスは、若者にとって必要なのは「善く」生きることであり、真理の探究であると説いた。問答による「対話」を通して、真理を探究する中から「無知の知」が見出されたが、教育者の教え込みによらず、学習者自らの力で真理を獲得させるこの「問答法」は「産婆術」ともいわれ、ソクラテスはこの産婆術によって、若者たちを徳（アレテー）へと導く教育

に力を注いだのである。

　ソクラテスの死後、その弟子であるプラトン（Platon, B. C. 427-347）は、上流階級の優れた子弟を集めて、紀元前387年にアカデメイア（Akademeia）を開設し、青年たちを理想の政治家にすべく教育にあたった。その著書『国家』では、哲人・軍人・生産者の階級で構成される国家を哲人が統治する哲人政治を理想とし、それぞれの階級に応じた教育を行うべきであると述べ、教育目的を国家と個人との関係で定めた。さらにプラトンの弟子であるアリストテレス（Aristoteles, B. C. 384-322）も、リュケイオン（Lykeion）を開設して教育にあたったが、彼もプラトンと同様に国家における教育の重要性を論じており、著書『政治学』では、「立法家が特に努力しなくてはならないものは、若者の教育」であるとし、国が教育を怠ったならば、その国の国制が損なわれると述べている。

2　中世の教育と教育目的

　キリスト教は4世紀末にはローマ帝国の国教となり、キリスト教中心の社会となったヨーロッパでは、キリスト教信仰の確立と普及、教会と領主による支配の正当化を目的とした教育が行われた。キリスト教の普及に伴い、ヨーロッパ各地に教会や修道院が設立されるが、それらには主にキリスト教の聖職者養成を目的とした学校が付設され、聖職者として必要なキリスト教の初歩的な教義、修行、七自由科（seven liberal arts）が施された。修道院学校（monastic school）には、聖職者を志願する子弟だけでなく、一般の子弟のための教育も行われ、初歩的な読み、書き、算術などが課せられた。5世紀頃に誕生した本山（司教座）学校は13世紀、ローマ教皇庁により制度化された。その頃、イタリアのトマス・アクィナス（Thomas Aquinas, 1225-1274）が、哲学と神学を結合してスコラ哲学を大成した。ちなみにスコラとは、もともと教会付属の学校を意味し、スコラ哲学は本山学校の教師によって担われたことに由来する。

　中世では、宮廷が独特の教育制度をもち盛んに教育を行った。フランク王国のカール大帝（Karl der Große, 742-814）をはじめ、王侯や領主が宮廷学校を

設立し、子弟に対して宮廷規律や勇気・忠誠・寛容の三主徳を中心とする騎士道を教育し、「騎士の七芸」の修得を重んじた。

中世後期になると、地中海を中心とした遠隔地間の交易が盛んになり、商工業が発展した。それに伴い、12～13世紀になると職人や商人の同業者組合であるギルド（guild）が結成された。ギルドは、徒弟が親方のもとに住み込む徒弟奉公の形で職業教育を行い、徒弟は、数年間の年季を経て試験に合格すると、ギルドへの加入を許されて職人となった。

大学は12世紀頃に誕生したとされている。法学で有名になった北イタリアのボローニャ大学が最初の大学といわれ、神学のパリ大学、医学のサレルノ大学が生まれた。これらの大学では教授と学生とのウニヴェルシタス（同業組合）、つまり学問のギルドのようなものがつくられ、国王や教皇などからの庇護を得た。

3　ルネサンス期の教育と教育目的

1）ルネサンスと人文主義

13世紀末、北イタリアを中心に、古代ギリシア・ローマの文学や芸術の復興を目指すルネサンス（文芸復興）運動が起こった。中世のキリスト教の信仰による束縛や教会による人間性の抑圧から人間を解放し、神中心の文化から人間中心の文化への転換を図るこのルネサンス運動により、ギリシア・ローマの古典文化のもつ普遍的な教養を重視し、調和的な人間性の養成を目指す人文主義（ヒューマニズム）が登場した。人文主義の教育は、幅広い教養の修得と個性ある人間形成を目的とし、神への敬虔な信仰を基礎に、古典を通して幅広い教養を身につけ、豊かな情操と道徳心をそなえ、健全で美しい肉体をもった万能教養人を理想とした。ルネサンス期を代表するオランダの人文主義者エラスムス（Desiderius Erasmus, 1466-1536）は、教育書『幼児教育論』(1529) の中で、早期教育の重要性を主張し、子どもを自由人にふさわしい独立した人格をもった個人と認め、体罰によらない、子どもの興味・関心や個人差に配慮した教育が必要であると述べている。エラスムスの新しい子ども観に基づく教育論は後の思想家に大きな影響を与えた。

2）宗教改革

イタリアに端を発したルネサンスは、北欧へ広がると社会改革を目指す運動へと展開した。1517年ドイツの宗教改革者ルター（Martin Luther, 1483-1546）は、ローマ・カトリック教会が販売した免罪符に対して、95カ条の論題をヴィッテンベルグの教会に掲示して批判し、宗教改革に乗り出した。「真に個人の霊魂の救済を実現するには、すべての人間が自らの神の言葉を理解する必要がある」と訴えたルターは、すべてのドイツ国民が自ら聖書を読めることが必要であると考え、初等教育で初歩的なドイツ語教育と宗教教育を行うべきだと主張した。さらに民衆の子どものための学校設立の必要性を説き、初等教育の義務化を提唱した。

3）実学主義

17世紀に入ると、具体的な経験や知識を重視し、現実の生活に即した実学主義（リアリズム）が台頭する。実学主義の教育では、自然科学的な素養をそなえ、合理的判断ができる人間の育成が目的とされた。「知は力なり」で知られるイギリスの経験論哲学者ベーコン（Francis Bacon, 1561-1626）は感覚を重視し、感覚によって獲得した事物や経験によって自然や社会を理解する感覚的実学主義の立場をとり、観察と実験が自然を認識し支配する唯一の方法であるとして帰納法を提唱した。

17世紀最大の教育思想家であるコメニウス（Johann Amos Comenius, 1592-1670）は『大教授学』（1657）において、すべての民衆が人類の普遍的知識の体系である汎知（パン＝ソフィア）を学ぶことが人類の相互理解へとつながると主張し、単線型の公立学校設置の必要性を説いた。彼はベーコンやドイツの教授学者ラトケの影響を受け、感覚的実学主義による教授学を確立した。コメニウスの直観による教授方法は「事物教授」ともいわれるが、感覚が認識の唯一の源であると考えるコメニウスは、「なによりもまず外部感覚の訓練が行われる」ことが必要であると説いた。彼の教授方法は、1658年に著された世界初の絵入り語学教科書といわれる『世界図絵』で具現化された。

4）子ども観の変化

フランスの歴史家であるアリエス（Philippe Ariès, 1914-1984）は、当時の絵

画の構図や衣装、子どもの死に際する意識などから、「子供に固有な性格、すなわち本質的に子供を大人ばかりか少年からも区別する…（略）…意識が存在」せず、「中世の社会では、子供期という観念は存在していなかった」（杉山光信・杉山恵美子訳『〈子供〉の誕生―アンシァン・レジーム期の子供と家族生活―』みすず書房、1980 年、p. 122）と述べている。中世の社会では、子どもは人格をもった一人の人間として尊重されず、本質的に大人と同じ性質であるが、見た目が小さく未熟な存在としてとらえられ、「小さな大人」あるいは「不完全な大人」と見られていた。当時は、「子ども期」が存在せず、5、6 歳になると大人の中に入って働きに出た。子ども時代は、大人になるための準備期間に過ぎず、子どもの発達に沿った教育が行われることもなかった。だが、アリエスによれば、18 世紀に入ると子どもは大人から保護され防衛されなければならない存在であるという意識がめばえ、教育的な配慮が必要な存在と変わり、子どもたちを学校へと入学させ、社会から隔離することで「子ども期」が誕生したのだと述べている。実際に大半の子どもたちが学校へ通学するようになるのは 19 世紀後半以降であるが、こうした子ども観や意識の変化が近代以降の教育思想に大きな影響を及ぼすことになる。

4　近代の教育と教育目的

1）啓蒙主義とロックの教育思想

16 世紀末にめばえ、18 世紀半ばに全盛となったのが啓蒙主義である。啓蒙思想家は、かつての社会制度や宗教的価値を批判し、人間を理性的存在としてとらえることを基本とした。イギリスの哲学者ロック（John Locke, 1632-1704）は、子どもの精神は「白紙（タブラ＝ラサ）」であるとし、教育とはその白紙に経験を書き込むことで望ましい哲学観念を形成すると述べた。彼は『教育に関する若干の考察（教育論）』（1693）において紳士教育論を展開しているが、「健全な身体に宿る健全な精神とは、この世にある幸福な状態」であるとするし、紳士にとって健康な身体が重要であると述べた。

2）ルソーの教育思想

スイスのジュネーブに生まれ、フランスで活躍した思想家ルソー（Jean-

Jacques Rousseau, 1712-1778）は、1762年に教育書『エミール』を出版した。ルソーは『エミール』の中で、教育とは子どもに内在する自然な発達の法則に従うべきであるとしたうえで、人間による直接的な教育を排除して「自然」の中で事物とかかわり経験することを通して「自然人」を形成する「消極的教育」を主張した。「初期の教育はだから純粋に消極的でなければならない」という『エミール』の一節は、こうしたルソーの教育観を端的に表現している。当時の社会において、子どもは「小さな大人」と見られていたのに対し、ルソーは、子どもには特有の興味・関心や感性、思考があり、大人とは異なる存在であるとする画期的な子ども観を示した。ルソーが「子どもの発見者」といわれる所以であるが、こうした彼の教育思想や子ども観は後の教育に多大な影響を与えた。

3）ペスタロッチの教育思想

ルソーの強い影響を受けたのが、スイスの教育者ペスタロッチ（Johann Heinrich Pestalozzi, 1746-1827）である。ペスタロッチは『隠者の夕暮』（1780）の中で、すべての人間は生まれながらに平等であると主張した。産業革命や内戦で貧困にあえぐ民衆の生活再建には、人間的自立が必要であると考えたペスタロッチは、当時の主知主義的な教育による知識や技能の習得だけではなく、「生活が陶冶する」という言葉に象徴される、生活や労働からの教育的働きかけによる学力の獲得が重要であるとした。ペスタロッチは教育の目的を、精神的、道徳的、身体的諸能力の調和的発達であるとし、そのために必要な教育法が感覚を通して認識した事物を思考により概念化する「直観教授」であると主張した。

5　国民教育から公教育へ

1）フランス革命期のコンドルセの公教育案

1789年のフランス革命後の政治的混乱のさなか、数多くの教育に関する法案が提出されたが、なかでも代表的なものが思想家、数学者で、政治家であったコンドルセ（Marie Jean Antoine Nicolas de Caritat, marquis de Condorcet, 1743-1794）による「公教育の一般的組織に関する報告および法案」（1792）で

ある。彼が法案で示した公教育制度は自由主義、合理主義の色彩が強いもので、教育を受ける権利は他の人権を実現するもっとも基礎的な権利ととらえ、その権利を保障するため、公教育を政府の義務とした。法案は、教育内容を知育に限定し、政治的・宗教的権威からの独立、そして公教育制度の原則として男女共学・単線型・無償性を掲げたが、こうした近代教育の原則を提示した点で後の教育制度に大きな影響を与えた。

2）イギリス産業革命期の教育制度

18世紀半ば、イギリスではじまった産業革命は、それまでの工業生産様式を一変させたが、社会構造や制度にも一大変革をもたらした。産業革命による囲い込みにより農耕を中心とする生活を営んでいた共同体は崩壊し、民衆は農地を追われ都市に流入することとなった。都市で工場労働者となった民衆は、劣悪な労働環境のもとで長時間労働と低賃金を強いられ、また少年や婦人も安価な労働力として投入された。かつて、子どもたちは共同体において人間形成がなされたが、産業革命によってそのシステムが失われ、教育的、道徳的な配慮がなされないまま放置された。こうした悲惨な子どもたちの状況に心を痛めたのが空想的社会主義者オーウェン（Robert Owen, 1771-1858）である。オーウェンは、スコットランドのニューラナークに紡績工場を経営していたが、人道主義の立場から過酷な児童労働を制限するための工場法制定に尽力した。自らも1816年、工場内に性格形成学院を設立した。なかでも1歳から6歳までの子どもたちを収容した「幼児学校」が、ドイツの教育思想家フレーベル（Friedrich Wilhelm August Fröbel, 1782-1852）の設立した世界初の幼稚園（Kindergarten）に先駆けて開校されたことは特筆に値する。オーウェンは、幼児期によい環境を与えることでよい性格が形成できるという性格形成論を唱え、歌やダンスを取り入れ、直観教授を採用した。

産業革命期のイギリス全土に拡大したのが、ベル（Andrew Bell, 1753-1832）とランカスター（Joseph Lancaster, 1778-1838）によって考案された「助教法」による学校である。「助教法」とは、少数の教師が、優秀な子どもをモニター（助教）に選び、多数の子どもたちに同一の教材を教授させる方法で、モニトリアル・システムともいわれ、また両者がほぼ同時期に類似した方法を考案

したことからベル＝ランカスター方式ともいわれる。数人の教師で一度に数百人から1000人もの一斉授業を行うことが可能となり、命令や賞罰、競争などを採用した教育方法は、当時の工場労働者の形成に適していたものといえるが、反面こうした画一的な方法は後に批判されることとなった。

3）近代公教育制度の開始

19世紀後半になると、欧米各国では国家主義の高まりと良質な労働者の供給の必要性から、国家による国民教育制度が整備され、公教育制度が確立する。ドイツでは、1848年に制定されたプロイセン欽定憲法に国の民衆学校の設置義務と無償化などが明記され、1871年、プロイセンによって統一されたドイツ帝国では、教育の重視を唱えた宰相ビスマルク（Otto Eduard Leopold von Bismarck-Schönhausen, 1815-1898）が、1872年に「一般諸規定」を発し、民衆学校を宗教的、政治的に中立とし、近代的な制度・内容をそなえた公教育制度を確立した。

フランスは、1806年にいわゆる「ナポレオン学制」により中央集権的な教育制度が確立、その後1833年、文部大臣ギゾー（François Pierre Guillaume Guizot, 1787-1874）による幼児教育法（「ギゾー法」）が制定され、一定以上の人口の市町村に小学校の設置を義務づけた。文部大臣フェリー（Jules Ferry, 1832-1893）による1881年法では義務教育の無償化が、1882年法では6歳から13歳までの子どもの教育を義務化し、公教育での宗教教育を廃止した。ここにフランス公教育制度の基礎が確立した。

イギリスでは、1833年にベルとランカスターが建設する学校に国庫補助金が公布されて、国家による教育の関与がはじまり、1870年初等教育法（フォスター法）によりイギリスにおける公教育制度が確立する。1876年教育法では10歳までの就学義務が定められ、1891年には大半の初等学校が無償化された。

アメリカでは、「アメリカ公立学校の父」と呼ばれたマン（Horace Mann, 1796-1859）が1837年マサチューセッツ州にはじめて設置された教育委員会の初代教育長に就き、公営・無償・中立の公立学校の確立、師範学校の設立に貢献し、他州に大きな影響を与えた。

第2節　日本における教育の歴史的展開

1　古代・中世の教育と教育目的

1）律令体制下の教育

　大化の改新後の日本では、律令体制に基づく中央集権国家の樹立を目指し、701年大宝律令が制定されて律令国家の完成をみる。大宝令には最初の学校制度の大学寮と国学が定められた。大学寮は、中央貴族の子弟の官吏養成機関で、儒教を中心とする講義を受け試験に合格すると、「貢挙」と呼ばれる官吏登用試験を目指す。地方に置かれた国学は、郡司の子弟を対象とした教育機関であった。だが現実の大学寮、国学はともに入学者が少なく、教官や教科書の確保も困難であり、優秀な人材を登用できるものとは言い難いものであった。さらに「蔭位の制」により、位階の高い貴族の子弟には任官の特権が与えられたため、「貢挙」も形骸化した。平安時代に入ると、有力氏族の中には、大学寮で学ぶ一族の子弟が寄宿するための施設である大学別曹を設立するものも現れた。和気氏の弘文院、藤原氏の勧学院、橘氏の学館院、在原氏の奨学院などがあるが、貴族にとっての教育の目的は、律令国家の人材育成という当初の観点からしだいに宮廷貴族として必要な教養を修得するものへと変化していった。

2）古代の子ども観と民衆の教育

　奈良時代に編纂された『万葉集』に収録されている和歌の中に、当時の子ども観が垣間見られるものがある。奈良時代を代表する歌人山上憶良は、「貧窮問答歌」の「子等を思う歌一首」に「銀も金も玉も何せむにまされる宝子に及かめやも」と詠み、子どもを宝として何よりも大切なものとしてとらえる思いを詠んだ。一方で「防人の歌」にある「韓衣裾に取りつきなく子らを置きてぞ来ぬや母なしにして」では子どもに対する不憫な思いが詠まれ、大半の民衆は、「貧窮問答歌」で歌われているように苦しい生活を強いられ、捨て子も頻繁に行われたと、多くの文献で記録されている。平安時代には、空海が民衆のための初の学校である綜芸種智院を開き、年齢や身分制限に関

係なく民衆の子弟に開放した。また、綜芸種智院に先立ち、奈良時代末期には石上宅嗣によって日本最古の私立図書館である芸亭も開設された。

3) 中世における教育

中世では武家政権の誕生により、教育の目的は優秀な戦闘家として武士を育成することとなった。武士の教育は教育機関によらず、日常の中で武芸の鍛錬や流鏑馬や笠懸などの武技の訓練、さらに実践的な演習などを通して行われ、こうした訓練を通して武士としての心構えも錬成された。主君や家長の中には、一族の繁栄のために武士の生き方や人としてのあり方などの訓戒を残し、代々継承するために家訓をしるすものも現れた。

中世の教育機関としては、鎌倉時代に北条実時が武蔵国金沢（現神奈川県）にあった称名寺に和漢の蔵書を多数収蔵した金沢文庫があり、日本における学問の普及に多大な貢献をした。室町時代では、下野国（現栃木県）の足利にあった足利氏の教育機関を、関東管領上杉憲実が再建した足利学校が有名である。足利学校では儒学だけでなく医学や兵学なども教授され、一時は3000人もの学生が在籍したともいわれた。日本を訪れたキリスト教の宣教師フランシスコ・ザビエルは、イエズス会本部に送った書簡の中で、足利学校を「坂東の大学」と称し、海外にもその存在が知られた。イエズス会の宣教師もキリスト教布教のため日本各地に学校を建設した。中・高等教育機関のセミナリヨやコレジヨが代表的なもので、聖職者養成の教育とともに語学や数学、哲学などの世俗教育にもあたった。

中世における子ども観で注目されるのは、「七歳までは神のうち」という観念である。子どもとは神仏の授かりものという意識があり、7歳までは神の支配下にある不安定な存在として見られていた。一人前の人間になるための教育は、7歳を過ぎてから行われ、それまでは比較的自由に過ごしていた。

2 近世の教育と教育目的

1603年に徳川家康が江戸幕府を開き、1867年の大政奉還までの約260年にわたり幕藩体制による徳川氏の支配が続く。士農工商の身分制が確立するものの、近世において庶民の教育はきわめて活発になる。それは商品貨幣経

済の発達により、商業や交易が盛んになり、庶民の間で職業活動において必要な知識や技術を習得しようという意識が高まったことが要因である。一方、武士階級においても幕府や藩による教育機関が整備され、幕藩体制を安定・維持させるために儒教による教育が行われた。近世では、庶民から武士まで多様で組織的な教育が行われたのである。

1）武士の教育

徳川家康が定めた武家諸法度では、武士に対して「文具弓馬の道、専ら相嗜むべき事」として文武兼備を求めて学問を奨励し、京都より朱子学者林羅山を招いて登用した。羅山はその後、3代将軍家光の援助で上野忍岡に家塾を開き、さらに5代将軍綱吉は林家の家塾を湯島に移転させて、聖堂（湯島聖堂）として規模を拡大させた。1790年、老中松平定信は寛政異学の禁を出し、朱子学を聖学としたうえで、聖堂では朱子学以外の学問教授を禁止し、1797年には聖堂を幕府直轄の昌平坂学問所として、幕臣の子弟への教育を積極的に進めた。

各藩でも有能な人材を育成する目的で藩校（藩学）がつくられた。約250藩で設置されたといわれるが、そのうちの約8割が幕藩体制の動揺が顕著となった18世紀後半以降に設けられた。当初の藩校では主に儒学が教授されていたが、近世後期には藩政改革で必要な人材を養成するために医学、洋学、兵学なども講じられた。藩校とは別に設置されたのが郷学である。藩主や民間の有志などが共同経営して設立した教育機関で、交通の不便な藩では藩校の分校的なものもあるが、教育は武士だけでなく庶民にも開放された。推計で全国に1000以上あったといわれ、特に岡山藩の閑谷学校が有名である。

2）私　　塾

近世に入り、武士だけでなく一般の庶民の間でも学問への関心が高まったが、そうした要求に応えるために登場したのが中等・高等教育機関の私塾である。私塾は浪人、神官、町人などが開設し、規模も大小様々で、漢学、国学、洋学などの教育が行われた。全国で1400校以上が設立されたといわれ、そのうちの約8割が19世紀以降に開設された。代表的な私塾をあげると、漢学では中江藤樹の藤樹書院、伊藤仁斎の古義堂、広瀬淡窓の咸宜園、国学

では本居宣長の鈴屋、洋学ではシーボルトの鳴滝塾、大槻玄沢の芝蘭堂、緒方洪庵の適塾、福沢諭吉の慶應義塾がある。教育方法で特徴的な私塾としては、カリキュラムを整備し、学力試験による進級制度を導入し、3000名もの生徒数を数えた咸宜園や、競争原理が導入され成績順で席次が決められた適塾などがある。私塾は、特に幕末から明治維新で活躍した人材も多く輩出した。

3）庶民の教育

近世の庶民教育を担ったのが、私立の初等教育機関の寺子屋である。中世後期、寺院で子どもたちの教育を行ったことが寺子屋の由来とされるが、近世に入ると商品経済の発達により、基礎的・初歩的な読み・書き・算盤の学習に対する必要を痛感した庶民の要求の高まりで各地に開設された。特に近世後期、急速に普及し、その数は5万を超えると推定される。寺子屋の教師は師匠と呼ばれ、武士や僧侶、神官、医者がなることが多く、江戸では女性の師匠も数多くいた。寺子屋で学ぶ子どもは寺子と呼ばれ、通常7、8歳から3～5年ほど就学する。教育内容は習字（手習）と読書が中心で、教科書には歴史、地理、教訓などの内容が手紙文形式や文例集の形をとる往来物が使用された。往来物の代表が『庭訓往来』である。

4）近世の教育思想

近世を代表する教育思想家が、朱子学者貝原益軒（1630-1714）である。彼が著した『和俗童子訓』（1710）はわが国最初の体系的な幼児教育書であり、それゆえ日本の教育学の祖といわれる。『和俗童子訓』では「人に教ふるの法、予めするを以て急となす」として、子どもを早期に教育する必要性を説き、幼児のうちから厳しくしつけることの重要性を指摘している。また随年教法と呼ばれる6歳から20歳までの各発達段階に即した教授法も示され、大きな影響を与えた。

3　近代以降の教育と教育目的

1）明治政府による近代公教育建設

明治政府は、近代国家建設のために富国強兵・殖産興業を急いだが、その

ためには欧米諸国を手本にして、教育により国民の力量を高めることが必要であると考えた。いち早く国民教育を普及させることが急務であると感じていた政府は、1872（明治5）年、フランスの教育制度をモデルに「学制」を制定した。全国を8大学区に分け、その中に32中学区、さらに中学区に210小学区を設け、8大学、256中学、5万3760小学を設置するという壮大な計画だった。「学制」に先立って出された「学事奨励に関する被仰出書」には「学制」の教育理念が示された。学問を「身を立つるの財本」としてその必要性を説き、「邑に不学の戸なく、家に不学の人なからしめん事」として、すべての国民が教育を受けることを目指すとしるされた。封建的な教育観や学問観を否定し、啓蒙的な「被仰出書」の基本的なあり方は、福沢諭吉の『学問のすゝめ』の思想に通じるものであった。

　1879（明治12）年には、田中不二麿を中心に教育令が公布される。教育令はアメリカの教育制度を参考に、地方に教育の権限を委譲する地方分権的なもので、学校設置や就学義務が大幅に緩和されたことで学校閉鎖や不就学の児童が増加し、自由放任との批判を浴びた。さらに政府内では、儒学者元田永孚を中心とする徳育重視派が田中らの自由主義教育を批判し、元田は明治天皇の名で「教学聖旨」を示して徳育教育の重要性を示した。さらに翌1880（明治13）年、改正教育令を制定して、「教学聖旨」の主張を大幅に採用し、修身を小学校の筆頭科目とした。こうして欧米の思想や知識を重視する明治初期の教育は後退し、儒教道徳を中心とする徳育教育へと転換することとなった。1885（明治18）年には初代文部大臣森有礼によって諸学校令が出されて、学校は国家の管理下に置かれ、国家主義教育が確立した。

2）国家主義教育体制の確立

　1890（明治23）年、教育勅語（「教育ニ関スル勅語」）が発布された。井上毅と元田永孚によって起草され、天皇の名により教育が目指す国家目標、臣民像を示した。日本の国体は天皇制に基づくとの観念を教育理念の前提とし、忠孝の儒教道徳の徳目をあげ、最終的には天皇と国家に尽くす「臣民」となることを求めている。教育勅語は、天皇の御真影とともに全国の学校に配布され、学校行事の折には、君が代の斉唱とともに奉読された。こうして天皇は

神格化され、教育勅語は戦前の教育の基本理念となった。

　教育勅語に基づく徳育は、修身のみならず学校教育のあらゆる教科の目的となった。同年に改正された小学校令では、はじめて小学校の目的が規定され、「小学校ハ児童身体ノ発達ニ留意シテ道徳教育及国民教育ノ基礎並生活ニ必須ナル知識技能ヲ能ク授クルヲ以テ本旨トナス」としるされ、教育勅語に基づく「国民教育」「道徳教育」の教授が目的とされた。さらに、1891（明治24）年の「小学校教則大綱」では、教育において「徳性の涵養」がもっとも注意を払うものとし、すべての教科で徳育に留意して教育する必要性を示した。1903（明治36）年、教科書が国定化されると、教科書はすべて文部省が作成することになり、教育内容は国家の統制下に置かれ、画一化された。特に修身科では「忠君愛国」の徳育が重視され、国定教科書を通してすべての子どもたちに浸透していった。

　小学校の就学率は教育勅語が発布されたあたりから急速に高まっていく。当初は住民が学校経費・校舎の建設費を負担し、授業料も支払っていたため、民衆の不満も強く、学校の焼き討ちなどもあった。森有礼が制定した小学校令により、尋常小学校の4年が義務教育となり、その後1890年の改正で授業料が廃止され、1907（明治40）年の改正によって尋常小学校は6年となり、義務教育も6年に延長された。教育勅語発布時の就学率は48.9％であったが、1910（明治43）年には98.1％に達し、世界でもトップクラスの就学率となった。

3）戦時体制の教育

　大正時代の第一次世界大戦（1914-1918）による大戦好況も束の間、戦後恐慌がおこり、その後関東大震災による震災恐慌、昭和に入ると金融恐慌がおこり、1929（昭和4）年の世界恐慌のあおりを受けて、昭和恐慌に陥った。恐慌を脱出する糸口のつかめなかった政府と軍部は、大陸侵略に活路を見出すことになる。1930年代に入ると、戦時体制が強化されはじめ、教育においても軍国主義に基づく教育改革の動きが模索されるようになる。1935（昭和10）年には、自由主義や社会主義思想対策として、日本精神・国体明徴思想に基づく指導理念の普及徹底を進めることを目的とした教学刷新評議会が設置され、1937（昭和12）年には評議会の答申を受けて、国体明徴の精神を徹

底する「國體ノ本義」が示された。同年、内閣直属の教育審議会が設置され、軍国主義体制下における戦争遂行のための教育改革を方向づけた。尋常小学校は国民学校と名称を変えて、義務教育を 8 年に延長し、「皇国ノ道ニ則」って「国民ノ錬成」することを教育目的とした。

1941（昭和 16）年、国民学校令が発布され、小学校は国民学校に改称された。国民学校は「皇国ノ道ニ則リテ初等普通教育ヲ施シ国民ノ基礎的錬成ヲ為ス」ことが目的であるとし、戦争遂行にかなう「皇国民」の形成を目指した。だが、戦争が長期化し、戦局が悪化するにつれて、教育も困難となっていった。「学徒動員」も日常化し、中等学校生が長期間勤労に動員され、さらに 1943（昭和 18）年には「学徒出陣」により徴兵を猶予されていた大学・専門学校など高等教育機関の学生・生徒が戦地の最前線に送り込まれた。1944（昭和 19）年には国民学校初等科 3 年以上を対象に「学童疎開」が実施され、1945（昭和 20）年には教育活動が事実上停止され、敗戦を迎える。

4）戦後民主主義教育の誕生

第二次世界大戦後、日本は連合国軍の占領下に入り民主主義国家の建設に向けた改革を目指した。教育に関しては GHQ（連合国軍最高司令官総司令部）の教育担当部局 CIE（民間情報教育局）のもとで改革が進められた。1946（昭和 21）年に第一次アメリカ教育使節団が来日し、「アメリカ教育使節団報告書」を作成した。報告書では、日本の教育を中央集権的で、画一的な教育と批判したうえで、個人を尊重した民主的な教育改革を求めた。具体的には、教育行政の地方分権化、6-3-3-4 制による単線型の学校制度、男女平等と男女共学、9 年の義務教育などを勧告した。同年、教育刷新委員会が設置され、報告書の勧告に基づいて改革が進められた。

1947（昭和 22）年 3 月、教育基本法と学校教育法が制定施行された。前年に施行された日本国憲法第 26 条で「教育を受ける権利」が保障されたが、教育の基本理念は教育基本法に明示された。前文では、「個人の尊厳を重んじ、真理と平和を希求する人間の育成」を目指すことを教育の理念とし、第 1 条では「人格の完成」と「平和的な国家及び社会の形成者」の育成が教育の目的であるとし、さらに第 3 条では、すべての子どもたちに教育の機会を保障

すると謳った。ここに戦後日本の民主教育が確立する。なお、その後の教育法令の変遷については第8章にて述べているので、参照していただきたい。

●参考文献

小沢周三・景山昇・小澤滋子・今井重孝『教育思想史』（有斐閣Sシリーズ）有斐閣、1993年

齊藤太郎・山内芳文『教育史』（教育学テキストシリーズ2）樹村房、1994年

柴田義松・斉藤利彦編著『近現代教育史』学文社、2000年

田嶋一・中野新之祐・福田須美子・狩野浩二『やさしい教育原理（新版）』有斐閣、2007年

名倉英三郎編『日本教育史』八千代出版、1984年

広岡義之編著『教育の制度と歴史』ミネルヴァ書房、2007年

第4章 教育と社会

第1節　社会の教育的機能

1　社会生活と教育

　人間は自然的存在であるとともに、その本質において社会的で共同体的な存在である。これは自然の中にいかなる生得的地位ももたずに生まれてきた人間が、人間として成長できるのは社会的生活（社会的・文化的環境）においてであることを意味している。古代ギリシアの哲学者アリストテレス（Aristoteles, B. C. 384-322）は、著書『政治学』（訳本『アリストテレス』〔世界の名著8〕中央公論社、1981年）の中で、人間が自然の本性において社会的（ポリス的）動物である、と人間の本質を的確に指摘している。人間は、常に一定の社会の中に一個人として存在すると同時に、社会を形成し、そこで生活する社会的動物でもある。したがって、人間を社会と切り離して単なる一個人としてとらえるわけにはいかない。人間は例外なく誰もが、ある特定の社会に生まれ、育っていくが、これは社会の中で既存の文化を主としたあらゆる社会的・文化的影響を受けながら様々なかかわりの中で自らの人格を形成し、能力を含めた自らの個性を自覚していくことである。はっきりしていることは、人間を人間たらしめる決定的な条件は社会生活であり、社会生活が人間をつくりだしていくのである。

　このように社会生活の重要性を教育との関係において指摘してきた教育（学）者は少なくない。スイスの教育者ペスタロッチ（Johann Heinrich Pestalozzi, 1746-1827）は、決定的な人間形成力をそなえた環境として家庭を取り上げ、

「生活が陶冶する」(『白鳥の歌』玉川大学出版部、1989年)といっている。ドイツの教育学者ディルタイ(Wilhelm Dilthey, 1833-1911)は、生活の場を家庭を含め社会集団にまでその範囲を拡大し、「生活そのものが人間を形成する」(『普遍妥当的教育学の可能性について』以文社、1987年)とした。同じくドイツの教育哲学者ナトルプ(Paul Gerhard Natorp, 1854-1924)は、「人間は社会を通してのみ人間となる」(『社会的教育学』玉川大学出版部、1954年)と明言してみせた。また、アメリカの教育学者デューイ(John Dewey, 1859-1952)は、著書『民主主義と教育』(1916年、訳本・岩波書店、1994年)で、「社会の生命はその存続のために教えたり学んだりすることを必要とするばかりでなく、共に生活するという過程そのものが教育を行うのである」と述べ、社会生活そのものが人間をつくり、社会集団における精神や文化が社会の構成員一人ひとりに受け継がれていくことによって社会が存続すると指摘している。

　以上から人間の成長・発達において社会生活が、いかに重要な役割を果たすものとしてとらえられてきたかがうかがえよう。しかし、留意しなくてはならないのは、人間の成長・発達を促す機能をそなえた社会生活そのものは教育することを第一義的な目的としていないということである。したがって、時として機能した結果が副次的で周辺的になることがある。それは人間の成長・発達を助成するような望ましい作用となることもあれば、逆に成長・発達を妨げたり、歪めたりするような作用となることを意味する。社会生活がそなえる人間形成力は恒常的で、その力の及ぶ範囲は広く、強い。一方、その力は自然性を特徴とするため、人間を望ましい姿へと導くという教育の本質からすれば十分とは言い難い。だからこそ意識的・意図的な形成作用としての教育が必要となってくる。

2　意図的な教育作用と無意図的な教育作用

　社会生活には学校教育のように組織的で継続的ではないが、広い意味で教育的な働きと認められる事象が少なくない。私たちは、自分の意思にかかわらず政治、経済あるいは習慣、流行、さらには新聞、出版、放送、映画、ネットといったマス・メディアを通して教育的影響を受けていることは誰も

が認めるところであろう。教育的な働きかけ（影響）は、学校教育のように特定の人によって特定の期間（時間）に特定の場所で行われるというだけではなく、生涯にわたり、家庭・学校はもとより社会にまで及ぶことを、このことは示してくれる。

そもそも人間は社会集団の中で生活していく過程で、ある種の社会的な力の影響を受けている。社会生活が人間を形成するわけであるが、広く解釈するならば、このような人間形成も教育作用と呼ぶことができる。しかし、この過程を見ていくと、そこには相手の望ましい成長・発達に役立つのを明確に意識も、意図もしていない作用が含まれるのに気がつく。教育するという意識や意図をもたない力（影響力）である。社会生活のもつ人間形成力の中には、このような無意図で無計画、そして非組織的なものが多く、その影響力は強い。

このような特別な意識や意図をもたない人間形成力は、先に述べたように教育することを第一義的な目的としていないために望ましい結果をもたらす場合とそうでない場合がある。仮に望ましい結果をもたらすとしても、実際には無駄が多く、非効率的であったりする。さらに、受け手の側が学習意欲に乏しく、能力面での成長・発達が遅れていれば、無意識的、無意図的な人間形成にはおのずと限界が生じてくる。そこで、無意識的・無意図的な形成力を補充し、相手の望ましい成長・発達を意識した、効率的な方法としての意識的、意図的な教育が必要となってくる。

ドイツの教育学者クリーク（Ernst Krieck, 1882-1947）は、教育の根源を社会がそなえている無意識な形成機能にあるとして、社会的な人間形成力を教育の意識層に応じて3つに分類している。第一は、個人が意識することなく社会から働きかけられている「無意識的な形成作用」、第二は教育目的を欠いているが意識的に行われる「意識的・精神的な形成作用」、そして第三には明確な教育的目的をもって展開される「計画的な形成作用」である。具体的には、順に「暗示、模倣」「儀式、法律、経済、政治等の諸活動」「学校教育、各種講座」があてはまる。クリークは、教育的営みは人類の誕生とともに発生し、社会生活の展開に伴い発展してきたことから生活過程と教育を同一と

みなしている。「教育は、人類において、どこにも、いつでも行なわれている精神的な根本機能である」(『教育哲学』育芳社、1943年)と、この種の教育を「無意図的教育(absichtslose Erziehung)」と呼び、その影響力(形成力)の強さを説いている。そして、これに対する教育を「意図的教育(absichtliche Erziehung)」と名づけている。

　デューイは、教育と人間形成を同義と解釈し、教育を社会的機能としてとらえ、社会環境が無意識的に作用し、個人を形成し、教育していくと強調した。このような教育を「非形式的教育(informal education)」とし、対する教育を「形式的教育(formal education)」とした。この場合の「形式的」とは無内容や表面的という意味ではなく、学校のような教育という特定の任務を遂行するために設けられた教育機関が高度の組織性、制度性、形式性をそなえているという意味である。このような社会生活の無意図的影響のもとで形成されるものに私たちの行動様式や価値観、性格特性の素地などがあげられる。これらは学校教育とは関係がないわけではないが、それ以前に家庭をはじめとする社会生活の無意図的影響のもとで形成されていることが多い。加えておきたいのは、家庭や社会での生活における無意図的な人間形成は主体が明確でなく、学校の意図的で計画的な人間形成には、当初から責任の所在を明確にした主体があるということである。

第2節　教育の社会的機能

1　社　会　化

　教育は、人間に本来そなわっている資質や能力を引き出し、発展させることであるとする立場と、個人を後の世代の環境(社会)に適応させるための働きかけとする立場がある。これらは個人を重視する立場と社会を重視する立場ととらえることもできる。ここでは社会を重視する立場から教育の機能について考える。

　社会の存在を抜きにして教育をとらえることは困難であると主張したのは、フランスの教育社会学者デュルケム(Émile Durkheim, 1858-1917)である。デュ

ルケムは、教育とは「社会化 (socialization)」であると定義し、著書『教育と社会学』(1922年、訳本・誠信書房、1990年) で、「教育とは、社会生活においてまだ習熟していない世代に対して成人世代によって行使される作用である。教育の目的は子どもに対して全体としての政治社会が、また子どもが特に予定されている特殊環境が要求する一定の肉体的、知的および道徳的状態を子どもの中に発現させ、発達させることにある」と述べている。デュルケムは、個人的存在に優先させて社会的存在を人間の中に形成し、社会の維持・存続を図ることが教育の使命であるとし、若い世代を組織的に社会化する方法として「方法的社会化」を教育として提起している。この「方法的」とは、意図的、計画的、組織的といった意味である。

人間は、生まれたままの自然の状態で社会生活を自立的に送ることは不可能である。人間が社会の構成員として適切に役割を果たし、人間として自己を全うするためには自然の状態から文化的な状態へと向かわなければならない。子どもが社会生活の中で様々な経験を通して文化を学習し、それらを自己の内面に取り込み、自然的状態から文化的状態へと至る過程を、つまり社会の構成員として形成され、成熟していく過程を「社会化」と呼んでいる。社会は、未成熟な構成員をその社会独自の価値体系や行動体系に同化させることによって、自己の維持と更新を図るものである。その意味からすると教育を社会的機能と見ることができる。

2 教育の社会的機能と社会改造機能

一般に、社会的機能には、政治、経済、文化、そして教育といったものがあり、これらが機能することによって社会の維持、発展がなされる。教育が社会の次代の構成員を育てるというきわめて重要な機能をもつことはすでに述べたが、これは個人の人格完成を意図することでもある。しかし、社会を離れての人格完成はあり得ないわけで、ここで教育は個人の中に社会的存在を形成することを通して常に社会と結びついてくることとなる。デュルケムなどは、このような考えに立つが、教育が社会をつくりあげていくことには若干消極的であり、保守的機能を重視したものになっている。これは社会化

と教育のとらえ方の相違から生じていると考えられる。

　教育の対社会的機能には、保守的機能と進歩的機能、言い換えれば、社会を維持、保存する機能と社会を改良、改造、変革する機能がある。教育には、文化を伝達するという保守的機能と社会をつくりあげていく進歩的機能があると考えられる。でなければ、人間の成長・発達が既存の社会や文化によってすべて規定されてしまうことになり、人間の生きた存在としての主体性や独自性が否定されてしまうことになる。それ以上に人類がたどってきたこれまでの社会の発展や文化の創造という歴史的事実が説明できないことになってしまう。つまり、ただ教育が人間を社会に適応させるためだけに働くとすれば、人間社会の進歩、発展は何もないということになる。一方、教育は時間の経過とともに変化、発展する社会に向けて、人材（人間）を育て、能力を伸長させるといった働きもあり、これはまさに社会をつくり、文化をつくっていく進歩的機能といえる。しかし、結果としてこれらが十分に機能し、そのような社会がつくりあげられたかというと、その判断が難しいことはこれまでの歴史が証明している。教育学者大浦猛（1919-2007）は、デューイの「教育は社会の進歩と改革の基本的方法である」という言葉を示しながら、このことの完全なる実現はきわめて困難であるが、永遠に追求すべき悲願であるとして、「教育は社会進歩の基本的方法とならなければならない」（大浦）と指摘している。

3　社会集団と教育

　社会の中で、人間は個人として存在しているが孤立して生活しているのではない。様々な集団に所属し、一定の地位を占め、それに応じた役割を果たしながら生活している。言い換えれば、人間は基本的にその誕生から死に至るまでの過程で、家族集団、仲間集団、学校集団、職場集団と順次（時としては同時に）所属し、子どもから大人へと移行していく。ところで、これら各集団にそなわる教育的機能はすべて同一かというとそうではない。それぞれ独自の機能がそなわっている。特に重要なのは、次の集団へ加入する準備としての社会化の機能である。集団の構成員として社会生活を送るために役

割を獲得する、この獲得の過程が社会化ということになる。ここでは家族集団、仲間集団、学校集団といった各集団における教育的機能について、それらにかかわる若干の問題とともに概観していく。

1) 家庭の諸機能

　一般に、夫婦、親子、兄弟姉妹など婚姻と血縁の関係にある者を構成員とする基礎的な集団を家族、そしてその家族が共同生活を営む場を家庭という。子どもにとって運命的で不可避的な集団である家族は、子どもが最初に所属する社会集団である。例外なく誰もが一つの家庭に生まれ、この基礎的な集団の中で社会の一員として育っていく。ここで営まれる家庭生活そのものが運命共同体であり、その中で家族の人間関係が築かれていく。さらに、家庭生活は社会関係を学び、社会性の基礎を培うなど人間形成の基礎的な場でもある。このように、ある家庭に生まれ育ち、生活するということは、人間形成の大部分を規定するといってもよい。ここでは家庭が子どもの人間形成において基本的な方向づけを与える教育環境であることを踏まえ、家庭が担う子どもの人間形成と教育的機能について考えていく。

　アメリカの社会学者クーリー（Charles Horton Cooley, 1864-1929）は、人間性や道徳意識が形成される親密な集団を「第一次集団（primary group）」と名づけたが、まさに家族は第一次集団である。この家族の中で、子どもは生命の存在を保障され、人間として最初の方向づけをされるのである。同じくアメリカの社会学者パーソンズ（Talcott Parsons, 1902-1979）は、家庭の中核となる機能を次のように指摘している。(1)正常な家族にあっては、すべての子どもが家族において社会化の過程を開始する。(2)すべての大人が、核家族においてパーソナリティーの安定化（stabilization）と男女両性のバランスの調整（regulation）を図る。

　この世に誕生するというのは、子どもの意思ではどうすることもできない運命的なものである。それは生まれ育つ環境（境遇）を自分で選択することが不可能という点においてである。この運命的で不可避的な集団である家族の中で、子どもが社会化を遂げていくのを考えれば、家庭の環境、すなわち親子関係や家庭の醸し出す教育的雰囲気が子どもの人間形成に与える影響は

きわめて大きいといえる。「核家族（nuclear family）」という言葉をはじめて用いたアメリカの文化人類学者マードック（George Peter Murdock, 1897-1985）は、現代の核家族化した家庭の機能を次のように指摘している。①婚姻という社会的承認のもとに夫婦関係にある男女の性を充足する性的機能。②家庭生活を営むうえで基盤となる衣・食・住を準備し、家族の生命を維持する経済的機能。③子どもを産み、社会的存在になるまで養育する生殖機能。④子どもに性格や価値基準を獲得させる教育的機能。

　家庭は、子どもにとって最初の学習の場であり、そこでは言葉の習得や行動規範の獲得が行われる。家庭の教育的機能によって、親の価値観や倫理観が子どもに伝達され、内面化されてもいく。家庭教育としてのしつけは、子どもに社会生活の基本的な態度を身につけさせ、社会的な存在として活動する資質能力を習得させ、成人への方向づけをすることにもなる。家庭の教育的機能を社会的に見れば、人間は誰しも家庭生活の中で、家庭に反映された社会の文化と生活の様式を獲得し、社会化していく。家庭は社会の最小単位であり、家庭の教育的機能は社会存続の機能を果たしているといえる。しかしながら、かつて家庭が果たしていた教育的機能は低下してきているともいわれ、現代社会ではその大部分が学校や職場の機能に取って代わられている。人間としての成長・発達の過程は、生を受けた社会の中で、その文化や規範に規定されながら進む社会化の過程であり、その社会化の出発点となるのが家庭である。人間形成の基礎を培うきわめて重要な教育環境である家庭が、全人格的な人間関係によってつくられた集団としての一体感を強くもつことでその機能が発揮される。そうであれば、家庭の教育力低下の問題は、家族関係、親子関係を回復することなしに解決は難しいということになる。ここでは親の態度と子どもの性格形成の問題を母性原理と父性原理といった面から考えていく。

　家庭の基本的機能として人間形成があるが、家庭での意図的なしつけだけでなく、親の態度といった無意識的な影響も子どもの価値観や行動基準を形成していく。家庭はそれ自体が一つの社会であるから、構成員となる家族の間には一定の地位と役割関係が存在する。これらから特に母性と父性の相対

する原理があると心理学者河合隼雄(1928-2007)は指摘する。両原理は互いに補完し合い有効な働きをするが、なかでも母性原理というのは、端的にいえば「抱合する」機能で、すべてのものを包み込んでしまう。この原理の第一の働きは、場の平衡を保ち、その場を円満にとりまとめることである。これは他との共生的な一体感を求めるものである。これに対して父性原理は、人間の関係において「切断する」機能をもつ。子どもを突き放し、その能力や個性に応じて比較し、区別するというものである。親子間の人間的結びつきの中で、これら両原理がバランスよく機能することが望まれるが、なかなかそうはいかない。「父親なき社会」「家庭での父親不在」などといわれるように、かつては権威の象徴であった父親が権威の座から降りてしまったり、母親の過保護が逆に子どもの放任をもたらしたりと、父親における父性の欠如や母親の過保護などが指摘されるが、これらは家庭の教育力低下の最大要因となっている。

2)学校の役割

学校の存立理由を考えると、その一つに、文明が一定の段階まで発達し、社会が複雑になり、大人が子どもとの関係の中で日々の生活を通して教育するだけでは社会が必要とする知識や技能そして価値体系などを伝えるのが困難になってきたことをあげることができる。今日のように発展し、複雑化した社会では、子どもの社会化の過程で一定の役割を果たすのが学校教育である。社会には、家庭やマス・コミュニケーションのように教育的機能を果たすものは他にもあるが、学校教育ほど意図的に、組織的に教育的機能を果たす機関は他には見当たらない。

学校は、社会を維持・更新することを目的とし、子どもたちに一定の影響を与えることを役割として、計画的に構成された教育的社会環境ともいえる。家族集団の中で一定の成長・発達を遂げた子どもは、次に学校という集団に属するようになるが、学校という集団は、教育という任務を遂行するためにつくられた特定の機能を果たす機能集団である。したがって、学校は、子どもの教育を効率よく進めるために、家庭との類似性を保ちながら教育の専門機関として他の社会集団とは異なった独自の機能をもつことになる。しかし、

厳密には学校は家庭とは異なり、教育することを目的として人為的につくられた形式的社会であるため、それは実社会から相対的に独立しているといえる。

逆に、デューイが指摘するように、学校は社会生活（環境）の様々な要素を平均化し、単純化し、教育的見地からより望ましい形へと純化した環境ともいえなくはない。このような学校には、当然のことであるが教育のプロフェッションとしての教師がおり、精選された教育内容がカリキュラムとして用意され、教育に必要な設備や器具、教育を運営していくための法や制度が整備されている。やはり、学校はきわめて計画的で定型化された教育の場なのである。しかし、今日、本来ならば家庭や地域社会がそなえていた生活に必要な諸機能がほとんど機能しなくなり、それらが学校に任されるようになってきたことから様々な問題が生じてきていることを付け加えておきたい。

3）地域社会—仲間集団を含む近隣社会—

家庭において人間関係や社会関係を学んだ子どもは、今度は家庭外において近隣の子どもたちと遊びを媒介として仲間集団を形成するようになる。子どもは、そこで自己と家族以外の他人の存在を知り、自己を主張することや抑制することを学び、徐々に社会を理解していく。ここでは家族集団と同様に教育力の低下が指摘される仲間集団（遊び仲間）そして地域社会について考えていく。

私たちは、家庭、学校そして社会と社会化を遂げていくが、その中で独特の位置を占めているのが仲間集団である。子どもたちにとって、家庭も学校もともに現実に所属している集団であるが、そのいずれもが大人によってつくられ、運営されている集団である。しかし、仲間集団は、大人によって直接的に介入されていない自治的な生活の場である。この遊び仲間や近隣の集団を含めた地域社会について考えてみる。一般に地域社会とは、ある一定の土地の範囲のうえに成立している生活共同体を意味する。これは一定の土地の範囲やある目的をもとにつくられた共同体を示すものではない。それは、その土地に住む人々の連帯意識に支えられた生活共同体である。この言葉が「地域社会」と「共同体」の2つの意味を含む「コミュニティ（community）」

であることから理解できる。ここでは生活領域範囲としての地域社会ということになる。

　人間は、子どもから大人へと成長するにつれて生活の範囲を拡大していくが、所属する集団は、家族、遊び仲間、近隣社会、学校、職場という段階を経る。したがって、子どもにとっての地域社会は、学校や家庭を除く遊び仲間や近隣社会といった集団によって成り立っている子どもを取り囲む生活の場となる。子どもが家族から離れて最初に所属する集団は仲間集団であるが、その特質は類似年齢の他人集団であり、親と子の関係や教師と生徒の関係とは異なり、横のつながりを構造とする集団である。子どもは、この仲間集団を形成しながら成長・発達していき、仲間との相互作用によって社会生活の基盤となる行動様式を身につけていく。言い換えれば、仲間集団の中で社会化していくということになる。そして、近隣社会へと活動範囲を広げていく。しかし、今日の地域社会は、産業構造の急激な変化や都市化、さらに工業化等の進行のもとで、コミュニケーションを成立させる基盤となる「地域性」や「協同性」を喪失してしまっている。生活する者たちの地域社会としての連帯意識の喪失は、生まれ、育ち、生計を立て、生涯を閉じる場所としての地域を成り立たせなくしてしまった。その土地に愛着を感じなくなってしまった人々が、地域社会の教育力を担い、推し進めていくことなど到底期待できない。むしろ、地域社会での連帯意識が希薄である親たちによって、子どもは地域社会の人間関係を重視するといった感覚を失うことになると考えられるのではないか。

4）社会体制と教育―学歴社会と受験教育―

　学歴社会とは、個人が獲得する社会的・職業的地位がその人間の学歴によって規定される度合いの高い社会といえる。しかし、今日では、学歴は個人の能力と努力によって獲得した業績と乖離していることがあり、獲得された学歴がその人間が実際にもつ能力（実力）を示したものとなっていないとされる。したがって、評価や社会的処遇は、学歴によって形式的に決められているといっていいだろう。

　ここでは学歴社会と受験教育について考えていく。教育学者新堀通也は、

「学歴尊重が適材適所、実力主義といった近代的合理的な原理にブレーキの役割を演じていると考えられるのはなぜだろうか」（柴野・麻生・池田編著『教育』東京大学出版会、1986 年）と問題を提起しながら、その理由を２種類の学歴にあると指摘する。それは実質としての学歴と、レッテルあるいは形式、肩書きとしての学歴である。加えて、わが国の場合、学歴尊重と実力主義・能力主義は必ずしも一致せず、学歴主義にも２種類あると指摘する。一つは中学出、高校出、短大出といった段階別を示すもので、教育年限あるいは程度による「学歴尊重」である。もう一つは、同じ段階の学歴であっても、いわゆる一流、二流といった言葉で表され、格づけされた種別や固有名詞（卒業校）の知名度による「学閥」である。今日、「学歴主義」という言葉を用いるほど後者の「学閥」の方が問題化している。

　戦後、学校教育制度が量的な拡大を遂げることで教育が大衆化し、進学率が向上し、高学歴化が進むことになった。誰もが自分にとって有利となる学歴を手に入れようとこれまで以上に進学競争が激化し、結果、子どもたちは受験体制の状況に身を置くことになってしまった。問題は、これらにより子どもの生活が進学や受験を中心に組織化され、体制化されてしまったことである。学歴主義の受験体制が、教育場面で多くの子どもを疎外し、正常な成長・発達を歪めてしまっているのではないだろうか。子どもが無気力になったり、非行化に向かったりしている。本来行われるべき教育が学歴社会の圧迫に屈し、親や教師による過熱した受験教育が成績至上主義の風潮をつくりだし、人間形成を忘れてしまっているようである。これまで誰もが了解してきた教育水準と進学率の向上は、学歴主義の受験体制をつくりだし、受験教育を激化させ、その結果として子どもを衰弱化させてしまったともいえる。

5）現代社会とイニシエーション

　古来より一個人が、その社会（地域社会）において存在を認められ、あるいは自らの存在理由を確認するものとしてイニシエーションがあった。原始社会などでは、子どもと大人の区別は明らかで、イニシエーションによって子どもは、自他ともに認められて大人になっていったのである。ところが、近代社会では、子どもと大人の境界線は曖昧となり、どちらに属しているの

か明確でなくなってしまった。イニシエーションが消滅してしまったためである。このことのもつ意味について、私たちは、あまりにも無関心であったことが、今日見られるような子どもが大人になれない現象の解明を遅らせてきたとも考えられる。

「通過儀礼」と訳されるイニシエーションは、原始社会などにおいて、ある個人が成長して、一つの段階から他の段階へと移行する時、それを可能にするための儀式を意味する。宗教学者エリアーデ（Mircea Eliade, 1907-1986）は、『生と再生―イニシエーションの宗教的意義―』（1958年、訳本・東京大学出版会、1971年）の中で、イニシエーションを次の3つに分類している。①少年から成人へと移行させる成人式、部族加入礼、②特定の秘儀集団や講集団へ加入するためのもの、③神秘的な未開宗教による呪医やシャーマンになるためのもの。エリアーデは、イニシエーションの目的を「加入させる人間の宗教的・社会的地位を決定的に変更することである。哲学的にいうなら、イニシエーションは実存条件の根本的変革というにひとしい」とし、同時に「近代世界の特色の一つは、深い意義を持つイニシエーション儀礼が消滅し去ったこと」であると指摘している。

原始社会などでは、子どもが社会に入れてもらうことが最重要であったが、今日のように社会が常に進歩していく中でのイニシエーションはあまり意味をもたなくなってきた。つまり、進歩していく社会において一度のイニシエーションによって明確に成人になれることがなくなってしまったのである。その理由としては、まず一つにイニシエーションに不可欠な権威者の不在があげられる。これは先に述べた父性の欠如から生じる問題と関連してくるだろう。さらに、現代社会では、人間の個性を重視するため、集団として制度的なイニシエーションを行うことはきわめて困難である。身体的成熟が必ずしも社会的成熟を意味しない今日、イニシエーションの再生を目指すのではなく、その消滅の理由を今一度整理するのは意味あることと考えられる。

以上、家庭、仲間、学校といった社会集団のもつ教育的機能とその問題について概観してきた。学歴社会と受験教育が教育環境と子どもを変貌させ、イニシエーションの喪失が子どもが大人になる機会を失わせ、これらが現代

社会の諸問題と密接にかかわっていることを示した。子どもたちの生活、子どもたちへの教育が、このような問題に対応しきれていないのが現状であるといえる。今日、子どもたちは仲間集団や地域社会での生活経験が少なくなり、また家庭や学校より塾などで過ごす時間が多くなっている。今後の課題としては、子どもたちを本来の姿に戻すために、家庭、学校、地域社会の教育力の再生ということになってこよう。

●参考文献
大浦猛『教育社会学入門』教育文化出版社、1950 年
大浦猛『教育と社会』東洋館出版社、1952 年
大浦猛編著『教育原理』山文社、1992 年
河合隼雄『大人になることのむずかしさ―青年期の問題―』岩波書店、1984 年
柴野昌山・麻生誠・池田秀男編著『教育』(日本の社会学 16) 東京大学出版会、1986 年
J. デューイ著、松野安男訳『民主主義と教育』(上・下) 岩波書店、1994 年
J. デューイ著、宮原誠一訳『学校と社会』岩波書店、1983 年
E. デュルケーム著、佐々木交賢訳『教育と社会学』誠信書房、1990 年
平野智美・菅野和俊編著『人間形成の思想』(教育学講座第 2 巻) 学習研究社、1979 年
森昭『現代教育学原論』国土社、1976 年
山村賢明『家庭と学校―日本的関係と機能―』放送大学教育振興会、1993 年

第5章 教育課程と教育内容

第1節　教育課程の意味―カリキュラム・デザインへ―

　教育課程とは何か。教育内容をどのように編成するのか。そもそも教育課程の成立要件とは何であり、それを実施し達成する方法とはどのようなものなのか。この問いに答えるのは容易ではない。ある人は、教育課程とは、国家が定める教科の枠組みだと答えるかもしれない。またある人は、それは学問的な研究成果を中心に決められるものだというかもしれない。あるいは、教育課程とは、社会的な要求に従って決定されるものだと考える人もいるだろう。さらには、教育課程の基盤は、何よりもまず子どもたちの興味や関心、生活経験にあると主張する人もいるだろう。このように、教育課程を原理的に問うていくと、様々な難しい課題に突きあたることになる。他方で、学校の子どもたちにとっては、日々、教室の授業にのぞみ学習する過程で、教育課程にさらされることになる。教育課程とは、日々の教育活動、内容、方法と密接に結びついたものであり、その意味では、きわめて身近な事柄でもあるのである。

　一般に、教育課程といって想起されるのは、教室の授業実践に先立って規定される「教育計画」ないし「公的な枠組み」のことであろう。年間行事や授業時間、単元計画など、活動や内容の詳細をあらかじめ決定することをもってして、教育課程として理解されることが多い。その場合、教育課程とは、教育内容と方法を決定する所定の枠組みのこととして解釈される。具体的には、文部科学省が作成する学習指導要領を教育課程の編成と同一視されるの

が通例である。アメリカで「コース・オブ・スタディ（course of study）」と呼ばれる学習指導要領は、教育内容を制度的に定め、教育課程の内実を示す用語として定着している感がある。

　ところで、今日では、「教育課程編成」という言葉に代わって、「カリキュラム・デザイン（curriculum design）」という概念がしばしば用いられている。ラテン語の「クレレ（currere）」に語源をもつ「カリキュラム」という言葉は、教育課程の原語であり、両者はしばしば同義語のようにみなされるが、それが示すものは必ずしも同一ではない。古代ローマにおいて、「クレレ」とは、戦車競争で走るトラック（走路）を意味していた。「カリキュラム」は、この「クレレ」が「人生の走路（コース）」へと展開して成立したものであり、もともとは教育の中で使われる概念ではなかった。一方で、学校用語としての「カリキュラム」は、16世紀後半のオランダのライデン大学やイギリスのグラスゴー大学において確認されている。そこでは、教会と国家の権力に対して、教授と学生が所定の「走路（コース）」を作成したどっていく「履歴」としての意味を付与されていた。

　こうした歴史を経過した現在において、「カリキュラム」とは、授業の「年間計画」「公的な枠組み」に限定された解釈を超え、「学びの履歴」「学習経験の総体」として理解する視点が準備されている。子どもが学校に入学して卒業するまでに学習したり経験したりする「履歴」「コース」としての「カリキュラム」の概念である。英語で「履歴書」を意味する言葉に「curriculum vitae」という表現があるのは、この「走路」の概念に由来して成立している。

第2節　教育課程の編成―カリキュラムの類型と構成―

1　カリキュラムの類型

　教育課程は、社会に存在する文化領域の中から内容を取捨選択することによって編成される。この時、教育の理念と目的を設定して、学習内容の範囲や順列を選択することが必要となる。学習内容の領域と範囲を決定することは「スコープ（scope）」という言葉で表され、その内容の順列を学習者の能

力や段階に合わせて配列することは「シーケンス（sequence）」と呼ばれる。学習内容は、この「スコープ」と「シーケンス」が交わる接点で設定される。教育課程を策定する基準となる考え方として、次のものがある。

1）教科中心カリキュラム

　教科中心カリキュラムは、文化領域の中から学習者に必要な知識を確定して分類し、それを教科のカリキュラムとして科学的、体系的に組織する考え方である。この系譜は、1960年代の学問中心のカリキュラムと、80年代以降のスタンダード重視のカリキュラムの2つに大別できる。

　第一の学問中心のカリキュラムは、アメリカのブルーナー（Jerome Seymour Bruner, 1915-2016）らによって提唱され、新しいカリキュラム運動（new curriculum）を先導したものである。それは、教科の構造を重視する考え方を反映し、各教科が基盤とする学問の内容と形式を尊重する。たとえば、数学には数学特有の内容と形式があり、生物学には生物学特有の内容と形式があるというように、個々の学問領域の内容と形式を優先する。教材の基盤にある学問領域の理念、原理、概念、内容を学問の基本構造として抽出し、その構造を学習者の認知発達に合わせて発見的に学習させようとする。

　第二のスタンダード重視のカリキュラムは、教科と教材を教育課程の中核に据えて、標準的なカリキュラムを策定する。それは、教育の卓越性を追究する動きから派生し、保障すべき学力水準を明確に設定する。その傾向は、80年代以降のアメリカやイギリスで拡大してきた。アメリカでは、83年の『危機に立つ国家』、91年の『2000年のアメリカ―教育戦略―』、2002年の「落ちこぼれゼロ法」などで学力重視の改革が進められ、イギリスでも、1988年教育改革法によって、ナショナル・テストとナショナル・カリキュラムが導入されている。

　一方で、一連の改革は、教師による記憶偏重の授業になりやすく、試験のための知識の羅列と注入に陥りがちで、子どもの学習活動が中心に置かれないという問題点が指摘されている。

2）学習者中心カリキュラム

　学習者中心カリキュラムは、19世紀末から20世紀初頭にかけての新教育

運動の系譜に代表されるものであり、日常生活における興味や関心、経験を基盤にした子ども中心のカリキュラムを準備したものである。授業の中心に置かれるのは、子どもの興味や関心であり、学習者の協同活動であり、社会生活とのつながりであった。

シカゴ大学で実験学校を開設したデューイ（John Dewey, 1859-1952）は、学校教育の中心を教科や教科書から子どもへと移動する「コペルニクス的転回」を推進し、「オキュペーション」と呼ばれる活動的で協同的な学習を展開した。彼は、民主主義と公共性の思想に立脚して、教育を「経験の再構成」と定義するとともに、学校を「学びの共同体（learning community）」として組織しようとした。その革新的な展望は、1960年代のオープン・スクール運動や、80年代のセントラルパークイーストや90年代後半からボストンのミッションヒル・スクールで校長を務めたデボラ・マイヤー（Deborah Meier, 1931- ）の実践などに継承されている。

また、わが国でも、戦後の新教育の実践の中で、経験主義的な子ども中心のカリキュラムが脚光を浴びた。一方で、それは、学習者の主観的で偏重した活動に傾斜しがちで、科学的概念や知識の系統性などにおいて課題があると批判されるようになった。

3）社会中心カリキュラム

社会中心カリキュラムは、社会生活の課題と機能を重視する観点から教育内容を選択し組織するものである。中心に置かれるのは、社会統合に向けて必要とされる共通の価値基準の発展である。

このカリキュラムの代表的なものとして、3つのものがある。第一は、1910年代のアメリカで発展した「社会的効率主義」と呼ばれる系譜であり、その特徴は大工場の「科学的経営の原理」をモデルにした産業主義の教育にある。すなわち、単元は工場のアセンブリ・ライン（流れ作業）に準じた形で「目標・達成・評価」を中心に構成され、教育目標の明確化、学習過程の効率化、結果の数量化が図られる。

第二は、1930年代の「社会改造主義」である。この考え方は、進歩主義教育協会の中のラディカルなグループから生まれたものであり、教育を社会

改造の手段として位置づけ、カリキュラムを「問題・批判・解決」によって構成するものである。

　第三の「社会（生活）適応主義」は、ニューディール政策を背景に進められたカリキュラムであり、知育偏重を批判し、基礎学力、態度、意欲を重視する。ヴァージニア州教育委員会が作成した「ヴァージニア・プラン」は、1947年の社会科の学習指導要領に影響を与えた。

　社会中心カリキュラムは、学校が担う社会的機能や課題を強調する点で、学習者の社会的自立や社会に有用な人材形成と調和しやすい一方で、それらが学習者の問題意識へと高められなければ、一般的な知識獲得や単なる体験だけの学習に陥る危険もある。

2　カリキュラムの構成要件

　授業を構想する際には、選択された教育内容を具体的な教育目標や理念、子どもの状態、教材、指導方法、学習形態、評価法、獲得される学力などと照らし合わせることが必要となる。そこで、教育課程編成の構成要件を、表5-1のように記すことができる。

　教科として組織された教育内容は、知識を分類化し段階的に体系化したものであるが、それらは相互に切り離された教科単位で構成されるものとは限らない。たとえば、言語力は国語の教科で学習されるものではあるが、それは同時に社会科や理科、外国語などの他教科の活動の中でも学習されている。あるいは、環境学習などの一つの主題を取り上げる場合でも、理科、社会科、国語、総合的な学習の時間など、教科の枠組みを越えて相互に関係づける形で展開した方が、理解が拡がるかもしれない。特に、知識が高度に複合化、越境化、脱領域化した現代においては、教育内容の「分化」と「統合」を問題にすることが不可欠となる。ここでは、カリキュラムは、領域概念としてよりも、関係概念としてとらえられることになる。

表5-1 教育課程編成の構成要件

	構成要件	主な論点
基本条件	教育目的・教育目標	価値・理念・校風（エートス）。目的。目標（教材、指導過程と学習形態、学力評価）。
	構造（スコープとシーケンス）	経験主義か系統主義か。単元の配置。
	履修原理	履修主義か修得主義か。必修か選択か。
教育条件	時間配分	1単位時間。教科等への配当日時数。年間の流れ。
	子ども集団の編制	集団の規模。異質化原理か等質化原理か。固定的か、柔軟に変化するか。
	教職員の配置	教科担任制か学級担任制か。TTやゲスト・ティーチャーの有無。
	教具、施設・設備	教具の種類と数。教室の種類と配置。オープン・スペースの有無。
	学校間の接続	接続校との関係（連携、一貫など）。入試制度のあり方。
前提条件	入学する子ども	発達段階、学力、性格特性、ニーズなど。
	保護者や地域社会	学校への期待、協力体制、地域文化など。
	学校の特色	伝統、各種教育資源など。
	接続校、近隣校との関係	連携の有無。学校間競争の有無。
教育課程編成の制度		中央集権による統制か、「学校を基礎にした教育課程編成」か、学校間ネットワークの形成か。学校内での教育課程経営のあり方。教育課程評価の主体と進め方。

出所）田中耕治他『新しい時代の教育課程』有斐閣、2005年、p. 171。

第3節　教育課程の変遷

1　近代日本の教育課程

1）最初の教育課程

　近代日本の学校制度は、1872（明治5）年9月5日に頒布された学制によって発足した。大学、中学、小学の制度的確立を掲げた学制は、近代的な国民国家の形成を目指し、四民平等に基づいて国民皆学を実現させることをねらいとした。江戸時代の四書五経に代わって、西洋の近代的知識が輸入され、封建的な身分制に代わって、資本主義的な能力主義社会が奨励された。

　最初の教育課程として位置づけられるのは、1872年学制の小学教則である。

その内容は、一般の人たちが中学、大学へと進学するために必要な洋学が中心であった。教科の編成は、下等小学4年で、綴字、習字、単語、会話、読本、修身、書牘、文法、算術、養生法、地学大意、究理学大意、体術、唱歌、上等小学4年では、綴字、習字、単語、会話、読本、修身、書牘、文法、算術、養生法、地学大意、究理学大意、体術、唱歌、史学大意、幾何学大意、罫学大意、博物学大意、化学大意、生理学大意、外国語1、2（随）、記簿法（随）、図画（随）、政体大意（随）（〔随〕は、地方によっては「教ルコトアルベシ」の教科）であり、欧米から輸入された近代的な自然科学など知育偏重の教育であった。

当時はまた、等級制を基本とし、卒業試験が実施されるシステムであった。いわゆる学年制が導入されるのは1885（明治18）年以降であり、1891（明治24）年の「学級編成等ニ関スル規則」で一学年での学級編成が成立した。

2）教育課程の構造的確立と近代化

1881（明治14）年の小学校教則綱領では、儒教主義が強調され、修身と歴史科で天皇制の性格を強く反映した教育課程が編成された。他方で、1885（明治18）年には、森有礼文相が就任し、1886（明治19）年の小学校ノ学科及其程度では儒教主義が排除され、兵式体操と実用的な作文・算数教育が導入された。また、1890（明治23）年に、教育勅語が渙発（かんぱつ）され、天皇制を中心とした家族国家観的な道徳が示され、目指すべき人間像が示された。

こうした流れを受けて、1891（明治24）年の小学校教則大綱では、教育目的、教科構成、各教科の教育内容、時間配分、教育制度を明示し、教育課程の全体構造の確立を促した。たとえば、理科は「天然物ヲ愛スルノ心ヲ養フ」、図画は「清潔ヲ好ミ綿密ヲ尚（たっと）フノ習慣ヲ養ハン」、地理科は「愛国ノ精神ヲ養フ」、修身は「尊王愛国ノ士気」と「国家ニ対スル責務」を強調し、教育勅語に立脚した教育課程の制度的確立が進められた。

教育課程の近代化は、1900（明治33）年の小学校令施行規則によって着手された。世界的な植民地争奪戦と資本主義の拡大に伴って激しさが増す国際競争の中で、日本の資本主義の進展を促すことが背景にあった。特徴の一つは、国語科新設による教育内容の刷新であり、小学校教育における字体の統

一であった。すなわち、それまで、楷書、行書、草書を原則としてきた字体を、小学校では、楷書による平仮名と片仮名だけに制限した。また、漢字の上限が1200字に定められた。

3）新教育運動から国民学校体制へ

1910年代に入ると、欧米で開花した新教育運動の流れを受けて、日本でも子ども中心の教育観が浸透するようになった。それ以前の画一的で注入主義的な競争型の教育に代わって、子どもの個性や生活、経験を重視する考え方が普及した。この運動は、大正デモクラシーの風潮とも重なり、「大正自由教育」「大正新教育」を前進させ、より豊かで自由かつ生き生きとした教育の理念に支えられた新しい学校の創立へと導いていった。

1917（大正6）年に沢柳政太郎が創設した成城小学校は、パーカースト（Helen Parkhurst, 1887-1973）の「ドルトン・プラン」に影響を受け、画一的、形式的な一斉授業を退け、教師と子どもが学習計画を立てる学習の個性化、個別化を推進した。また、奈良女子高等師範学校附属小学校の木下竹次は、「学習即生活」を目指して教科を統合する「合科学習」を実施し、明石女子師範学校附属小学校の及川平治は、子どもの能力に応じて探求活動を行う「分団式動的教育」を実施した。新教育運動の系譜は、1921（大正10）年の羽仁もと子による自由学園、1924（大正13）年の赤井米吉の明星学園、1929（昭和4）年、小原國芳の玉川学園などの創設へとつながっていった。

その後、時代が第二次世界大戦へと向かう中で、新教育運動は下火になっていった。1941（昭和16）年には、小学校が国民学校として改称され、「皇国民練成」を目的とする観点から教育課程改革が進められた。そこでは、天皇制、軍国主義に基づく教育の徹底が図られ、教育課程は国民科、理数科、体錬科、芸能科、実業科から編成された。国民科は、修身、国語、国史、地理からなる教科として再編が行われた。

2　現代の教育課程の変遷

第二次世界大戦後、わが国は、民主主義の社会へと移行するのに伴い、教育課程の刷新を実現させた。教育基本法、学校教育法、同法施行規則に基づ

いて教科や授業時数が規定されるとともに、教育課程の編成基準として学習指導要領が公示されるようになった。学習指導要領そのものは法令ではなく、その法的位置づけについては論争を含むものであるが、学校教育法施行規則に基づいているため、判例では、法的拘束力をもつという判断がくだされている。

 1）**経験主義**（1947年、1951年）

 1947（昭和22）年に発行された最初の学習指導要領は、戦前の「教授要目」「教授細目」に代わって、アメリカの「コース・オブ・スタディ」をモデルに「試案」（教師の手引書）という形で示された。戦後の民主主義的な新教育運動の風潮に乗って、教育課程は経験主義の色合いが強く反映され、教育課程は「教育的な諸経験」「諸活動の全体」であると定義された。子どもたちが地域社会や生活の中で遭遇する問題を解決できるようにすることが教育の目的とされ、その実現のための経験主義の教育課程が策定された。

 小学校の教科は、国語、社会、算数、理科、音楽、図画工作、家庭、体育、自由研究の9教科から構成された。中学校では、必修科目として、国語、習字、社会、国史、数学、理科、音楽、図画工作、体育、職業（農業、商業、水産、工業、家庭）の10科目が、選択科目として、外国語、習字、職業、自由研究の4科目が設置された。戦前の修身、公民、地理、歴史が廃止され、新たに社会科が設置された。また、小学校で家庭科が設けられ、小・中学校で自由研究が設置されたことが特徴的である。高等学校については、1948（昭和23）年に、高等学校設置基準が制定され、「普通教育を主とする普通科」と「専門教育を主とする学科」に分類された。

 1951（昭和26）年には、文部省の諮問機関である教育課程審議会の答申に基づいて、学習指導要領の改訂が行われた。この改訂で、自由研究が廃止され、新たに教科以外の活動（小学校）と特別教育活動（中学校）が新設された。

 2）**系統主義**（1958〜60年改訂）

 1950年代に入ると、経験主義への批判が顕著に見られるようになる。世界的には冷戦への突入、国内的には高度経済成長の路線がはっきりとした輪郭を形成し、教育課程は経験主義から系統主義へと転換が進むようになった。

すなわち、子どもたちの生活や経験を頼りにするだけでは知識が身につかないということが問題にされ、系統立てられた知識を学校で教えることが重視されるようになった。それと同時に、学習指導要領の「試案」の表現がなくなり、文部省「告示」という形に変更され、学習指導要領の基準性が明確にされた。また、年間の最低授業時数が決められることになった。

　この改訂の背景にあったのは、基礎学力の低下に対する懸念であった。GHQの占領下を脱し、日本が独自に策定した改訂でもあった。改訂の特徴として、経験主義を否定し、学力の充実の観点から原理、原則を重視した系統主義へと転換したこと、小・中学校で、道徳の時間を新設し、「君が代」などの文部省唱歌が奨励されたこと、小学校において、国語や算数の授業時数が増加され、中学校では、数学、理科を中心に科学技術教育の強調がなされたこと、高等学校の教育課程が教科、特別教育活動、学校行事の3領域とされ、倫理社会が新設されたことなどがあげられる。

3）教育の現代化（1968〜70年改訂）

　「調和と統一」の理念のもと、高度経済成長を支える人材育成と能力開発が重視され、能力主義的な教育が実施されるとともに、国家社会の有為な形成者を育成する観点から公民的資質の形成が強調された。学力水準の向上が目指され、高度で科学的な教育を行う「教育の現代化」が推進された。たとえば、中学校理科では、科学的な見方や考え方といった「基本的な科学概念」と「科学的方法」が重視されるなど、教育内容の精選と現代化が進められた。1961（昭和36）年から全国中学校学力一斉テストが導入されると、「学テ反対闘争」が展開されるなど、能力主義的な人材育成をめぐって学力論争が活発化した。教育の現代化を方向づけたのは、学問中心のカリキュラムであった。

　教育課程は、小学校では、国語、社会、算数、理科、音楽、図画工作、家庭、体育の各教科と道徳、特別活動の3領域から構成された。中学校も、小学校同様、教科（必修教科、選択教科）、道徳、特別活動の3領域から編成された。高等学校は、「各教科に属する科目及び各教科以外の教育活動」の2領域にあらためられた。また、理数教育が重視されたこと、児童活動、学校行

事、学級指導の特別活動が強調されたこと、道徳教育の徹底を行い、特別活動では、儀式や祝日に「国旗」の掲揚や「君が代」の斉唱が指示されたことなどが特徴的である。

4）人間性重視（1977〜78年改訂）

　教育の人間化が掲げられ、「ゆとり」ある人間的な教育課程への再編が行われた。能力主義的な人材育成を重視した教育の現代化は、「落ちこぼれ」や非行問題、受験競争の激化など、いわゆる学校荒廃を生み出したと批判され、教育課程の路線転換が要請された。すなわち、教育の現代化のもと、教育内容や方法の科学的な追究が行われ、教材や授業方法において積極的な成果が生み出された一方で、人間がいかにあるべきかといった教育的な価値や人間的な生き方についての問いが後退していったことが問題にされた。小学校の教育課程では、知、徳、体の調和に基づく教育、教科内容と授業時数の精選、基準の大綱化、弾力化、「ゆとりの時間」の活用などが強調された。中学校でも同様に、基準の大綱化、弾力化、授業時間数と内容の削減、内容の精選、選択教科の拡大がなされた。

5）新学力観（1989年改訂）

　1989（平成元）年の学習指導要領改訂は、児童、生徒の関心、意欲、態度を重視した「新学力観」を標榜した。「新学力観」において目指されたのは「個性を生かす教育」であり、そのために知識、理解、技能の習得よりも、関心、意欲、態度を強調し、思考力、判断力、表現力と、自己教育力の形成を尊重した。

　改訂のねらいは、豊かな心をもち、たくましく生きる人間の育成を図ること、自ら学ぶ意欲と社会の変化に主体的に対応できる能力の育成を重視すること、国民として必要とされる基礎的・基本的な内容を重視し、個性を生かす教育の充実を図ること、国際理解を深め、わが国の文化と伝統を尊重する態度の育成を重視することにあった。

　具体的な改訂内容として、道徳教育の内容を重点化したこと、小学校低学年で理科と社会科を廃止し生活科を新設したこと、中学校で選択教科を増加し、習熟度別指導を取り入れたこと、情報の理解、選択、処理、創造のため

の能力を育成し、コンピューターなどの情報手段を活用する能力を重視したこと、外国語教育においてコミュニケーション能力を強調し、国際理解を推進したこと、高等学校で家庭科を男女必修にしたこと、国旗・国歌の指導徹底を図ったことなどがあげられる。

6）生きる力（1998~99年改訂）

1998年の学習指導要領改訂では、「ゆとり」ある学習環境の中で「生きる力」を育むことが前面に掲げられ、総合的な学習の時間の新設、完全学校週5日制、教育内容の削減が行われた。

改訂のキーワードは「生きる力」であり、その目玉となるのが総合的な学習の時間の設置である。総合的な学習の時間の趣旨とされたのは、子どもたちの「生きる力」を育むために、既存の教科等の枠を超えた横断的・総合的な学習を実施すること、各学校が創意工夫を生かした特色ある教育活動を展開できる時間を確保することであり、そのねらいとして、「自ら課題を見付け、自ら学び、自ら考え、主体的に判断し、よりよく問題を解決する資質や能力を育てる」「学び方やものの考え方を身に付け、問題の解決や探究活動に主体的、創造的に取り組む態度を育て、自己の生き方を考えることができるようにする」「各教科、道徳及び特別活動で身に付けた知識や技能等を相互に関連付け、学習や生活において生かし、それらが総合的に働くようにする」ことがあげられた。この改革に対しては、学力低下に対する懸念と批判が展開され、学力論争が活発化した。

7）生きる力と活用能力（2008~09年改訂）

2008（平成20）年の学習指導要領の改訂では、21世紀の知識基盤社会に相応した教育課程のあり方が議論の中心に置かれた。「生きる力」という基本理念を継承したうえで、基礎学力の重視とともに、知識の実生活への応用・活用能力を求める動きが拡大した。強調点は、高度で発展的な思考力、判断力、表現力、コミュニケーション能力などの育成である。学習は、知識、技能、理解の「習得」、思考力、判断力、表現力などの「活用能力」、主体的に取り組む「探究的態度」の3つから構成されるという解釈が示された。

この学力観に影響を与えたのは、OECD（経済協力開発機構）が実施する

PISA（生徒の学習到達度）調査における「リテラシー」の考え方であり、OECD の DeSeCo プロジェクトが示した「キー・コンピテンシー」という概念である。15歳を対象に「読解力」「数学的リテラシー」「科学的リテラシー」を調査する PISA は、従来の学校カリキュラムの内容に限定されない、知識・技能の実生活への応用能力を問うものである。

改訂内容としては、小・中・高等学校で授業時数が増加に転じたこと、小学校高学年で「外国語活動」が導入されたこと、言語活動の充実が提示されたことが特徴的である。

8）アクティブ・ラーニングとコンピテンシー（新学習指導要領）

2016（平成28）年度に、学習指導要領が改訂された。グローバル化や人工知能（AI）の飛躍的な深化を背景に、「アクティブ・ラーニング（主体的・対話的で深い学び）」と「コンピテンシー（資質・能力）ベースのカリキュラム」を追求する方向性が示された。その中で、①「生きて働く知識・技能の習得」、②「未知の状況にも対応できる思考力・判断力・表現力等の育成」、③「学びを人生や社会に生かそうとする学びに向かう力・人間性の涵養」の3つが強調された。

具体的には、主体的に学習に取り組む態度や学びに向かう力、自己の感情や行動を統制する能力としての「メタ認知」、多様性を尊重したり互いに協働したりする力、持続可能な社会づくりへの態度、リーダーシップやチームワーク、感性、優しさ、人間性に関する事柄が強調された。学習目標と内容の見直しが行われ、グローバル社会に対応した英語力の強化や、日本の伝統文化に関する教育の充実、国家・社会の責任ある形成者かつ自立した人間として高等学校教育の改善（地理歴史科における「地理総合」「歴史総合」、公民科における「公共」の設置）などが奨励された。また、「学習評価の充実（カリキュラム・マネジメントの充実）」が掲げられている。

学校と地域の効果的な連携・協働が志向され、地域の人的・物的資源の活用や社会教育との連携による「社会に開かれた教育課程」の実現が強調されるとともに、学校のマネジメントを組織的に運営する「チームとしての学校」と、学校運営協議会制度の導入による「コミュニティ・スクール」が推進さ

れた。すべての公立学校において、「コミュニティ・スクール」の実施が目指され、学校運営に対する地域住民の参画や、地域の実情を踏まえた特色ある学校づくりを進めることが志向されている。

第4節　学習の原理

1　状況的学習（正統的周辺参加論）

　レイブ（Jean Lave）とウェンガー（Etienne Wenger, 1952- ）が提唱した状況的学習（situated learning）とは、学習の認知過程が社会実践における具体的状況の中で遂行されると考える理論である。伝統的な学習理論において、「学習」は、状況に左右されない脱文脈的な知識や技術を個人が獲得することであったのに対して、状況的学習が強調するのは、主体が知識や技術を獲得した時の「状況」であり、学習者が知識や技能の文化的な実践共同体へと参加していくことである。すなわち、「学習」とは、学習者の社会的、文化的な状況や文脈から切り離されるのではなく、個体と環境との相互作用に規定され、状況に埋め込まれて遂行されるものなのである。

　レイブとウェンガーは、リビアの洋服の仕立て職人が徒弟的な共同体の中で知識や技能を熟達していく学習過程を例に分析する。そして、学習というものが、仕事を行う具体的な状況において、周囲の人やモノなどの環境と相互作用しながら遂行されている点に注目する。それは、仕立て職人という実践共同体において「周辺」から「中心」へと参加を移動させていく過程でもある。レイブとウェンガーは、これを「正統的周辺参加」と呼んでいる。

　状況的学習が、学校のカリキュラムに対して提起する意味は大きい。というのも、学校で教えられる内容の多くは、具体的な環境や状況から切り離された脱文脈的な知識や技術の獲得に傾倒しがちだからである。学校での学習が「できる」「できない」といった個人レベルの能力の視点で見られる傾向があるのに対して、状況的学習は、学習を文化的実践への参加の観点からとらえている。一方で、学校教育を徒弟的な共同体のモデルで説明できるかどうかという点では、課題も残されている。

2 活動理論

　活動理論（activity theory）は、ロシアの心理学者ヴィゴツキー（Lev Vygotsky, 1896-1934）の心理学に由来し、エンゲストローム（Yryö Engeström, 1948- ）やダニエルズ（Harry Daniels）、コール（Michael Cole, 1938- ）らによって発展的に研究が着手された理論である。エンゲストロームは、「学習活動」を、「本質的には主体を生産する活動」である「伝統的な学校教育」とも、「本質的には道具を生産する活動」である「伝統的な科学」とも異なって、「学習を生産する活動」であるととらえている。

　エンゲストロームは、図5-1のように、ヴィゴツキーの「主体―道具―対象」の三角形に、「ルール―コミュニティ―分業」の3要素を加えて、「学習」を、人間の歴史的で社会的で文化的な「活動システム」を創出する実践へと拡張しようとする。ここで、「学習」とは、個人の知識獲得のプロセスなのではなく、個人では解決不能な様々な問題を社会的な矛盾と葛藤へと高め、「集団的活動システム」の再組織化へとつなげていくことの全体を意味するものとなる。エンゲストロームは、これを「拡張による学習」として理論化した。

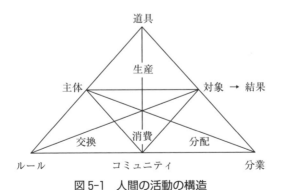

図5-1　人間の活動の構造

出所）Y. エンゲストローム著、山住勝広他訳『拡張による学習―活動理論からのアプローチ―』新曜社、1999年、p. 79。

3　社会文化的アプローチ

　社会文化的アプローチ（socio-cultural approach）もまた、ヴィゴツキーの心理学に起源をもっている。それは、認知と学習の社会的、共同的な性格を主張する点で、状況的学習や活動理論と共通している。ワーチ（James Wertsch, 1947- ）によれば、「学習」は、「言語」などの「文化的道具」に「媒介された行為」である。彼は、発話・談話における言語的な記号を「道具箱（ツールキット）」と呼び、それを媒介することによって「意味の多声性」と「声の異種混交性」を導き入れようとした。

　ワーチはまた、「学習」を単なる「習得」だけでなく、「専有（アプロプリエーション）」の側面からとらえている。すなわち、「習得」が「文化的道具」の使用方法を知り獲得することであるのに対し、「専有」とは、「文化的道具」に意味を付与し、「わがものにしていく」「自分なりのものにしていく」学習者の能動的、構成的な過程である。

　活動理論と社会文化的アプローチが強調するのは、「学習」が人々の社会的なコミュニケーションや共同的な活動の中で生じることであり、言語など社会的に共有された「文化的道具」に媒介されて成り立つということである。

4　ケアリング

　フェミニズムの視点から、男性原理に支配された学校の再構成を試みるノディングズ（Nel Noddings, 1929- ）は、リベラル・エデュケーションに代表される従来の教科中心カリキュラムを超えた「ケアリング（caring）」の教育を提唱している。「ケア」の概念は、一般には「福祉」や「世話」として訳されるが、ここでは、人と人、人と生き物、人とモノとの間で心を砕き、体を砕いてかかわることを意味している。ノディングズが重視するのは、人がケアしケアされる応答性と相互性の中で、自らを成長させて倫理を築いていくという事実である。

　しかし、従来の教科中心カリキュラムは、こうした応答的、互恵的な関係をカリキュラムの中に適切に位置づけてこなかったと批判される。学校は、言語や科学や数学を教えてきたけれども、一方で、人が人として生きるのに

不可欠な問い、具体的には、人や他者やモノを愛したり慈しんだり世話をすることについて教えてこなかったというのである。だが、それらは、人生の幸福を考えるうえで、もっとも根本的なものなのである。

ノディングズは、「ケアリング」の教育について、「自己のケア」「親しい者のケア」「見知らぬ人や遠く離れた他者へのケア」「動物・植物・地球のケア」「人工世界のケア」「理念のケア」の6つの領域をあげている。そして、そこから従来のカリキュラムを超える教育を探り出している。

5　学びの共同体

「学びの共同体」としての学校づくりは、1890年代後半にデューイがシカゴ大学の実験学校で展開したカリキュラムに端を発している。彼は、学校を「胎芽的な共同体」として組織しようとした。そこでは、「教科」と「子ども」とは対立的にとらえられるのではなく、相即的なものとして認識されていた。カリキュラムは「経験」の外側に位置づけられるのではないのと同様に、子どもたちの「経験」もまた教科の体系と反するものではないという哲学が根底にあった。デューイは、教育を「経験の意味の再構成」の観点からとらえ、学校を「学びの共同体」として組織しようとした。

「学びの共同体」を志向する現代の代表的な実践として、ニューヨークやボストンの学校で校長を務めたデボラ・マイヤーの改革があげられる。マイヤーは、テストによる競争に傾倒した今日のスタンダード重視のカリキュラムが教師と子どもたちの相互の「信頼」と「共同性」の基盤を掘り崩すと批判し、「信頼で結ばれあうコミュニティ」としての学校づくりを展開した。

また、わが国において、「学びの共同体」としての学校づくりを推奨する佐藤学は、「学び」を「対象世界との対話」と「仲間との対話」と「自己との対話」の3つの「対話的実践」によって構成される「活動的で協同的で反省的な学び」としてとらえている。そして、「座学の学び」から「活動的な学び」へ、「個人的な学び」から「協同的な学び」へ、「獲得し記憶し定着する学び」から「探究し反省し表現する学び」への転換を唱え、「伝達し説明し評価する授業」から「触発し交流し共有する授業」への転換を支援し、「目

標・達成・評価」を単位とするカリキュラムから「主題・探究・表現」を軸にしたカリキュラムへの転換を奨励している。佐藤は、デューイやヴィゴツキーを参照して、カリキュラムの概念を「学習経験の総体」と定義している。

●引用文献
Y. エンゲストローム著、山住勝広他訳『拡張による学習―活動理論からのアプローチ―』新曜社、1999 年
佐藤学『教育方法学』岩波書店、1996 年
佐藤学『教師たちの挑戦―授業を創る 学びが変わる―』小学館、2003 年
中央教育審議会初等中等教育分科会教育課程部会「次期学習指導要領等に向けたこれまでの審議のまとめ」2016 年
J. デューイ著、松野安男訳『民主主義と教育』岩波書店、1975 年
J. デューイ著、市村尚久訳『学校と社会―子どもとカリキュラム―』講談社、1998 年
N. ノディングズ著、佐藤学監訳『学校におけるケアの挑戦―もうひとつの教育を求めて―』ゆみる出版、2007 年
D. S. ライチェン・L. H. サルガニク著、立田慶裕監訳『キー・コンピテンシー―国際標準の学力をめざして―』明石書店、2006 年
J. レイブ・E. ウェンガー著、佐伯胖訳『状況に埋め込まれた学習―正統的周辺参加―』産業図書、1993 年
J. ワーチ著、田島信元他訳『心の声―媒介された行為への社会文化的アプローチ―』福村出版、1995 年
J. ワーチ著、佐藤公治他訳『行為としての心―媒介された行為の社会文化的アプローチ―』北大路書房、2002 年

●参考文献
国立教育政策研究所編『生きるための知識と技能3　OECD 生徒の学習到達度調査（PISA）　2006 年調査国際結果報告書』ぎょうせい、2007 年
田中耕治他『新しい時代の教育課程』有斐閣、2005 年
D. Meier, *In Schools We Trust: Creating Communities of Learning in an Era of Testing and Standardization*, Beacon Press, 2002.

第6章 教育方法

第1節　教育の方法的原理の自覚

　教育方法とは、教師の子どもに対する働きかけ方全般を意味する。教育の方法や技術という言葉を聞くと、授業の設計や展開、教師の発問や説明、提示する教材の準備など、授業における指導法を想像することが多いだろう。しかし、実際は、生徒指導や教育相談などもその範疇に含まれており、学習指導の場面に限ったものではない。また、学校教育の枠を超え、家庭教育や社会教育の場面も含めると、その領域は教育学の枠を超え、理論体系の範囲も広がる。

　当然ながら、学校教育においては、それら方法的原理が無自覚のまま行われることがあってはならない。ヘルバルトは、自身の著書『一般教育学』の中で、「我々は、教授無きいかなる教育の概念は認めない。また、教育しないいかなる教授をも認めない」と述べている。この「教育的教授」の思想は、後に、画一的・硬直的な教育観と批判を受けるが、教師が、教育目的や学習成果も含めて、方法的原理の自覚のうえに教育実践を行わなければ、単なる押しつけや放任の教育と誤解されてしまうことをあらためて忠言してくれる。

　学校教育に説明責任（アカウンタビリティ）という言葉が入り久しいが、教師は、教育の目的や成果に対する説明責任を果たす意味でも、教育の方法的原理を自覚したうえで教育を行い、児童・生徒の成長と発達を確かに保障していかなければならないのである。

第2節　教授・学習の原理

1　直観教授

　ペスタロッチ（Johann Heinrich Pestalozzi, 1746-1827）は、すべての認識は数（Zahl）・形（Form）・語（Sprache）からはじまると考え、事物の感覚的な認識から抽象的な思考へと開発的に学習させる直観教授を提唱した。

　小学校第一学年「算数」の教科書を思い出してほしい。最初に取り扱われる「かず」の単元では、1から10までの数字が、おはじきや動物、乗り物などの図版とともに提示されており、具体物を通して感覚的に数の概念を獲得する工夫がなされている。これがまさに「数」の直観教授である。

　「形」の直観教授は、まず、提示された具体物の線や角度の測定からはじまる。その後、提示されたままに模写をする図画の段階を経て、文字の書き方へと発展していく。具体物の特徴を正確に模写するためには、測定や図画の技術が求められる。ペスタロッチは、これらの技術の習得後に文字の書き方を指導する必要があると考えていた。

　「語」の直観教授では、まず、母音の発音からはじめ、次に、子音と組み合わせて単語を形成する。形成された単語を学習する際は、身の回りにある具体的な事象と関連づけることで、その知識量も増加する。その後、単語のもつ意味を体系化する学習の過程を経ることで抽象的な思考の水準へと発展させていくのである。

2　段階教授法

　ヘルバルト（Johann Friedrich Herbart, 1776-1841）は、子どもの「多方面的興味」を効果的に引き出す「教育的教授」の方法として、4段階から成る教授法を提唱した。思考の過程は、一定の対象に没頭する「専心」の段階と、専心によって得られた概念をこれまで獲得してきた認知的枠組みに統合する「致思」の段階に分けられる。さらに、専心と致思の段階は、それぞれ静的と動的の過程に二分され、専心の段階は、静的専心の「明瞭」と動的専心の「連

表6-1 ヘルバルトとラインの段階教授法の比較

思考の過程		ヘルバルト	機能		ライン
専心	静的	明瞭	学習内容の明確化	学習内容の予告	予備
				新教材の提示	提示
	動的	連合	新旧概念の関連づけ	新旧概念の比較	比較
致思	静的	系統	獲得された知識の体系化		総括
	動的	方法	体系化された知識の応用		応用

合」に、また、致思の段階は、静的致思の「系統」と動的致思の「方法」によって構成される。これを「明瞭―連合―系統―方法」の段階に配列したものが四段階教授法である。

①明瞭の段階では、学習者の興味・関心によって学習内容が明確化され、意識の焦点化が図られる。次に、②連合の段階では、明瞭化された対象とこれまでの認知的枠組みが関連づけられ、新たな知識が獲得される。③系統の段階へ移行すると、連合の段階によって得られた知識が体系化され、最終的に、④方法の段階において、体系化された知識の応用と、認知的枠組みへの統合が図られていく。

ヘルバルトの思想は、弟子のツィラー（Tuiskon Ziller, 1817-1882）やライン（Wilhelm Rein, 1847-1929）に引き継がれ（表6-1）、今日の学校教育における授業の構成（導入―展開―まとめ）に大きな影響を与えた。しかし、ヘルバルトが提唱した学習者視点の段階教授法は、彼の弟子たちによって教授者視点の段階教授法へと変容し、画一的・硬直的な教授方法として、ペスタロッチの開発的な教授法と比較、批判されることとなった。

3 問題解決学習

問題解決学習（problem solving learning）とは、学習者が、社会生活における現実の問題に主体的に取り組み、これまでの経験を繰り返し再構成・再組織化する過程を通して、問題解決に必要となる知識や技能を獲得する学習のことを指す。デューイ（John Dewey, 1859-1952）は、問題解決学習の基盤は、学習者の「反省的思考（reflective thinking）」にあると考え、その過程を次の

5段階で説明した。
　①問題や課題を感じ取る段階
　②問題や課題が発生した所在や原因を整理する段階
　③問題や課題の解決策や改善計画を構想する段階
　④解決策や改善計画を仮説的に吟味する段階
　⑤仮説的に吟味された解決策や改善計画を具体的に実行する段階
　反省的思考は、洞察（ひらめき）や試行錯誤といった思考過程と同様の水準ではなく、直面した問題や課題に対し、実験的に検証を重ねていく知的な思考過程であり、学習者の既有知識や技術などを総動員した熟議による学習活動であるといわれている。
　デューイの問題解決学習や、その思想を受け継いだ弟子のキルパトリック（William Heard Kilpatrick, 1871-1965）が提唱したプロジェクト・メソッド（project method）、後述するブルーナーの発見学習などは、学習者の主体的な問題解決過程に重きを置いた探求型の教育と呼ばれている。「総合的な学習の時間」や「体験活動」、また、高等教育における「アクティブ・ラーニング」など、今日の学校教育においても、彼らの思想の影響を受けた学習者主体の教育実践が数多く展開されている。

4　発見学習

　発見学習とは、教授者が知識を学習者に伝達するのではなく、学習者が科学上の発見と同様の思考過程をたどることで、自らの力で解答を見出し、知識体系を発見（再発見）するように導く教授法を指す。
　ブルーナー（Jerome Seymour Bruner, 1915-2016）は、教授者の綿密な教材研究に基づく教材の構造理解が重要であると述べている。教材の構造とは、教育内容に含まれる基本的な概念や法則、原理を意味しており、学習者がそれらを発見できるように援助をすることが教授者には求められる。発見学習は、次の5つの過程をたどると考えられている。
　①学習課題をとらえる（問題意識をもつ）
　②仮説を立てる（着想する、直観的思考）

③仮説を練り上げる（仮説を分析し、一般法則へと高める）
④仮説を確かめる（仮説を検証し、その結果をまとめる）
⑤発展させる（発見した一般法則を他の問題場面に適用・応用する）

　たとえば、幼児期において、子どもが関数の概念を理解することが可能であるか、正月のこま回しを例に考えてみたい。こま回しをする子どもは、できるだけ長い時間こまを回したいと思う。そのためにはどのようにすればよいか、こまに巻きつけるひもの長さや投げる角度が回る長さに関係があるという仮説を立てる。実際に、様々な工夫を凝らして仮説を検証すると、こまを投げる角度をより水平に近づけた場合に、長い時間こまが回ることに気づく。これにより、子どもは、「こまを投げる角度をより水平にすると、こまの回る時間は長くなる」という法則を発見することとなる。この法則は、まさに関数の概念であり、本来は、中学校で学ぶ概念を、幼児期の段階に獲得することも十分に可能である。

　ブルーナーは「知的性格をそのままに保って、発達のどの段階のどの子どもにも効果的に教えることができる」と述べ、いかなる学習者であっても、その発達段階に応じて教育内容を翻訳すれば、十分に学習可能であると考えていた。この提案は、後に、「螺旋型カリキュラム」としてまとめられる。

5　有意味受容学習

　オーズベル（David Paul Ausubel, 1918-2008）は、学習者がもつ認知的枠組みと関連の低い「機械的」な事象を記憶させるような受け身の学習方法を批判し、既有の認知的枠組みと関連が高い「有意味」な事象を学習する有意味受容学習（meaningful reception learning）の有効性を主張した（図6-1）。有意味受容学習が成立するためには、①学習内容が学習者のもつ認知的枠組みに関連づけ可能であること、②学習者が学習内容の理解に必要な知識を有していること、③学習者が学習内容と自身の認知的枠組みを関連づける意欲があることが求められる。

　また、オーズベルは、有意味受容学習を促進するためには、学習内容と学習者の認知的枠組みを関連づける先行材料の提示が効果的であると考えてい

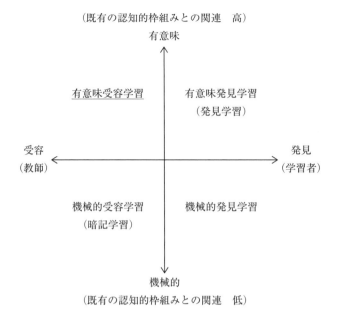

図 6-1　「学習の方向」と「既有の認知的枠組みとの関連度」による学習方法の分類
出所）D. P. オーズベル・F. G. ロビンソン著、吉田章宏・松田彌生訳『教室学習の心理学』黎明書房、1984 年を参考に作成。

た。これを、先行オーガナイザー（advance organizer）という。先行オーガナイザーには、解説オーガナイザーと比較オーガナイザーの 2 種類があり、前者は、学習内容の概要情報を指し、後者は、学習内容と比較可能な類似情報を意味している。

6　プログラム学習

　スキナー（Burrhus Frederic Skinner, 1904-1990）は、自発的行動（オペラント行動）に報酬（強化子）を与えることで、その行動の頻度が増加するオペラント条件づけ（operant conditioning）の理論を応用し、プログラム学習（programmed learning）と呼ばれる学習理論を提唱した。プログラム学習とは、学習目標となる課題や行動を段階的に細分化したうえで、各段階における学習者の正しい反応に対して即時に報酬を与え、学習目標への確実な到達を図る学習方法

である。プログラム学習には、次の4つの原理がある。
　①スモール・ステップの原理：　学習目標の細分化による学習の進行
　②積極的反応の原理：　各ステップにおける学習者の積極的な反応
　③即時確認の原理：　学習者の反応に対する是非の確認
　④自己ペースの原理：　各ステップにおける学習者自身のペースの維持
　プログラム学習には、直線型プログラムと分岐型プログラムがあり、直線型プログラムでは、各ステップの順列が直線的であり、誤った反応をすると次のステップへは進めない。これにより、確実に学習目標へと到達できる。一方、分岐型プログラムは、各ステップが多肢選択型（枝分かれ状）になっており、反応の正誤にかかわらず、プログラムを前後しながら学習が進行していく。直線型とは異なり、誤った反応の意義を認め、その時点で熟慮させるねらいがある。
　プログラム学習の進行には、あらかじめ学習プログラムが構成された教授機器（teaching machine）が用いられていた。現代では、教育工学の分野における研究が進み、CAI（Computer-Assisted Instruction）や e-learning システムが開発され、多くの教育実践において用いられている。

第3節　授業の構造

1　授業の設計と展開

　教師の仕事とは何かと問われると、第一に「授業」があげられるだろう。これまで多くの実践家や研究者が授業に関する研究を重ね、授業づくりや効果的な指導法、教材開発などの理論を蓄積してきた。その一人である斎藤喜博は、よい授業を「教師、子ども、教材の相互作用によって構成されるものであり、子どものもつ可能性を最大限に引き出し拡大していくもの」と述べている。授業とは、単に、教師が子どもに知識や技術を教え込むものではなく、子どもが自ら思考し、これまでの経験や他者の思考と照らし合わせながら、自ら新たな知見や概念を獲得する営みなのである。このような授業はどのように「設計」し、「展開」され、「評価」するのか、教師は、それぞれの

過程における基本的な技術を十分に理解したうえで授業を実践する必要がある。

1）授業の設計

　教師は、自身の教育活動や子どもの学習過程に関する見通しをもったうえで授業にのぞまなければならない。授業の設計は、まず、教師が子どもの発達や学習状況等を把握することからはじまる。次に、学習指導要領や教育課程等の教育計画と子どもの実態とをすり合わせ、授業時の目標や内容を定め、教授と学習に効果的な教材を用意する。そして、子どもの反応を予想しながら、教材の提示順や時間配分なども考える。また、これら事前準備の段階において、あらかじめ子どもの学びを測る手段や方法を考え、授業の評価と改善に結びつけることも重要である。このような見通しがなければ、子どもは、学習事項を理解することはできず、その授業も散漫なものとなってしまうだろう。

2）授業の展開

　授業実践の多くは、一般的に、「導入―展開―まとめ」の３段階で構成される。導入の段階では、子どもに学習事項を提示し、既有知識やこれまでの経験との関連を明確にしながら学ぶ意欲を喚起させる。展開の段階では、教師の発問や説明をきっかけに、子どもが思考を重ね、学習事項の核心に迫る。まとめの段階では、これまでの活動を振り返り、重ねた思考を集約させ、発展させたり、次の学習事項を見出させたりする。このような段階を経て子どもが思考を重ねることで、新たな知見や概念を獲得することができるのである。

3）授業の評価

　次の授業設計への布石ともなるのが、授業の評価である。子どもの学びを振り返り、教師が行った授業設計や実践と結びつけることで、設定した目標や内容、用意した教材、実践中の指導法などの妥当性を検証し、次の授業設計の改善につなげることができる。具体的には、授業中に子どもの発話や思考の変遷などから学びの過程をたどったり、子どもからの提出物（宿題や発表資料）や標準テストといった成果物を指標としたりして子どもの学びを見

取る。教師の指導法は、教師集団による研究授業において、指導案を材料に実際の授業実践を見たうえで検討する場合が多い。研究者も交えた授業研究ともなると、発話や指導行動の精緻な分析が行われ、子どもの標準的な発達や学習事項の理解度、学習意欲などと関連づけられ、その効果が検証される。

2 教材と教具

　教材と教具は、厳密に区別することが難しいことから、「教材教具」という連語を用いて表現されることが多い。あえて区別すれば、教材とは、教科内容を具体化した素材であり、教具とは、教科内容を教えるための道具を意味する。たとえば、小学校第五学年の社会科において、農水産業の役割を学習する時、その具体例として稲作が取り上げられる。米の県別生産量がまとめられた資料集や生産から消費までの流れを追ったビデオ映像を参照しながらその役割を考える。この場合、具体例として取り上げられた稲作が教材、参照した資料集やビデオ映像が教具となる。

　主たる教材として教科書があげられるが、教科書と教科内容、すなわち、教材と教科内容は明確に区別しなければならない。教科内容とは、教師と子どもの教授・学習活動によって習得される知識や技術などであり、教材は、それらを教授・学習するために用いられる具体的な素材である。

　教具については、文部科学省が2001（平成13）年に作成した『教材機能別

表6-2　中学校における教具の例

分類	教科等	品目類別	例示品名
発表・表示用	国語	黒板の類 書道練習用教材	黒板、発表板など 書写水書版、水書用筆など
	社会	地図の類 地球儀	地図、地域黒板ボード、航空写真など 地球儀（大、小、白地図など）など
道具・実習用具	数学	作図用教材 確率実習用教材	大分度器、大三角定規、大コンパスなど 乱数さい、度数計など
実験観察・体験用	理科	体積測定用具 重さ測定用具	メスシリンダー、メスフラスコなど 上皿てんびん、重量はかりなど
情報記録用	共用	音声記録教材 映像記録教材	テープレコーダー、ICレコーダーなど デジタルカメラ、ビデオカメラなど

出所）文部科学省『中学校教材機能別分類表』2001年より一部抜粋。

分類表』を参照するとわかりやすい（表6-2）。教具の機能を、①発表・表示用、②道具・実習用具、③実験観察・体験用、④情報記録用に分類し、各学校種、各教科にわたってまとめており、教具の選択や整備に有効活用できる。近年では、ICT教育の効果も認められ、学校現場に、デジタル教科書や電子黒板などの情報機器も導入されるようになってきた。

本来、教材と教具の選択は、教師の自主選択によるものでなければならない。教師の授業準備の過程に教材研究があるが、教科書に記載された教材の効果的な指導法を分析する教材研究（教材解釈）にとどまるのであれば、そこに教師の自主選択性は存在しない。どのような教材を選択・使用すると効果的に学習が進むかという視点で教材研究を進めることが重要であり、そこに教師の工夫や熱意が込められるのである。

3 教 科 書

教科書とは、小学校、中学校、高等学校、特別支援学校などの学校において、教育課程に定められた教科の教授に用いられる児童または生徒用の図書を指す。正式には「教科用図書」といい、原則として、文部科学省が著作したものか、あるいは、文部科学大臣の検定に合格したものでなければ使用することはできない。これを「検定教科書」という。一部の私立学校では、学習指導要領の範囲を超えた「検定外教科書」を併用している場合もある。

数ある検定教科書の中から使用する教科書を採択する権限は、各自治体の教育委員会にある。各教育委員会は、教科書の選定・採択に際し、教科用図書選定審議会を設置し、各学校の校長や教員、保護者、学識経験者等からの意見を聴取したうえで採択することになっている。小学校と中学校で用いられる教科書は、義務教育教科書無償給与制度により、無償で提供される。

教科書には、以下の機能があると考えられている。
①情報機能：　学習者に「真実」の情報や知識を伝達する
②構造化機能：　学習者が知識を体系化・構造化するのを助ける
③方略指導機能：　学習者の学び方・教授者の教え方を指導する

高度情報化が進んだ現代では、情報が満ち溢れ、学習者にとって、教科書

以外の情報も容易に取得することができるようになった。そのため、重要な情報源として用いられていた教科書も、現在ではその使用価値が薄れつつある。学校の教科書に含まれる情報は真実なのか、教師も、その内容について常に関心をもち、適切に見分けることが求められている。

第4節　生徒指導

1　生徒指導の意義と目的

　文部科学省が2010（平成22）年に作成した『生徒指導提要』によれば、生徒指導とは「一人一人の児童生徒の人格を尊重し、個性の伸長を図りながら、社会的資質や行動力を高めることを目指して行われる教育活動」と定義されている。生徒指導という言葉からは、問題行動を起こした児童・生徒に対する訓戒や訓育行動が想起される。そのため、特定の児童・生徒を対象にした指導と誤解されることが多い。しかし、実際は、登校時の挨拶や授業中の傾聴姿勢といった学習態度の指導をはじめ、学級活動や部活動などの課外活動における指導、進路指導や教育相談等の個別的支援も含まれており、その対象や領域は、すべての児童・生徒、そして、すべての教育活動に及ぶ。

　生徒指導の目的は、「自己指導能力」の育成にある。自己指導能力とは、児童・生徒が、自ら進んで学び、自ら課題を見つけ、自らを指導・改善し、自己実現や社会の向上を図る力を指す。いわゆる自主性や自発性、課題解決力や社会性などがこれに該当する。自己指導能力は、日々の生活の中で直面する問題解決の場面において、児童・生徒自らが判断・決定を行い、実行した行動に責任感をもち、達成感を得る経験を重ねることで育まれる。この経験を保障するためには、教師一人ひとりの児童・生徒理解を基盤としながらも、学校全体を通して生徒指導を進める必要がある。

2　生徒指導の留意点

1）児童・生徒に自己存在感を与えること

　児童・生徒が将来に希望を抱き、自己や社会の成長に向けて意欲的に活動

に取り組むためには、高い自己肯定感や自尊感情が欠かせない。児童・生徒が自分の存在を「誰にも代えられないかけがいのない存在」であると価値づけられるよう、児童・生徒の興味・関心を受け止め、一人ひとりのよさを活かした指導を意識しなければならない。

2）共感的な人間関係を育成すること

自己実現の達成とは、単に、個人の願いや要求が実現された状態のことを指すのではない。その過程では、他者の多様な感情や意見に耳を傾け、自己の選択や決定が周囲に与える影響を考慮しながら、集団の構成員としての自己実現を図る必要がある。そのためには、児童・生徒が互いの考えやよさを認め合い、相互理解を深められるような環境を用意しなければならない。いわゆる教師による児童・生徒の「居場所づくり」も共感的な人間関係を育成する重要な環境となる。

3）自己決定の場を与え、自己の可能性の開発を援助すること

自己指導能力の基盤ともなるのが、自己選択・自己決定の経験である。学校生活における様々な場面で自己選択・自己決定する機会をもつことは、主体的な態度を養い、将来の生き方を選択・決定する力を培う。また、そのような場面で成功体験を重ねることは、個々の可能性を拡げ、将来、直面する問題や課題を解決しようと思う意欲にもつながる。

そのため、教師には、日頃の児童・生徒理解に基づき、その能力や適性に見合った課題を設定することや、たとえ不本意な結果となったとしても、児童・生徒が再び挑戦できるような援助をすることが求められている。

3　これからの生徒指導

少年非行や暴力行為、いじめや不登校、中途退学、インターネットや携帯電話をめぐる問題など、時代や社会環境の変化とともに、生徒指導上の諸問題も多種多様化している。今日の生徒指導のよりよい充実と改善を図るためには、主に次の3点があげられる。

1）社会的自己指導能力の育成

いじめや不登校など、学校内外の人間関係を要因とする諸問題の増加を受

け、近年では、教師の「居場所づくり」に加え、児童・生徒の「絆づくり」という表現も用いられるようになった。児童・生徒が安心できる雰囲気づくりを教師が行い、児童・生徒が友人や教師との相互理解や信頼関係を深める。このような環境で行われる集団活動が児童・生徒の社会性を高め、社会の構成員としての自己実現を図る「社会的自己指導能力」を育むのである。

2）開かれた生徒指導の推進

学校において、教師間のチームワークによる生徒指導体制の確立は必要不可欠である。しかし、児童・生徒が生活を営む場所には、学校や家庭以外にも、地域（隣近所、町内会、スポーツクラブなど）がある。児童・生徒一人ひとりの多面的理解に基づいた生徒指導を実施するためには、家庭や地域から得られる情報が重要な手がかりとなることも多い。

また、児童・生徒の保護者を対象とした相談体制の充実も忘れられない。家庭の教育力の低下が指摘される昨今、スクールカウンセラーなどの専門職員による相談が、子育てに対する保護者の不安や心配を和らげ、再び子育てに向かう気持ちへと改善してくれる。

そのため、学校は、施設開放や公開講座などの取り組みにとどまらず、家庭や地域への情報発信を積極的に行い、学校の教育活動への連携や協力が得られるよう、開かれた学校づくりを推進する必要がある。

3）ネットワークと行動連携の実現

生徒指導上の諸問題が多種多様化している現状において、個々の抱える問題に適切に対応し、児童・生徒の健全な育成を図るためには、学校内の教育資源の活用だけでは十分とはいえない。場合によっては、警察や医療機関、児童相談所といった専門機関への協力を要請することも必要である。

そのため、学校の教育力を超えた事態も含めた対策計画を定めることはもちろんのこと、日頃から、家庭や地域、関係機関との交流を深め、相互のネットワークを活かした生徒指導を推進していくことが必要である。

●引用文献

D. P. オースベル・F. G. ロビンソン著、吉田章宏・松田彌生訳『教室学習の心理

学』黎明書房、1984 年
斉藤喜博『授業』国土社、1990 年
J. S. ブルーナー著、鈴木祥蔵他訳『教育の過程』岩波書店、1986 年
ペスタロッチ著、長尾十三二他訳『ゲルトルート児童教育法』明治図書出版、
　1976 年
ヘルバルト著、三枝孝弘訳『一般教育学』明治図書出版、1960 年
文部科学省『中学校教材機能別分類表』2001 年
文部科学省『生徒指導提要』教育図書、2010 年

●参考文献
河野義章編著『授業研究法入門』図書文化、2009 年
柴田義松・山崎準二編『教育の方法と技術』学文社、2005 年
田中耕治・鶴田清司・橋本美保・藤村宣之『新しい時代の教育方法』有斐閣ア
　ルマ、2012 年

第 7 章
学校教育の制度

　教育は、本来的には親と子の関係にはじまる私的な営みであるが、人類社会の発展と変化の中で学校が誕生し、やがて近代国家が成立すると、国が学校とそこでの教育に深くかかわるようになる。本章では、制度としての学校教育の発展と現状を包括的にとらえながら、学校と教育の織り成す世界について理解を深めたい。

第 1 節　近代学校制度の成立と発展

1　学校の起源と歴史

　学校は私たちにとって身近な存在であり、今日では学校を抜きにして教育のあり方を考えることはできない。このような教育の場としての学校はいつ頃誕生したのであろうか。
　人類社会における最初の学校は、紀元前 3500 年頃の都市国家シュメールに起源をもつとされる。シュメールは人類におけるもっとも古い言語表記である楔形文字を発明、使用したことで知られるが、粘土板に書かれた楔形文字を教える「粘土板の家」が人類最古の学校であったといわれている。学校の起源は、文字学習の必要性をその背景としていたのである。
　その後、古代ギリシアの時代になると、都市国家（ポリス）において市民生活に関する法制度が整えられた。人々は英語のスクール（school）の語源である「閑暇」（スコレー、schole）を享受することで知的エネルギーを集積し、ギリシア文化を開花、発展させた。古代ギリシアにおいて、閑暇を享受できる自由人は一部の市民階級に限られたが、そのような特権を賦与された市民

たちは、教養を高める学びの機会として閑暇を楽しんだ。その結果、この時代はアテネを中心に「人類の教師」とも称されるソクラテス（Sokrates, B. C. 469頃-399）やプラトン（Platon, B. C. 427-347）、アリストテレス（Aristoteles, B. C. 384-322）など、後世に影響を及ぼす偉大な哲学者たちを輩出することになる。ソクラテスの弟子プラトンは、古代ギリシアでもっとも名声を誇った学校の一つである「アカデメイア（Akademeia）」を創設した。プラトンの弟子アリストテレスは、アカデメイアで学んでから教師となり、後に自らの学園である「リュケイオン（Lykeion）」を開設した。

ローマ時代になると、初期の教育は「十二表法」に基づく市民生活に必要な教育が家庭を中心として行われた。その後、ローマ法の下で教育の法制が整備されたことにより、初等学校や文法学校、修辞学校などが現れた。これらの学校は帝政時代に入ると系統的な学校制度として整備された。そして、ローマ時代の末期には、後世の初等・中等・高等教育に相当する学校階梯の土台が形成された。

時代がヨーロッパの中世（4、5世紀頃～14世紀頃）に移ると、教育はカトリック教会の権威の下で行われるようになる。それは教会が政治・経済ばかりでなく人々の精神世界をも支配下においていたためである。このような状況下で、9世紀以降になると修道院学校（monastic school）が設置されるようになる。修道院学校では、初等教育だけでなく中等教育や高等教育も行われた。文法、修辞学、論理学（弁証法）、算術、幾何学、天文学、音楽の「七自由科」（seven liberal arts）を高等教育への準備として教授し、医学、法律、神学は高等教育そのものとして教授された。修道院学校は11世紀頃までヨーロッパ教育の主流となるが、その後各都市に設立された本山学校（cathedral school）に取って代わられた。本山学校は、12世紀以降にヨーロッパ各地で誕生した大学の母体となっている。イタリアのサレルノ大学、ボローニャ大学は医学および法律の大学として、パリ大学は神学研究で中世を代表する大学として発展した。

ヨーロッパの中世に終止符を打とうとしたルネサンスの時代は、近代の黎明期ともいえる時代である。ルネサンスは14世紀から16世紀のはじめにか

けて興ったギリシア、ローマの古典文化を復興、再生しようとする歴史的な文化革命であり、人々の世界観や生き方、社会のあり方に対しても多大な影響を及ぼすものであった。ルネサンス運動によって、封建的ともいえる教会の権威に疑問が投げかけられ、人間の再生とともに教育におけるヒューマニズム、いわゆる人文主義の教育が重視されるようになる。このような動きは、人間性豊かな幅広い教養を身につけることを教育の目的としたイギリスのパブリック・スクールやフランスのコレージュ、ドイツのギムナジウムに代表される中等教育学校を登場させる要因にもなった。

ルネサンス期に次ぐ宗教改革の時代においては、プロテスタンティズムの見地から聖書の学習を可能とする国語の読み方が重要な教科となった。この時代を代表する宗教改革者のルター（Martin Luther, 1483-1546）は、真の信仰とは個人の内面の問題、良心の問題であり、聖書を最高の権威として読み解釈することを重視する立場から、キリスト教学校を設立すべきことを説いた。また、世俗的な見地から、就学の義務と公教育制度の確立を求めた。

2　公教育の思想と近代学校制度の成立

19世紀の後半になると、ヨーロッパを中心に近代学校制度（国民教育制度）が成立することになる。それは教育による子どもの健全な成長発達と社会の安定を願う立場から提唱されたが、一方で学校教育による国民統治と国家の発展をねらいとする近代国家の為政者たちによって企図された制度でもあった。このような近代学校制度が成立するうえで、「近代教育の父」といわれたコメニウスや「民衆教育の父」ペスタロッチ、またフランス革命期の啓蒙思想家コンドルセらが果たした役割は大きい。

コメニウス（Johann Amos Comenius, 1592-1670）はモラヴィア（現在のチェコ共和国の一部）に生まれ、宗教的迫害や三十年戦争、民族解放運動の渦中で苦難に満ちた人生を歩んだ人物である。このような人生と自らの教育体験を通して、その教育思想を『大教授学』（Didactica Magna, 1657）において展開した。コメニウスは「すべての人に、すべての事を」教授することの重要性を説き、併せて学校制度の改革と体系化を提案した。「学校はあるが、それは社会全

体のためにあるのではない。…（略）…それは金持ちのためだけに存在しているのである。貧乏人は偶然その機会が与えられるか、他人の同情による以外は学校に入学することはできない」。コメニウスはこのように述べて、当時の学校制度を批判し、すべての人間が貧富の別なく入学・進学できる学校体系を提案した。すなわち、母親学校→母国語学校→ラテン語学校→大学（アカデミヤ）の階梯化された学校制度がそれである。コメニウスによって提唱された統一学校の構想は、公教育思想の先駆ともいうべき考え方であり、今日の学校制度の原型にほかならない。

ペスタロッチ（Johann Heinrich Pestalozzi, 1746-1827）は、貧しい民衆を救済する拠り所を教育に求め、また自ら教育愛を実践した「教育の聖人」である。ペスタロッチ自身が開いた貧民学校での実践や教育方法の成果は、近代学校制度の成立を支える原動力にもなっている。世界で最初の義務教育制度を公布したプロイセンが、ペスタロッチ主義の教育を採用していたことはこのことを端的に示している。

コンドルセ（Marquis de Condorcet, 1743-1794）は数学者としても知られた政治家、啓蒙思想家である。フランス革命後の1792年に立法議会が設置した公教育委員会の議長として報告書（「公教育の一般的組織に関する報告および法案」）を議会に提出し、公教育の計画を明らかにした。コンドルセは、公教育としての国民教育の理念をフランス革命の自由と平等の精神に求めた。彼の教育計画は政治的権力や宗教的権力などの外的権力からの干渉を極力排除し、公教育の独立性を確保しようとするものであった。また、平等の原則に基づいて、すべての人々に教育を開放しようとするものであった。

報告書において、コンドルセは国民教育を組織することは国家の義務であると主張し、全教育体系として①小学校、②中学校、③高等中学校（instituts）、④高等学校（lycée）、⑤国立学術院の5階梯の学校制度を提案している。教育計画としての学校の設置に関してコンドルセが特に力を入れたのは、学校分布の平等性という点であった。小学校は原則として人口400人をもつ村落ごとに、中学校は各地方（district）の中心都市および400人以上の町に、高等中学校は各県に設置すべきであるとした。高等学校は地方の各県に知識人

を確保することをねらいとして9校設置し、パリには国立学術院を設置するという計画を立てた。

コンドルセの教育計画は、その後の革命政府の崩壊によって実行に移されることはなかったが、その理念は自由・平等・博愛を謳ったフランス革命の精神の教育的表明であり、その後のフランスにおける教育制度改革の底流となった。そして、19世紀後半の世界各国における近代学校制度の成立と発展に受け継がれていったのである。

3　公教育制度の基本原理

19世紀後半以降、世界各国で成立した近代学校制度は、「公教育」（公の目的に沿って行われる教育）という枠組みの中で、国民の知的レベルの向上とそれによる国家社会の発展を実現していくことになった。ここに教育は、公の目的を実現するために組織されることになる。そして、このような公教育制度を支えていくためには、以下にあげる3つの条件が保障されなければならない。

1）教育を受ける権利

学校は古くから存在していたが、多くは恵まれた一部の人々のためのものであるか、キリスト教会などによる布教を目的とした学校であった。そのため、学校をすべての人々に開放しようとする思想は、容易に普及することはなかった。コメニウスやペスタロッチを経て、コンドルセが公教育の思想を提示することで「国民の教育を受ける権利」についての関心が高まり、やがて19世紀に入り、アメリカのマサチューセッツ州初代教育長マン（Horace Mann, 1796-1859）によって「教育を受ける権利」が実現されることとなる。

その後、紆余曲折を経て、第二次世界大戦後においては欧米先進国をはじめ世界各国において「教育を受ける権利」（教育権）が基本的人権の一つとして憲法に成文化されることが一般的となった。わが国では、日本国憲法において「すべて国民は、法律の定めるところにより、その能力に応じて、ひとしく教育を受ける権利を有する」（第26条）と明記されており、公教育制度の基本原理の一つとなっている。

2）教育の機会均等

コンドルセはその報告書において、すべての人間は貧富や男女の差に関係なく教育を受けられると述べている。コンドルセのこの考え方は、コメニウス以来の公教育思想の実現化を目指し、公教育制度における「教育の機会均等」、すなわち国民のすべてに教育の機会の平等を保障しようとするものである。この「教育の機会均等」は、「教育を受ける権利」とともに教育制度のあり方を考えるうえで重要な基本原理となっている。

わが国の「教育基本法」においては、「すべて国民は、ひとしく、その能力に応じた教育を受ける機会を与えられなければならず、人種、信条、性別、社会的身分、経済的地位又は門地によって、教育上差別されない」（新法第4条、旧法第3条）と「教育の機会均等」を定めている。

3）教育の無償性

公教育制度は「教育を受ける権利」と「教育の機会均等」を保障しつつ、一方で国民に対して就学の義務を課す制度（義務教育制度）でもある。そのため、経済的理由によって就学に困難をきたすことがないよう、就学のための授業料や教科書代など教育諸経費を国が負担することが求められる。このような「教育の無償性」が、実際に確立されたのは20世紀に入ってからのことである。わが国においては1900（明治33）年に授業料が無償となった。さらに、そこから半世紀以上が経過した1964（昭和39）年から、義務教育学校の教科書が無償交付されるようになった。

諸外国においては、北欧のスウェーデンやフィンランドなどのように、人生前半の社会保障として、義務教育の小学校から大学、大学院まですべての段階の学校において授業料などの教育費が無償となっている国々もある。

第2節　学校体系の類型

近代学校制度の発展とともに、各国の教育は学校を中心に組織化され、それぞれに一定の教育目的と内容、修業年限等をもつ種々の学校が相互に関連をもちながら、全体構造を形づくるようになった。このような学校相互の関

連を示す全体構造を「学校体系」というが、それは構造および性格の面から3つの類型に分けることができる。各タイプの特質は以下のとおりである。

1 複線型

複線型（dual system）は、伝統的な学校体系のカテゴリーに分類される。階級的な社会構造に対応し、貴族や特権的な支配階級の学校系統と一般庶民の学校系統という全く異なる別系統のものとして成立し、相互に関係をもたずに独自の体系として並存している点に特徴をもつ。

両系統のうち、貴族や特権的な支配階級のための学校系統は、大学を頂点として出発する。そして、大学に進学するための予備門として古典語文法学校、さらに中等学校が成立した。イギリスのパブリック・スクールやグラマー・スクール、ドイツのギムナジウム、フランスのリセやコレージュなどは人文主義的教育を実践する中等学校として名声を誇ることとなった。また、これらの中等学校への入学準備のための予備校も設けられた。これらの学校系統は上級学校から下級学校へと下に向かって構築されたものである。

これに対して、一般庶民を対象とする学校は、読み・書き・計算の3Rsを教える初等学校から出発した。初等学校は、産業革命以降、読み・書き・計算のできる労働者を確保する必要性から数を増やした。さらに初等学校高等科やそれに続く実業補習学校など、実用的な知識や技術を教える学校が成立した。

以上のように、複線型の学校系統は、教育の対象となる者の所属階級と彼らが要求する教育内容に対応している点で、階級的不平等を前提とした学校制度であるともいえる。

2 単線型

単線型（ladder system）は複線型と対照をなす学校体系であり、すべての国民に対して社会的身分や性別等に関係なく単一の学校系統を用意するものである。「梯子型の学校体系（ladder system）」ともいわれ、初等教育から中等教育、高等教育に至るまで、各段階の学校を能力に応じて下から上へと順

を追って登っていくことのできる学校制度である。歴史的にはアメリカで施行されて、やがて民主的な学校制度の模範として、戦後のわが国をはじめ世界の国々に導入され、定着している。

3　分　岐　型

　分岐型（fork system）は、複線型と単線型の中間に位置する学校体系である。複線型の学校体系は、時代の進展とともに批判の対象とされた。イギリスでは19世紀末、首相ディズレーリ（Benjamin Disraeli, 1804-1881）は複線型学校体系が国民を富裕層と貧困層に分裂させ、貧富の格差を拡大する要因になっていると指摘した。その後、ヨーロッパ諸国においては、第一次世界大戦前後のデモクラシーの風潮を受けて「統一学校運動」が展開され、別個に並存する2つの学校体系を統一すべきであることが提唱された。イギリスにおいても1922年に労働党が「すべての者に中等教育を」（政策文書の中のスローガン）と訴えた。

　そうした経緯によって、ドイツでは国民のすべての子どもを対象とした4年間共通の基礎学校（Grundschule）が設置された。そこから上の段階においては、伝統的な複線型の学校体系が残された。イギリスでは、1944年に「教育の機会均等」の実現に向けた教育法（バトラー法）が成立したが、それは子どもたちをその能力や適性に応じて、11歳時に実施される試験（11-plus）によって、グラマー・スクール（進学校）、テクニカルスクール（技術学校）、モダンスクール（進学を目的としない普通学校）というタイプの異なる3つの中等学校に選別・進学させることでもあった。フランスでは第二次世界大戦後の1947年に「ランジュヴァン・ワロン改革案」によって教育における平等と多様性が提案され、その後の「ベルトワン改革」（1959年）により10年間の義務教育年限が制定され、初等教育段階における統一学校制度が完成したのである。

　以上の説明をフォークにたとえるならば、国民共通の初等学校がフォークの柄の部分に相当し、中等学校以上はフォークの先の部分に相当する。「分岐型」（フォーク型）と呼ばれる理由がここにある。

第3節　主要国の学校制度

ここでは、公教育制度の発展の様子を確認するため、世界の主要国が公教育の基本原理の下で学校制度をどのように整備しているかを、各国の学校系統図とともに確認しておきたい。

1　欧米主要国の学校制度

1）アメリカ

アメリカの学校制度は、州や地方の教育行政単位である「学区（school dis-

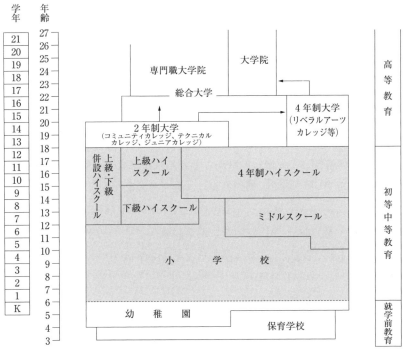

図7-1　アメリカの学校系統図

注）　　　部分は義務教育。
出所）文部科学省編『諸外国の教育動向　2018年度版』明石書店、2019年。

trict)」によって異なる。基本的には単線型の学校体系をとりながら、州や学区の教育委員会の権限により、初等・中等教育は、8-4制、6-3-3制、6-6制、5-3-4制などに大別される。義務教育終了後の高等学校（ハイスクール）入学のための入学試験は実施されない。

　4年制大学への入学に際して大学入学適性試験であるSATもしくはACTを受験し、その結果と高等学校での学業成績、クラブ活動、ボランティア活動などの実績をもとに選考を行うシステムとなっている。アメリカの大学は、一般的に私立大学が名門難関で、州立大学は大衆的である。そのため、実際的には多くの生徒が希望すれば高等教育を受けることができる状況にある。社会学者・教育政策学者のマーチン・トロー（Martin Trow, 1926-2007）は自らの分析をもとに、高等教育システムの段階について①該当年齢層の15％までが大学に在籍する段階を〈エリート型〉、②15〜50％に拡大した段階を〈マス（大衆）型〉、③50％以上に拡大した段階は〈ユニバーサル（普遍）型〉ととらえた。高等学校卒業生の70％がそのまま大学に入学するアメリカは、世界でもっともユニバーサル化が進んだ国であるが、同時に世界の大学ランキングにおいて常に上位を占め、世界の高等教育を牽引する国でもある。

2）イギリス

　就学前教育（2〜5歳）、初等教育（5〜11歳）、中等教育（11〜18歳）、高等教育、そして継続教育の領域・段階から学校系統が構成されている。義務教育は5〜16歳の11年である。初等教育は、通常6年制の初等学校で行われる。初等学校は、5〜7歳を対象とする幼児（インファント）部と7〜11歳までの下級（ジュニア）部に区分されている。両者は通常、一つの学校として併設されている。11歳で原則として無選抜の総合制中等学校（コンプリヘンシブ・スクール）に進学する。中等教育は18歳までであるが、義務教育修了の16歳になると、GCSE試験の成績などに基づいて、併設のシックスフォーム（第6年級）あるいはシックスフォーム・カレッジに進学して、GCEのASレベルやAレベル試験の勉強を続ける生徒もいれば、継続教育カレッジに進み、主に職業教育を受け各種の資格試験に挑戦するコースも用意されている。

　公費補助を受けない独立学校にはイートン（Eton）やハロー（Harrow）に

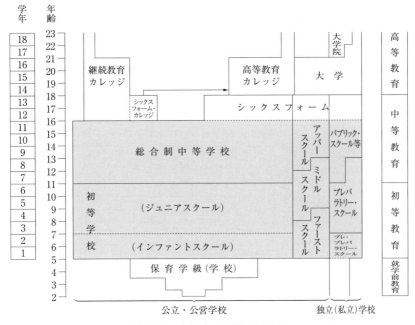

図7-2 イギリスの学校系統図

注) ▓▓ 部分は義務教育。
出所) 文部科学省、前掲書を一部改変。

代表される伝統的私立中等学校であるパブリック・スクールや、それに接続するプレパラトリー・スクールなどがある。

イギリスでは1997年に保守党から労働党への政権交代が行われ、ブレア (Tony Blair, 1953-) が43歳という若さで首相となった。ブレアは「重要政策は3つある。教育、教育、教育である」と述べ、教育改革が最優先課題であることを強調した。教育および学校改革のキーワードは「エクセレンス（卓越性）」や「ワールド・クラス（世界水準）」であり、国民の教育水準の向上が目標とされたが、基礎学力の向上策を含めて課題も少なくない。

3) フランス

就学前教育（2～5歳）、初等教育（6～11歳）、中等教育（11～18歳）、高等教育から学校系統を構成している。義務教育は6～16歳の10年である。初等

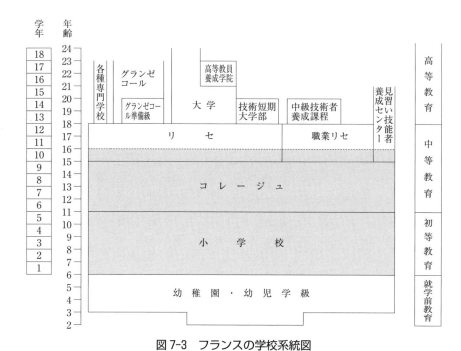

図 7-3 フランスの学校系統図

注) ▨ 部分は義務教育。
出所) 文部科学省、前掲書。

教育は小学校で5年間行われる。中等教育はコレージュで行われるが、コレージュでの4年間の観察・進路指導の結果に基づいて、生徒は後期中等教育の諸学校および課程に振り分けられる。後期中等教育はリセ（3年制）および職業リセ（3年制）等で行われている。

高等教育は国立大学（学士課程3年制）、私立大学（学位授与権がない）、各種のグランゼコール（高等専門大学院、3～5年制）、リセ付設のグランゼコール準備級および中級技術者養成課程等で行われる。これらの高等教育機関に入学するためには、「バカロレア」（中等教育修了と高等教育入学資格を合わせて認定する国家資格）を取得しなければならない。

フランスでは、2012年5月に社会党のオランド政権が誕生した。新政権は教育政策の中心を学力向上に置き、すべての児童・生徒の学力向上を最優

先課題としたが、国内学力調査やPISA調査において学力格差が指摘され、問題視された。

4）ドイツ

ドイツの学校制度は、三分岐型の複線型学校制度である点が特徴的である。子どもたちは基礎学校を卒業すると、観察指導段階を経て、能力・適性等に応じてハウプトシューレ（基幹学校）、実科学校、ギムナジウムのいずれかに進学することになる。義務教育は9年制（一部の州は10年）である。ハウプトシューレ（基幹学校）とは、卒業後に就職するために職業訓練を受ける学校である。実科学校は、卒業後に各種の職業教育学校に進む者や中級の職に就こうとする者が進む学校である。ギムナジウムは大学進学希望者が入学する

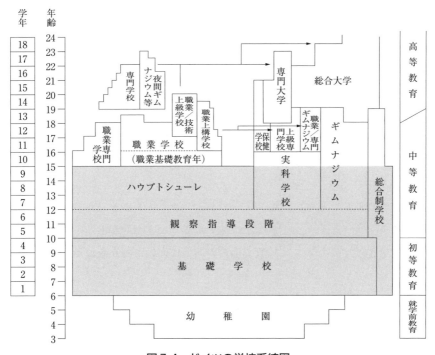

図7-4 ドイツの学校系統図

注） ■部分は義務教育。
出所） 文部科学省、前掲書を一部改変。

学校で、卒業すると大学進学資格（アビトゥア）を取得することができる。

基礎学校4年の段階で、子どもとその保護者は担任教員との個別面談等を通して卒業後の進路と進学先を考えなければならないが、最終的な判断は保護者にある。このように早い段階で将来の進路や進むべき学校が決まる複線型の学校制度に対しては批判も寄せられた。そのため、これらの学校種を一つに統合した総合制学校も設立された。高等教育機関は、総合大学と専門大学がある。

5）ロシア

旧ソ連を構成する共和国の一つであったが、1991年12月にソ連が解体・消滅したことで、新しい独立国家としての「ロシア連邦」となった。以後、市場経済への移行と民主化に向けた大規模な改革の流れの中で、学校教育も様々な模索を繰り広げてきた。

現在のロシアは、普通教育、職業教育、補充教育により学校教育が体系化されている。ソ連崩壊から四半世紀を経て、いずれの段階においても教育機関の多様化が進み、名称も様々である。

義務教育は、2008年9月から従来の9年間から11年間（6歳半〜17歳半）に延長され、初等普通教育から中等普通教育までとなった。帝政ロシア時代に存在した貴族階級のための学校であった「ギムナジア」や「リツェイ」などの名称が、ソ連時代からの伝統を受け継ぐ英才教育学校の名称として復活している。

高等教育機関としては、総合大学である「ウニベルシテート」と専門大学である「アカデミヤ」および「インスティトゥート」等がある。高等教育の国際化を推進するため、高等教育の質の向上に向けた様々な改革が推進されている。

6）フィンランド

フィンランドは、2000年からスタートしたOECD（経済協力開発機構）によるPISA（生徒の学習到達度）調査において各項目とも世界の最上位に名を連ね、教育関係者から注目を集めるようになった。

このように学力面での著しい教育成果を示したフィンランドでは、1998

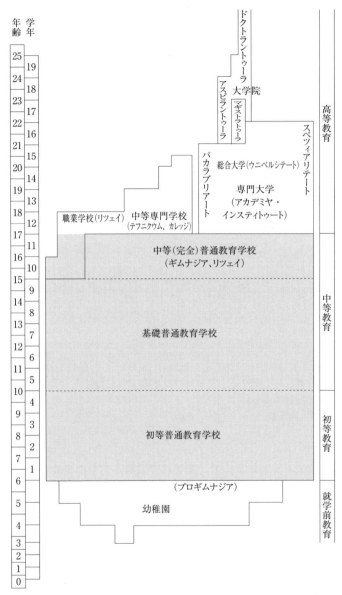

図7-5 ロシアの学校系統図

注) ▓ 部分は義務教育。
出所) 二宮皓編著『新版・世界の学校』学事出版、2015年を一部改変。

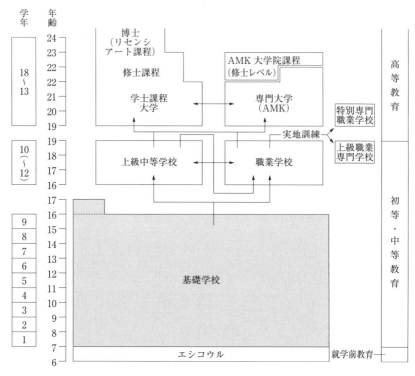

図 7-6 フィンランドの学校系統図

注) ▨ 部分は義務教育。
出所) 二宮皓、前掲書。

年の基礎学校法の改正によって、初等教育段階と前期中等教育段階の区分を外し、9年一貫制の義務教育となった。基礎学校修了後は、上級中等学校、あるいは職業学校に進学するが、進学の際に原則として入学試験は実施されない。上級中等学校および職業学校では、学年制は段階的に単位制に移行し、カリキュラムや履修形態の多様化とともに上級中等学校と職業学校との相互交流、単位交換などが行われるようになった。フィンランドの教育は、教育の質の向上と教育機会の均等を最優先事項としており、PISA 調査における好成績はそうした教育政策とそれに基づく制度の成果でもある。

2 アジア主要国の学校制度

1）中　　国

中国では9年制の義務教育を定めた義務教育法が1986年に施行され、2006年までに全国の約98％の地域で9年制義務教育が実施された。義務教育法によって小学校入学は6歳と規定されており、従来の7歳から6歳へと移行中である。小学校を卒業後は、前期中等教育機関としての初級中学（3～4年）に進学する。それに続く後期中等教育機関としては、普通教育を行う高級中学（3年）、職業教育を行う中等専門学校（一般に4年）、技術労働者学校（一般に3年）、職業中学（2～3年）が設置されている。

高等教育機関としての大学には、学部レベルの本科（4～5年）と短期の専科（2～3年）がある。また、専科レベルの職業教育を行う職業技術学院（2～3年）も存在する。

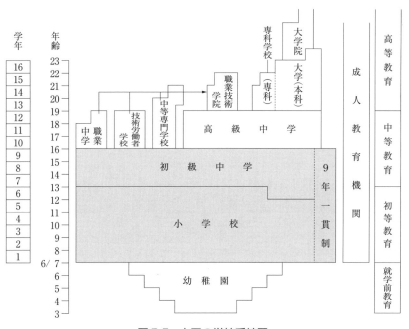

図7-7　中国の学校系統図

注）　　　部分は義務教育。
出所）文部科学省、前掲書。

なお、これらの教育機関の他に、労働者や農民などの成人を対象とする多様な形態の成人教育機関が開設され、幅広い教育・訓練が行われている。

2）韓　　国

韓国では義務教育を含めた基幹となる学校制度は6-3-3制である。初等教育は6年間、初等学校で行われる。前期中等教育は3年間、中学校で行われる。後期中等教育は、普通高等学校と職業高等学校等で3年間行われる。各分野の英才を対象とした特殊目的高等学校（外国語、芸術、体育、科学等）もあり、独自の選抜試験、特別選考により生徒を募集している。

高等教育は、4年制大学（医学部などは6年制）、4年制教育大学（初等教育担当教員の養成課程）、2年制もしくは3年制の専門大学で行われている。韓国は

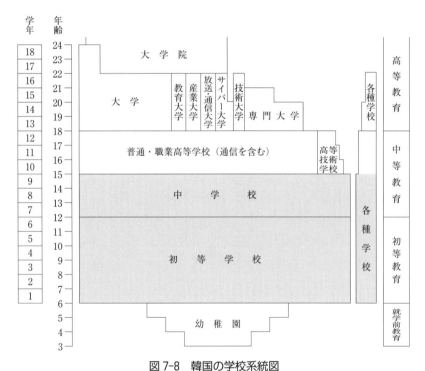

図7-8　韓国の学校系統図

注）　　　部分は義務教育。
出所）文部科学省、前掲書。

大学進学率が80％を超える高学歴社会である。大学進学に対する国民の関心もきわめて高く、毎年11月に行われる大学入試（大学修学能力試験）は一大国家行事の様相を呈している。

3）シンガポール

シンガポールは多民族国家であり、国民統合の理念として多民族主義と実力主義を掲げてきた。そうした政策は、当然のことながら学校教育にも反映されている。シンガポールでは義務教育は小学校の6年間である。小学校は

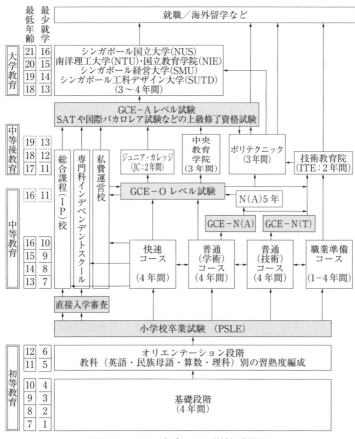

図7-9　シンガポールの学校系統図
出所）二宮晧、前掲書を一部改変。

1〜4年の「基礎段階」と5・6年の「オリエンテーション段階」に区分される。基礎段階では授業時間の約8割が英語と民族母語、算数にあてられている。小学校4年終了時には、英語と民族母語、算数、理科に関する「振り分け試験」が行われ、5・6年生は習熟度別のコースに分けられる。6年次の10月には国家試験である「小学校卒業試験」(PSLE)を受けなければならない。

中学校段階では、PSLEなどの結果に基づいて、成績上位の約10%の生徒が中高一貫のIP校に進む。普通校では、成績中位の約50%が快速コース、下位の約40%が普通コースに進む。快速コースの生徒は4年次に国家試験である「普通教育修了資格」(GCE)の普通(Ordinary：O)レベルの試験を受け、大半がジュニア・カレッジやポリテクニックなどの上級学校に進学する。普通コースの生徒は、同じく4年次にGCE標準(Normal：N)レベルの試験を受けて、その結果によって5年次でのGCE-Oレベル試験への挑戦、もしくは技術教育院進学による実践的な技術教育を受ける道を選ぶことになる。

高等教育機関としては、世界的にも評価の高いシンガポール国立大学、南洋理工大学、シンガポール経営大学などが、優秀な生徒に対して門戸を開いている。

3 日本の学校制度

わが国の近代学校制度は、1872(明治5)年の「学制」によってスタートした。以後、明治期から大正期を経て第二次世界大戦(太平洋戦争)終結の1945(昭和20)年まで複線型の学校体系による制度が続いた。図7-10からも明らかなように、戦前においては中等教育の段階から一般大衆層を対象とした学校体系と、エリート層のための学校体系という社会階層に応じた学校制度がとられていた。

これに対して、戦後の日本は能力に応じて等しく教育を受け、どの家庭の子どもでも大学を中心に高等教育機関に進学することが可能な単線型の学校制度に移行した。そのため、高度経済成長を背景に義務教育終了後の上級学校への進学者が激増し、1960(昭和35)年に57.7%であった高等学校進学率(大学進学率17.2%)は、1975(昭和50)年には高等学校進学率91.9%(大学進学

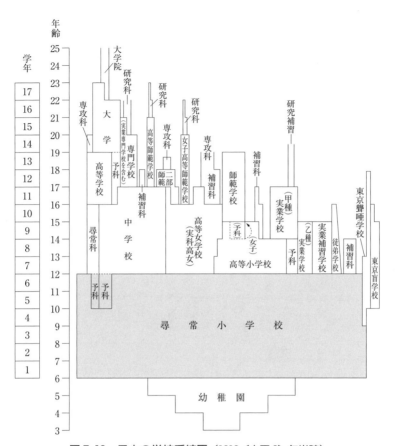

図7-10 日本の学校系統図（1919〔大正8〕年当時）
出所）細谷俊夫他編『新教育学大辞典〈資料⑦巻〉』第一法規出版、1990年。

率37.8％）と飛躍的に上昇した。文科省の「学校基本調査」によれば、2018（平成30）年には大学・短大進学率は57.9％とさらに伸び、過去最高の数値を示している。

今日、わが国では社会における格差と貧困をめぐる問題、少子化（人口減社会）とグローバル化を背景とする教育の質的転換をめぐる問題、高大接続改革など、制度としての学校教育の再編も含めて、解決すべき新たな諸課題に直面している。

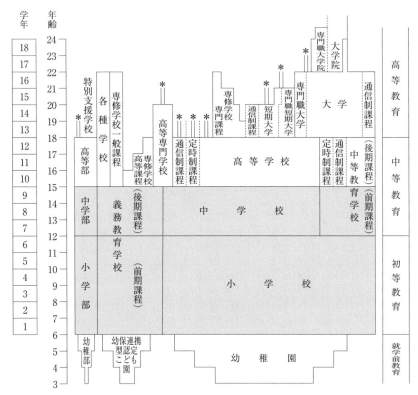

図7-11 日本の学校系統図（2018年：現行）

注） ▓▓ 部分は義務教育。＊は専攻科を示す。
出所） 文部科学省、前掲書。

● 参考文献

加藤崇英編著『（新改版）教育の組織と運営―教育制度改革と行政の役割―』学事出版、2016年

川口洋誉・中山弘之編著『【改訂版】未来を創る教育制度論』北樹出版、2014年

坂野慎二・福本みちよ編著『学校教育制度概論』玉川大学出版部、2012年

皇至道『西洋教育通史』玉川大学出版部、1962年

二宮皓編著『新版・世界の学校―教育制度から日常の学校風景まで―』学事出版、2015年

文部科学省編『諸外国の教育動向　2018年度版』明石書店、2019年

第8章 教育行政と学校経営(運営)

第1節　教育行政とは何か

1　教育行政とは

1) 教育行政の定義

　教育行政とは、教育を対象とする行政であり、教育組織をもとに制度を運営し、教育政策を実現し、教育条件整備を行うものである。教育行政の主体である国や地方公共団体は制度化された学校教育や社会教育、生涯学習などの公教育を、法律の定めによって組織し、運営する。また、教育を行ううえで必要な施設・資金・人材などの教育条件を整備し、法律に基づいて教育活動の規制と助成を行うことも教育行政の役割であるが、教育行政は国民の学習権保障のための作用であることが前提である。

2) 教育基本法と教育行政

　2006（平成18）年12月、1947（昭和22）年に公布された教育基本法が全面的に改正され、18条からなる改正教育基本法が公布された。この改正は教育行政のあり方にも大きな変化をもたらした。

　旧教育基本法では、第10条で教育行政について定められていた。第1項で「教育は、不当な支配に服することなく、国民全体に対し直接に責任を負つて行われるべきものである」とし、戦前の国家主義的な教育の反省に立ち、政府の「不当な支配」を排し、教育の自主性の確保を目指した。第2項では「教育行政は、この自覚のもとに、教育の目的を遂行するに必要な諸条件の整備確立を目標として行われなければならない」とし、教育行政の目標が教

育目的の実現のための様々な教育条件の整備・確立であると定めている。

これに対して、改正された教育基本法では、第16条第1項で「教育は、不当な支配に服することなく、この法律及び他の法律の定めるところにより行われるべきものであり、教育行政は、国と地方公共団体との適切な役割分担及び相互の協力の下、公正かつ適正に行われなければならない」となり、「国民全体に対し直接に責任を負つて」が削除され、「法律及び他の法律の定めるところにより」となったことで、教育行政は「国民」に対する責任によってではなく、法律の規定に従って実施されるものとなった。このことで、従来の教育に対する国家の介入が「不当」であるとの解釈は見直されることとなった。

さらに旧法にあった「条件整備」については、改正法では削られ、代わりに第16条第2、3項で「2　国は、全国的な教育の機会均等と教育水準の維持向上を図るため、教育に関する施策を総合的に策定し、実施しなければならない。3　地方公共団体は、その地域における教育の振興を図るため、その実情に応じた教育に関する施策を策定し、実施しなければならない」と定められ、国や地方公共団体による教育施策の策定・実施が義務づけられ、この条項によって国や地方公共団体は積極的に教育に関与することとなった。

このように教育基本法の改正により、教育行政における国、地方公共団体そして国民との関係が大きく変化した。以下では、近年の変化を踏まえて教育行政について述べていく。

2　日本の教育行政の特色

戦後日本の教育行政は、戦前の教育行政への反省に立って教育改革が行われ、大きく転換した。その特色は以下の3点である。一点目が教育行政の法律主義である。戦前は教育法規のほとんどが勅命によって制定される勅命（命令）主義で、教育政策は文部省と枢密院によって決定され、国民がかかわる余地はなかった。戦後、国会において制定される法律に基づいて教育行政が行われることは、民主主義的な教育行政の運営において不可欠である。

二点目が教育行政の自治と独立である。中央集権的体制の戦前日本におい

て、教育は国の事務とされ、教育行政に関しても前述のように文部省と枢密院によって統制された。戦後、地方自治の原則が憲法第92条に明記され、地方分権により教育行政は地方公共団体の固有事務となり、中央の権力や関与を排することとなった。地方自治は住民の意思が政治に反映する民主主義の基盤であり、教育行政についても地方住民による自治によって成り立っている。その教育行政の自治を担うのが教育委員会である。教育委員会は一般行政から独立した行政委員会の一つで、独自の権限をもっている。教育委員会の独立により、教育行政における自主性と専門性が確保されているのである。

　三点目が教育行政の中立性である。教育における中立性とは特定のイデオロギーや価値観によらないことを指す。特に戦前の国家主義的、天皇中心主義イデオロギーによる教育が戦争の遂行に荷担したことから、憲法第20条で政教分離の原則が定められ、教育においても政治的、宗教的中立性を確保することが求められている。教育基本法第14条第2項では、「法律に定める学校は、特定の政党を支持し、又はこれに反対するための政治教育その他政治的活動をしてはならない」と定めて政治的中立性が、同法第15条第2項では「国及び地方公共団体が設置する学校は、特定の宗教のための宗教教育その他宗教的活動をしてはならない」として宗教的中立性の確保が求められていて、教育行政においても教育の中立性の確保が求められている。

第2節　教育行政のシステム

1　国（文部科学省）

　文部科学省の任務は「教育の振興及び生涯学習の推進を中核とした豊かな人間性を備えた創造的な人材の育成、学術及び文化の振興、科学技術の総合的な振興並びにスポーツに関する施策の総合的な推進を図るとともに、宗教に関する行政事務を適切に行うこと」（文部科学省設置法第3条）である。文部科学省の組織は、本省に大臣官房と生涯学習政策局、初等中等教育局、高等教育局など6つの局、国際統括官、外局に文化庁、スポーツ庁で構成される。

また文部科学省には中央教育審議会（以下、中教審）などの審議会が設置されており、文部科学大臣の諮問に対して審議し、答申を提出する。答申は教育政策に反映されるが、なかでも中教審の答申は教育政策の方向を決定するうえで大きな役割を果たしている。

文部科学省の長である文部科学大臣には、文部科学省の事務の統括と職員の服務を統督、教育に関する法律・政令の制定・改正・廃止について閣議に諮ること、法律・政令の施行、特別の委任に基づき文部科学省令を発すること、などの権限がある。

2　地方（教育委員会）

教育委員会は都道府県、市町村に設置された行政委員会である。戦後、地方自治の原則の下で1948（昭和23）年に教育委員会法が制定されて誕生した教育委員会は、行政委員会として一般行政から独立し、独自性をもち、自主的な運営が可能となった。この教育委員会の大きな特色の一つが、教育委員を住民の選挙で選ぶ公選制を採用したことである。それは地域住民の教育意思を教育行政に反映させることを目指したレイマン・コントロール（素人統制）を基本的な考え方としたからである。そしてもう一つの特色は条例案の提出、教育予算の編成権をもっていたことである。

しかし、1956（昭和31）年に教育委員会法に代わって地方教育行政の組織及び運営に関する法律（以下、地方教育行政法）が制定されると、教育委員の公選制は廃止され、首長が人選する任命制となり、予算編成権など教育委員会が独自にもっていた権限は大幅に縮小された。地方教育行政法では、文部大臣（当時）や都道府県の教育委員会の権限・監督が強化され、教育長の任命においては事前承認制度が導入され、文部省の措置要求権が設置された。また、都道府県の教育委員会が地方の教育委員会に対する基準設定権を設けることになった。こうして教育委員会の一般行政からの独立、自主性は後退し、文部省、都道府県の教育委員会との関係もそれまでの対等な立場での「指導助言行政」から、文部省―都道府県教育委員会―市町村教育委員会というタテの関係へと変化した。

1999（平成11）年、地方教育行政法は行政改革の推進による地方分権改革の一環として、大幅に改正された。特に上記の事前承認制度、措置要求権、基準設定権が廃止され、地方の教育委員会の自主性が強化され、文部省や都道府県の教育委員会との関係も対等化へと進んだ。しかし、2007（平成19）年の教育基本法全面改正に伴う改正（いわゆる教育関連三法改正）では、文部科学大臣が教育委員会に対する是正要求・指示の権限を与えたことで、地方教育の自治を侵害する恐れが生まれることとなった。さらに2014年の地方教育行政法改正により、首長の意向が強く反映できる制度となった。首長と教育委員会等で構成する「総合教育会議」が新設され、ここで地方公共団体の教育行政の「大綱」を協議・調整することとなった。また首長が任免できるようになった教育長は教育委員会の代表となり、権限が強化された。

　教育委員会の権限は、地方教育行政法第21条に19項目が規定されており、主なものとしては学校の設置、管理・廃止、財産管理、教職員の人事、児童生徒就学、入学、転学・退学、学校の組織編制、教育課程、学習指導、生徒指導、職業指導、教科書・教材の取扱い、校舎・施設など設備の整備、教職員の研修、教職員と生徒・児童・幼児の保健、安全、厚生、福利、学校の環境衛生、学校給食など学校教育に関すること、青少年教育、女性教育、公民館の事業など社会教育に関することがある。

第3節　教育法規

1　教育関連法規

1）日本国憲法

　日本国憲法は国の最高法規であり、国民主権、基本的人権の尊重、平和主義の3つの基本理念に立ち、前文と103条の条文からなる。あらゆる法律、命令は憲法の条規に反して効力を有することはできない（第98条）ので、教育に関する法規も憲法の理念や精神に基づいている。憲法における教育に関する規定は第26条である。第1項で「すべて国民は、法律の定めるところにより、その能力に応じて、ひとしく教育を受ける権利を有する」として、

教育を受ける権利が規定されている。教育を受ける権利に関しては、より能動的・主体的に学ぶ主体である学習者を中心とした、教育への権利すなわち「学習権」として解釈するべきであるとの主張がある。さらに同条第2項「すべて国民は、法律の定めるところにより、その保護する子女に普通教育を受けさせる義務を負ふ。義務教育は、これを無償とする」において、保護者に対してその「子女に普通教育を受けさせる義務を負」わせることで学習権が保障されている。

2) 教育基本法

教育基本法は1947（昭和22）年3月31日に公布・施行された。教育基本法はその前文にあるように「日本国憲法の精神に則り、教育の目的を明示して、新しい日本の教育の基本を確立するため」に制定され、教育が戦後日本の民主主義を築く礎であると位置づけられた。法令は11条からなり、第1条では教育の目的を「人格の完成」であると明示し、以下、教育の方針（第2条）、教育の機会均等（第3条）、義務教育（第4条）、男女共学（第5条）、学校教育（第6条）、社会教育（第7条）、政治教育（第8条）、宗教教育（第9条）、そして第10条に教育行政に関して定めた。

「教育における憲法」ともいわれた教育基本法はその後改正されることはなかったが、改正を求める議論はしばしば起こった。2003（平成15）年には中教審答申『新しい時代にふさわしい教育基本法と教育振興基本計画の在り方について』が提出され、この中で戦後社会の変化や教育課題に対応した改正の必要性が唱えられ、7つの理念・原則が示された。そして、教育再生を掲げる安倍晋三内閣のもとで教育基本法が全面改正され、2006年に公布・施行された。

改正された教育基本法は前文で「個人の尊厳」の尊重は引き継ぐ一方、「公共の精神」の尊重、「豊かな人間性と創造性」や「伝統の継承」を新たに規定した。改正法はこの前文と4章18条からなり、第1章　教育の目的及び理念、第2章　教育の実施に関する基本、第3章　教育行政、第4章　法令の制定、附則で構成され、上記の改正前の教育基本法と比較しても内容が大幅に追加された。今回の改正では、第1節1の2）教育基本法と教育行政で

述べたように教育と国家との関係が大きく変化したが、なかでも第2条の「我が国と郷土を愛する」態度の養成をめぐって、国会内外で議論が高まった。この点について、今後も注視していく必要がある。

3) 学校教育法

学校教育法は憲法や教育基本法の教育理念を学校教育の制度や内容として具体化した学校教育に関する基本法で、1947（昭和22）年改正前の教育基本法と同日に公布された。教育の機会均等、単線型の学校体型、男女平等などを基本理念とし、第1章　総則の第1条に法律で定める学校をあげて、第2章以下で学校種ごとに目的、教育課程、修業年限、職員などについて規定している。2007（平成19）年、教育基本法改正に伴い、大幅に改正された。改正の主な内容としては、①義務教育に関するもの（保護者に9年間の普通教育の義務を負わせる、義務教育の目標を新たに規定して各学校種の目的・目標の見直しを行うなど）、②学校の評価及び情報提供に関する事項の新設、③副校長・主幹教諭・指導教諭という新たな職の設置、である。

2　教員と関連法規

教員は学校教育の現場で子どもたちと直接かかわり、教育活動を行っている。当然のことながら、教員のあり方は関係を結ぶ子どもたちに影響を与え、学校の教育内容や運営に関しても教員によって左右される。教員一人ひとりの資質・能力は重要となる。教育基本法第9条第1項で、教員は「自己の崇高な使命を深く自覚し、絶えず研究と修養に励み、その職責の遂行に努めなければならない」とされ、高い使命感をもち、責任をもって教職に携わることが求められている。その実現のために、教員の養成、採用、研修、身分に関連して様々な法令が定められているので、概観していく。

1) 教員の養成と採用

戦後日本の教員養成は「開放制」を原則とし、教職課程を置く大学・短大などであれば一般の大学・短大などで教育職員免許状の取得が可能である。免許状に関して定めている法律が1949（昭和24）年に制定された教育職員免許法である。免許状には普通、特別、臨時の3種の免許状があり、普通免許

状には学校種ごとの教諭の免許状、養護教諭、栄養教諭の各免許状がある。また、普通免許状は基礎資格に応じて、専修（修士―大学院修士課程修了を基礎資格）、一種（学士―大学卒業を基礎資格）、二種（準学士―短期大学卒業を基礎資格）でも区分される。特別免許状は1988（昭和63）年の教育職員免許法の改正で新設された免許状で、免許状をもたない社会人の登用を目的に、都道府県教育委員会の実施する教育職員認定試験に合格したものに授与される。2002（平成14）年の改正では、都道府県教育委員会への届出によって授業を行う資格を得る特別非常勤講師が設置された。

　2007（平成19）年6月の改正で、普通・特別免許状に10年の有効期限を設定する教員免許更新制が導入された。2009（平成21）年4月より実施された教員免許更新制は10年ごとに30時間の「免許状更新講習」を受講し、終了認定試験に合格することで免許状が更新され、更新しなければ免許状が失効する。この制度は現職の教員にも適用されたため、「指導力不足教員」の排除を目的としているとの指摘もなされた。

　公立学校の教員は、任命権者である都道府県・指定都市教育委員会が行う「選考」によって採用される（教育公務員特例法第11条）。一般公務員が競争試験で行われるのに対し、教員採用は採用候補者の能力、人物、経験を総合的に判断する「選考」によって審査する。選考は教育長が行い、教育長より推薦された採用候補者を都道府県・指定都市教育委員会が任命する（地方教育行政法第34条）。任命権者と選考権者を区別しているのは、教員採用の過程で「選考」を重視しているためで、公正で適切な人選を行ううえでも必要だと考えるからである。近年は社会人に対する特別選考を実施して、社会人を積極的に採用する動きがある。

　2）研　　修

　教育公務員特例法第21条には「教育公務員は、その職責を遂行するために、絶えず研究と修養に努めなければならない」と定められ、教員は研修によって絶えずその資質・能力を高めるよう求められている。そのため同条第2項で「教育公務員の任命権者は、教育公務員の研修について、それに要する施設、研修を奨励するための方途その他研修に関する計画を樹立し、その実施

に努めなければならない」とあり、任命権者には研修の機会を保障することを求めている。さらに同法第22条では「教育公務員には、研修を受ける機会が与えられなければならない」と定め、教員が自主的に研修することを権利としてとらえている。

　教員の研修は、自主研修、校内研修、行政研修に分類できる。自主研修は教員が主体的に行うもので、「教員は、授業に支障のない限り、本属長の承認を受けて、勤務場所を離れて研修を行うことができる」（教育公務員特例法第22条第2項）として研修を行う機会を保障している。校内研修は各学校の裁量で実施されるものである。行政研修は教育行政機関が行うもので、なかでも「初任者研修」と「十年経験者研修」は法令によって定められている（教育公務員特例法第23、24条）。初任者研修は1989（平成元）年度より実施され、「採用の日から一年間の教諭又は保育教諭の職務の遂行に必要な事項に関する実践的な研修」（第23条）である。十年経験者研修は2003（平成15）年度より実施され、在職期間が10年に達した教員に対して、「個々の能力、適性等に応じて、教諭等としての資質の向上を図るために必要な事項に関する研修」（第24条）で、校内・校外でそれぞれ20日程度研修を実施する。2016年、教員の資質向上を図るとして教育公務員特例法が改正された。改正の内容は、文部科学大臣が策定する教員育成指標策定指針をもとに、各地域で教育委員会が関係大学と構成する教員育成協議会を設置して協議を行い、教員育成指標と教員研修計画を策定・実施するというものである。この改正により十年経験者研修は、「中堅教諭等資質向上研修」に改められ、実施時期の弾力化を図り中堅教員としての職務を遂行するうえで必要な資質向上を図るための研修と位置づけられた。

　その他の研修として、2000（平成12）年に教育公務員特例法改正で創設された大学院修学休業制度がある。この制度は任命権者の許可を受け、3年を限度に大学院修士課程で専修免許状を取得するため休業できるというもので、休業期間は職務に従事せず無給だが、公務員としての身分は保障される。

3）身　　　分

　公立学校の教員は、国立学校の教職員の場合は国家公務員、都道府県・市

町村立の公立学校の教職員の場合は地方公務員の身分である。しかし教員はその職務と責任の特殊性により一般公務員とは異なるため、特別法として教育公務員特例法が制定され、「給与、分限、懲戒、服務及び研修等」(第1条)が規定されている。ただし教育公務員は国家公務員、あるいは地方公務員でもあるため、国家公務員法、地方公務員法も適用され、服務に関してもそれぞれの法の規定を遵守しなければならない。地方公務員法第30条には服務の根本基準として「全体の奉仕者として公共の利益のために勤務し、且つ、職務の遂行に当つては、全力を挙げてこれに専念しなければならない」と規定され、第31条から第38条にかけて服務の内容があげられている。職務上の義務(勤務時間内に職務を遂行するうえで守らなくてはならないもの)として、服務の宣誓(第31条)、法令等および上司の職務上の命令に従う義務(第32条)、職務専念義務(第35条)がある。身分上の義務(職務外であっても守らなくてはならないもの)として、信用失墜行為の禁止(第33条)、秘密を守る義務(第34条)、政治的行為の制限(第36条)、争議行為等の禁止(第37条)、営利企業等の従事制限(第38条)がある。地方公務員法では、教員の身分上の処分として分限と懲戒が規定されている(第27~第29条)。分限とは心身の故障や、定数の削減など職務が遂行できないと判断された場合の処分で、降任・免職・休職がある。懲戒とは服務上の秩序を保つため、義務違反の職員に課す処分で、戒告・減給・停職・免職がある。

第4節　学校経営と運営

1　学校経営

1) 学校経営とは

　学校経営とは、それぞれの学校が独自に設定した教育目的・教育目標を達成するため、その実施に必要な人的・物的・財政的諸条件の整備と組織化を図る活動のことである。学校経営と似た言葉に「学校管理」があるが、各学校が掲げた目的や目標の実現に向けた活動の主体は教職員であり、その意味では「管理」よりも「経営」の方がふさわしいといえよう。1998(平成10)

年に出された中教審答申「今後の地方教育行政のあり方」において「学校の自主性・自律性の確立」が掲げられ、学校裁量権の拡大が提言されたことからも、学校経営が各学校主体の自律的な活動であることが明確に示された。以下では、こうした学校経営をめぐる改革の動きを踏まえ学校経営について見ていきたい。

2) 近年の地方教育行政改革と学校運営の動き

1990年代後半以降、地方教育行政は、第2節でも触れたように国による行政改革、地方分権化さらに規制緩和の推進を背景に大きく変化した。先述の中教審答申では、各学校が「自主性・自律性の確立と自らの責任と判断による創意工夫を凝らした〈特色ある学校づくり〉」が実現できるようにするために、「教育委員会と学校の関係の見直しと学校裁量権限の拡大」「校長・教頭への適材の確保と教職員の資質向上」「学校運営組織の見直し」「学校の事務・業務の効率化」「地域住民の学校運営への参画」の5つに関して見直し、改善を図る必要があるとした。特に教育委員会と学校との関係について、これまで教育委員会の関与が必要以上に強く、校長の権限と責任に基づく適正な学校運営が実施されていないと指摘したうえで、教育課程の編成、学校予算の編成と執行、教員人事に対する校長の意向の反映などで学校の自主的・自律的な学校運営が必要であるとしている。そして、教育委員会による指示・命令と指導・助言を明確にし、教育委員会と学校の責任の所在を明らかにすることで、学校裁量権の拡大に向けた制度の見直し、改善を求めた。この答申を受けて、地方教育行政は大きく変化した。2000（平成12）年に学校教育法施行規則が改正されて、職員会議の位置づけと学校評議員制度の導入が決まり、2002（平成14）年には小・中学校設置基準が定められ、この中で教育水準の向上と教育目的の実現のために学校運営状況について「自己点検・自己評価」を実施し、結果を公表するように規定した。2003（平成15）年には構造改革の一環として、学校教育法で定める学校設置者以外の株式会社や特定非営利活動法人にも、特例として学校の設置が認められた（構造改革特別区域法第12、13条）。2004（平成16）年9月には、地域住民・保護者らが一定の権限と責任をもって学校運営に参加できる学校運営協議会（コミュニティ・ス

クール)の設置が可能になった。

3) 学校経営の組織

学校における最高責任者は校長である。学校教育法では「校務をつかさどり、所属職員を監督する」(第37条第4項)と規定され、学校のすべての活動を統括する権限をもつ。校務とは学校の業務すべてを指し、校長は業務の掌握と処理に関する権限と責任をもっている。校務には、①学校教育の管理、②教職員の管理、③児童・生徒の管理、④施設・設備の管理、などがある。

学校における意思決定は職員会議を通してなされる。しかし、職員会議の性格については、学校の最高意思決定機関とする「議決機関説」か、最終の意思決定は校長が行うものの、会議での教職員の意思を尊重する「諮問機関説」か、職員会議は意見交換・情報交換の場に過ぎず、校長が学校経営の全権限をもつ「補助機関説」か、で論争があった。2000(平成12)年、学校教育法施行規則の改正により「校長の職務の円滑な執行に資するため、職員会議を置くことができる」(第48条第1項)とし、さらに「職員会議は、校長が主宰する」(同条第2項)と定められ、最終的な学校経営の責任者が校長であることが明確にされ、職員会議は校長の補助機関と位置づけられた。

学校を運営する教員組織は、従来校長・教頭が管理職でその他の教員は年齢経験にかかわらず同列の「鍋ぶた(文鎮)型」(管理職がつまみにあたる)と呼ばれた。この形態は多くの教員がフラットな関係であるので民主的運営が可能であるが、一方で、リーダーシップが不明確になりやすく、迅速な対応や適切な処置が困難な事態に陥りやすい。そこで、校長の権限強化に伴い、校長がリーダーシップを発揮できる効率的で組織的な「ピラミット型」の教員組織への転換が図られることとなった。2007(平成19)年の学校教育法改正により、新たに副校長・主幹教諭・指導教諭が設置されたのはその一環で、校長を頂点に校長を補佐する副校長―教頭、その下に主幹教諭―指導教諭、そして教員という重層の組織構造となった。

2 学校運営をめぐる近年の動き

前項で、近年の地方教育行政の見直し、改善による新たな動き、特に「特

色ある学校づくり」を見てきた。一方でこうした動きとともに地域住民が学校運営へ参画できる「開かれた学校づくり」の動きも進んできた。そこでこの動きの中から制度化したものを最後にあげておきたい。

1) 学校評議員制度

　この制度は1998（平成10）年の中教審答申で設置が求められ、2000（平成12）年の学校教育法施行規則の改正により制度化された。学校評議員は、当該学校職員以外の教育への理解・識見を有するものの中から校長が推薦し、教育委員会により委嘱され（第49条第3項）、「校長の求めに応じ、学校運営に関し意見を述べる」（第49条第2項）ことができる。この制度は、中教審答申の中で「開かれた学校づくり」を推進するため、保護者・地域住民の意向を把握・反映し、協力を得て学校運営を行う制度になるとされ、「開かれた学校づくり」のみならず、学校の説明責任も明らかにし、地域住民の信頼に応え、家庭や地域が連携協力して教育活動を展開できるとしている。文部科学省の調査によると、2006（平成18）年の段階で、学校評議員（類似制度を含む）を設置している公立学校は82.3％にのぼる。

2) 学校運営協議会

　この制度は2000（平成12）年に発足した教育改革国民会議の答申「教育を変える17の提案」において、「新しいタイプの学校（"コミュニティ・スクール"等）」としてはじめて提案された。2004（平成16）年の中教審答申「今後の学校の管理運営の在り方について」では、「各学校の運営に保護者や地域住民が参画することを通じて、学校の教育方針の決定や教育活動の実践に、地域のニーズを的確かつ機動的に反映させるとともに、地域ならではの創意や工夫を生かした特色ある学校づくりが進むことが期待される」とし、保護者・地域住民がより積極的に学校運営にかかわる制度が必要であると指摘している。同年6月に地方教育行政法が改正され、学校運営協議会の設置が法律により認められ、同年9月より導入された。

　学校運営協議会は、教育委員会が指定した学校（指定学校）に置かれ、協議会の委員は指定学校の所在する地域の住民、指定学校に在籍する生徒・児童の保護者、その他教育委員会が必要と認める者の中から、教育委員会が任

命する。指定学校の校長は、学校運営に関して、教育課程の編成など基本的な方針を作成し、学校運営協議会の承認を得なければならない。学校運営協議会は学校運営に関する事項について校長や教育委員会に意見を述べることができる。さらに指定学校の職員の採用その他の任用に関して、任命権者に対して意見を述べることができ、任命権者はその意見を尊重しなければならない。なお文部科学省の調査では2016（平成28）年4月現在、2806校が指定を受けている。

3）学校評価

　前項で述べたように、2002（平成14）年に小・中学校設置基準が定められた際、「自己点検・自己評価」の実施、結果の公表が努力義務とされた。2005（平成17）年の中教審答申「新しい義務教育を創造する」では、「人材育成の基盤」である義務教育の根幹をいっそう強靱にすることが求められると述べ、義務教育を担う学校や地方自治体の裁量を拡大し、主体性を高める際、教育の質を保証するうえでそれぞれの取り組みの成果を評価することが重要であると指摘している。そこで、2002年以降の学校評価の課題を踏まえ、「学校評価のガイドライン」の策定、努力義務とされている自己評価の実施・公表の義務化、第三者機関による全国的な外部評価の仕組みも含めた評価の充実化が提言された。2006（平成18）年に文部科学省は「義務教育諸学校における学校評価ガイドライン」を策定し、翌2007（平成19）年には学校教育法の改正により学校評価が法律に定められ（第42条）、さらに学校教育法施行規則改正で自己評価の実施・公表（第66条）、保護者など学校関係者による評価の実施・公表の努力義務化（第67条）、自己評価結果・学校関係者評価結果の設置者への報告（第68条）、が規定され、2008（平成20）年には法改正を踏まえて「学校評価ガイドライン」が改訂された。

　地方教育改革に見られる「開かれた学校づくり」を推進するうえで、学校のアカウンタビリティ（説明責任）の明確化が重視されてきたが、学校評価の実施・公表はその一環であり、今後いっそう重視されるであろう。なお文部科学省の調査では、2014（平成26）年度学校評価を実施している公立学校は全体の96％にのぼっている。

●参考文献

磯田文雄編著『新しい教育行政』ぎょうせい、2006年
井深雄二・大橋基博・中嶋哲彦・川口洋誉編著『テキスト教育と教育行政』勁草書房、2015年
勝野正章・藤本典裕編『教育行政学（改訂版）』学文社、2008年
河野和清編著『教育行政学』ミネルヴァ書房、2006年
『最新教育基本用語：新学習指導要領対応（総合教育技術5月号増刊）』小学館、2009年
坂田仰・河内祥子・黒川雅子『図解・表解　教育法規』教育開発研究所、2008年
髙橋靖直・牛渡淳・若井彌一『教育行政と学校・教師（第3版）』玉川大学出版部、2004年
平原春好編『概説　教育行政学』東京大学出版会、2009年
平原春好・神田修編著『教育行政学』（ホーンブック）北樹出版、1996年
三輪定宣編著『教育行政学』八千代出版、1993年

第 9 章 教師の仕事

第 1 節　教職の専門性

　教育活動を実践する教師は専門的資格としての教員免許を有しているが、教員免許は必要条件ではあっても十分条件にはならない。なぜなら人格の形成を支える教育活動は児童・生徒に対する人間的な深い愛情と、様々な事態を鋭敏かつ的確にとらえて対応できる感性と判断力、そして人間としての教養を身につけていることが必要だからである。また、学校という組織の一員として仕事を遂行していくためには、よき社会人としての資質・能力を身につけながら教育活動を実践していくことが求められるからである。

1　教師の仕事

　「先生」と呼ばれる職業が「学校の先生」のみを表すのではなく、様々な業界に「先生」と呼ばれる職業が存在することはいまさらいうまでもない。では、「教育」を専門とする職業はいかがであろうか。企業や専門的な分野で職業上の能力や技能を身につけさせるための役割を担う人々も「教育」を職業とする存在である。そこで、「先生」と呼ばれ「教育」に携わる「教師の仕事」をここでは「学校という教育機関において、教育の対象となる被教育者（児童・生徒）に、学習させ、身につけさせる教育内容を、保護者や地域社会の要請を踏まえて、教育の専門的資格をもって教えたり指導したりする仕事」ととらえておきたい。
　学校教育は被教育者である児童・生徒の人間形成を有意的・計画的・合目

的的に行っている。そこで、以下では学校教育に携わる教師の仕事に求められるものを、「教職の専門性」という視点で考えていくことにする。

2 教職の専門性の条件

「教職の専門性」といった時、何をもって教職固有の専門性となし得るのか。その一つは、1966(昭和41)年にユネスコ特別政府間会議で採択された「教員の地位に関する勧告」によって専門職であることが世界的に勧告されたことが考えられる。

［教員の地位に関する勧告（抄）］
　　○教育の仕事は専門職とみなされるべきである。この職業は厳しい、継続的な研究を経て獲得され、維持される専門的知識および特別な技術を教員に要求する公共的業務の一種である。また、責任をもたされた生徒の教育および福祉に対して、個人的および共同の責任感を要求するものである。

この専門職という位置づけには、当然のことながら権利と義務ならびに責任が生じるものである。当勧告には、教員養成課程や教員養成機関のあり方、教員の継続教育、雇用とキャリア、教員の権利と責任に関する具体的事項などが細かく記述されている。

ここでは、上記の勧告の内容から「継続的な研究を経て獲得され、維持される専門的知識および特別な技術」と、「児童・生徒の教育および福祉に対して、個人的および共同の責任感を要求するもの」を中心に、教育の現状と照らし合わせながら教職の専門性の条件について考えてみる。

1) 継続的な研究を経て獲得され、維持される専門的知識

教員には研修の義務がある。担当する教科に関する専門的知識の補充・獲得に努めるとともに、その教科の特性を踏まえた教材の開発・改善に常に努めなければならない。学校の教育活動は、教科のみにとどまらず、道徳・特別活動・総合的な学習の時間・外国語活動、さらに生徒指導（児童・生徒理解を含む）等、きわめて広範囲の教育活動に関する専門的知識が必要とされる。

日々新たな検証のもとに、必要な専門的知識の取得とその有効な活用についての研究を継続していく責務がある。

2) 継続的な研究を経て獲得され、維持される特別な技術

教員に要求される「特別な技術」とは「方法の卓越性」であるともいえる。この場合の範囲はきわめて広いものである。

(1) 児童・生徒を理解する技術　学校教育において児童・生徒の教育にあたるためには、対象である児童・生徒の実態を知らなくてはならない。実態を可能な限り正しく知るには知識のみでは不可能である。成長過程にある一人の人間の思いや考えや経験を知り、児童・生徒に対して深い愛情を注ぎながら、その状況を的確にとらえ即時に判断できることが求められる。適切な言葉と行動と表情のもとに、児童・生徒との信頼関係を構築しながら、児童・生徒をでき得る限り正しく理解することのできる技術が身についていなければならない。

(2) 学級をつくりあげる技術　教師は児童・生徒の学習活動の基盤である学級をつくることのできる技術を身につけていなければならない。学級は児童・生徒たちにとっては小さな社会であり、年齢こそ同じでも全く異なる個性と経験を有した集団である。その集団に児童・生徒が毎日所属し、各自が心の居場所を実感し合い、ともに学び合える学習集団であることを認識できるように導いていかなくてはならない。それには目標を共有し、互いに自分の能力を存分に発揮し合える環境をつくることが望まれる。課題や場面に応じて様々なグループを構成し、グループ内に共感的・受容的な雰囲気を醸成するとともに、グループ内のトラブルを解決するための定見をもっていることも必要である。児童・生徒を愛情深く、多面的に理解する技術と、学級をつくりあげることのできる確かな技術を身につけている教師こそが、本来の学習指導を行うことができるのだといえる。

(3) よい授業を実践できる技術　よい授業を成立させていくには、児童・生徒とともに授業をつくりあげていくことのできる確かな知識に基づく多様な教育方法や教育技術が身についていることが必要である。児童・生徒の発達課題・教育の適時性・教育内容の系統性・各教科等の関連性等について理

解を深め、望ましい教材や指導案を準備することのできる技術ともいえるが、この指導技術は本来、前述の(1)・(2)の技術を同時に駆使しながら、一人ひとりの児童・生徒にとって最適でわかりやすく、学びの意欲を高められる学習活動にしていく技術を意味しているといえる。

3）児童・生徒の教育および福祉に対する責任

(1) 教育に対する責任　教師は個人の職務上の言動や行為のすべてに対して状況責任を負わねばならない。責任を負う立場にある者にとって大切なことは、自分の職務に対する正しい認識である。

教育公務員は法律に則って職務を遂行する義務がある。「教育をつかさどる」教諭は人権に対する正しい認識のもと、学校教育のすべての教育活動における教育内容ならびに指導方法を熟知して指導するとともに、全教育活動に対する危機管理能力を身につけて児童・生徒の教育に携わる責任がある。

(2) 福祉に対する責任　福祉に関することは国や地域の状況によって求められるものや整備すべき内容が異なると考えられるが、日本における学校教育の現状においては安全な環境と、児童・生徒の学習や日常生活を円滑かつ有効に進めていくことのできる学習環境や生活環境の整備ということができる。教師は学校に登校してくる児童・生徒の心身の状況の変化や異変を敏感にとらえる能力が必要である。学習を原因とするもの、家庭を原因とするもの、いじめや友人関係を原因とするもの、健康状況を原因とするもの等を的確にとらえ、校内組織・関係機関との迅速かつ適切な連携と対応に努め、児童・生徒が望ましい状態で教育を受けられるよう環境を整えなければならない。

教師は確かな教育的専門知識と卓越した技術、強い責任意識に基づいた専門性を存分に発揮し、専門職であるからこその力量を広く示していくべきである。そのうえで教職の信用を落とすことなく、児童・生徒の人格形成に全力を尽くすことに喜びを見出してほしい。

第2節　教師の力量形成

　教師は、その生き方が子どもたちの目標になるように常に自分を磨き、人間性と力量を高めていくことが必要である。

1　教師の力量形成の必要性

　力量形成は職業人には当然のことである。教師の力量形成の必要性については「教育基本法　第2章第9条」「教育公務員特例法　第4章第21条」「地方公務員法　第3章第7節」に明記されている。

［教育基本法　第2章　教育の実施に関する基本］
　　第9条　法律に定める学校の教員は、自己の崇高な使命を深く自覚し、絶えず研究と修養に励み、その職責の遂行に努めなければならない。
　　2　前項の教員については、その使命と職責の重要性にかんがみ、その身分は尊重され、待遇の適正が期せられるとともに、養成と研修の充実が図られなければならない。
［教育公務員特例法　第4章　研修］
　　第21条　教育公務員は、その職責を遂行するために、絶えず研究と修養に努めなければならない。
　　2　教育公務員の任命権者は、教育公務員の研修について、それに要する施設、研修を奨励するための方途その他研修に関する計画を樹立し、その実施に努めなければならない。
［地方公務員法　第3章　第7節　研修］
　　第39条　職員には、その勤務能率の発揮及び増進のために、研修を受ける機会が与えられなければならない。
　　2　前項の研修は、任命権者が行うものとする。
　　3　地方公共団体は、研修の目標、研修に関する計画の指針となるべき事項その他研修に関する基本的な方針を定めるものとする。
　　4　人事委員会は、研修に関する計画の立案その他研修の方法について任命権

者に勧告することができる。

　これらの法律には教育公務員ならびに地方公務員に対する研修の義務づけと、その研修に際しての機会や施設、実施する関連機関における諸計画の準備等が示されている。
　ここで、「教育公務員特例法　第4章　研修」と「地方公務員法　第3章　第7節　研修」の2つを比較すると、教育公務員の研修についての表現がかなり限定的であることがわかる。教員には絶えず研究と修養に努めるというように不断の研修が職務遂行上不可欠と規定されている。教育公務員特例法にはさらに、教員に対し任命権者の行う、研修の機会・初任者研修・十年経験者研修・研修計画の体系的な樹立・指導改善研修・指導改善研修後の措置などの項目が明記されている。これは教員が教職に就いている全期間中、研修に参加できるということであるとともに、研修を続けていかなければならないことを意味している。

2　不断の研修

　教師にとっては、先の教育公務員特例法に示されている初任者研修・十年経験者研修・指導改善研修等による研修の機会はもとより、日頃の教師の個人的・共同的研修の蓄積を含む不断の研修がきわめて大切である。

1）職場におけるよき先輩やリーダーとの出会い

　よき先輩との出会いは、経験の浅い教員にとっては、教育方法や提出諸文書の作成方法などを身近で具体的に指導してもらいながら、自分の力量を向上させていくことに有効である。また、よきリーダーとの出会いは初任者にとってはもちろんであるが、ある程度の経験を積んだ教員にとっても、リーダーの指導で学校全体にかかわる新たな経験の機会を与えられることが当人に内在する能力を開花し、大きく成長することにつながることが多い。

2）学校における地位（職務）

　人は地位に就くことによって成長するものである。それぞれの職務の仕事の内容は、やってみなければわからないというのが現実である。外側から見

て勝手な評価や感想はいえても、実際のところはわからないものである。つまり、その地位（職務）に就くことによってはじめてその職務としての見方・考え方、検討の仕方や配慮のあり方などがわかることが多いのである。それにより児童・生徒に対するとらえ方も多様になり、他の教員の指導のあり方にも新たな発見や再考の機会を得ることになる。

3）教職員のチームワーク

教職員のチームワークは1）2）が充実しているとおのずとよい状況が生まれることが多い。ここでいうチームワークは単なる仲のよい仲間ということではなく、児童・生徒の教育の充実を目指し、保護者や地域と望ましい連携を図りながら、教育目標の具現化という共通の目標に向かって互いに切磋琢磨し合い、時に厳しく激論を交わし、一緒に汗を流し、互いの信頼を深め合って、向上し合う仲間関係のことである。互いに教育の向上を目指し合いながら日々の教育活動に取り組むことにより、児童・生徒をとらえる視点も的確になり、学校全体の教育活動の成果をあげることにつながっていく。

4）外部からの刺激

学校は時として閉鎖的な社会だといわれることがある。近年は「開かれた学校」として学校が保護者や地域にかなり開かれ、参観や交流も頻繁に行われるようになっている。仕事を外部に見せるということは教師にとって緊張感があり、質の向上に努めるうえでよい刺激になる。一方で、社会では様々な企業や団体などが教育にかかわる新しい取り組みに余念がない。教師は学校以外の様々に特化された教育に関する取り組みから刺激を得るべきである。それがすぐに明日からの授業に還元されるとは限らないが、受けた刺激は必ずや新たな発想を生み出すに違いないからである。

5）校 内 研 究

校内研究は各学校で毎年取り組んでいるのが通常かと思う。講師を招聘し指導を得ながら、その年度の教育目標や重点目標の具現化と、児童・生徒の実態を踏まえた課題等の解決を目指し、学年や同じ教科担当の教員がチームを組んでの検討や全教員による研究会の開催等を通して教育の質の向上に努めるものである。教員相互の意見交換や講師の指摘や講話によって日頃の教

育活動を見直し、改善しながら各自の力量向上を図ることができる。
  6）区市・都道府県・文部科学省等の研究協力校
　上記の校内研修に対し、各種の研究協力校での研修経験は教師の力量向上に特段の効果があるといえる。例としては異論もあるかと思うが、校内研究が練習だとすると、各種の研究協力校は試合ともいえるのではないだろうか。練習は大切だ。しかし、他人の評価にさらされる試合は練習とは異なる緊張感や達成感を経験できる。時には悔しさもある。多くの見知らぬ教員の前で授業を公開し、その授業に至る研究の過程を発表することは、自分たちの職能としての力量を世に問うことである。厳しい質問や意見には改善に向けての貴重な理論や実践の方法が込められている。広い視点や新たな指導経験を得ることにもなる。何より、目標達成のために共同研究を通して一緒に悩み、本気で意見を交わし、児童・生徒の望ましい変容を共有する経験は、学校の全教職員がともに力を出し合った結果としての組織の成熟ともなり、教師一人ひとりの確たる力量向上につながるものである。
  7）関係教育機関の主催する研修会等
　関係教育機関の主催する研究会は様々な種類がある。自分の担当教科や担当分野について、他校の教職員と交流しながらの研修や、新しい情報に基づく講演や指導を経験することは、知識を広め、指導法の改善や開発を行う機会を活用できることになり、自身の力量向上を図るとともに、その学びを勤務校へ還元する使命も担い、互いの力量向上にも寄与することができる。

第3節　教師教育の課題

　教師教育はどこの教員養成大学でも多様な人材と指導の工夫のもとに十分な取り組みをしているといえる。学生は各校種の教職課程を履修し、所定の単位（教育実習を含む）を取得することにより、学んだ学校種の教員免許状を受理することができる。その後教員採用試験に合格すれば教師になれる。ところが、採用されて教員になった者すべてが順調に教師の仕事を遂行できているわけではない。そこには大学・学生・採用者との間に、教員に求められ

ている資質・能力に関してのなにがしかの温度差が生じている可能性があると考えられる。

1 教員に求められている資質・能力

各都道府県の教員採用の募集要項には必ず「求める教師像」が掲げられ、必要とされる資質・能力が示されている。各都道府県は教育目標や実態を踏まえて、「教師としての人間性に関すること」「児童・生徒に対する学習指導と生徒指導に関すること」「社会性や倫理観に関すること」、等を中心に内容を掲げている。各都道府県の課題や現状によって若干の違いはあるが、教師に求められる資質・能力の本質は変わらない。

2 学生が教員を目指す動機

教員を目指している学生にその動機を聞くと、多くの学生から聞かれる理由は小学校や中学校時代の先生との思い出である。たとえば、
○授業がとても楽しかったので私も子どもたちにそういう経験をさせてあげたいと思ったから。先生の教え方がとても上手で勉強がよくわかったから。
○友達との楽しい活動をたくさんさせてくれたことが今でも懐かしいから。
○悩みを真剣に聞いてくれてうれしかったから。

これらからは、授業の楽しさ、学級の楽しさ、自分の深刻な悩みに対して先生が親身になって正面から真剣に取り組んでくれたことなど、先生のあり方への感謝や感銘等が教職を目指す動機になっていることが伝わる。まさに、豊かな人間性、子どもへの深い愛情、児童理解に基づく授業力の高さを有している「先生」への魅力やあこがれが伝わる内容であるといってよい。

しかし、これらはどれも、子どもであった自分が、様々な場面で「先生」という存在を見たり、「先生」から指導していただいたりしたことばかりなのであって、教員という社会人が組織の一員として自分の職務を遂行していた姿全体を見たものではないのである。

3 学生から聞かれる不安

　教員を目指し、子どもを対象としたボランティアや教育実習などに出向いた学生たちから聞かれる悩みは、「子どもをどのように注意したらよいのかわからない」という言葉である。

　この「どのように」という言葉には、○注意をしてよい内容なのか、○どのような方法で注意したらよいのか、○いつ注意するのがよいのか、○どこで注意したらよいのか、さらに、○自分が注意をしてもよいのか、ということが含まれていると考えられる。

　これは、学生という立場であるがゆえの、担任に対する遠慮の表れも入っているが、実はこの悩みの中には、常に判断の連続であるといえる教師の仕事の入り口が見えているのである。この悩みは、○指導内容の適正、○指導方法、○適時性、○適切な指導環境、○報告・連絡・相談、と置き換えることでその解決を図ることができる。

　教師は、この判断を瞬時に行い、責任をもって実践に移しているのである。

4 教育現場からの不満

　教員採用試験は各都道府県によって選考方法には多少の違いはあるものの、教科に関する基礎学力・教職教養・専門教養・小論文・体育等の実技・集団面接・集団討論・個人面接等である。このような採用試験に合格し、張り切って学校に赴任した若い教員に対し、学習指導・生徒指導・学校組織の一員としての仕事に対して様々な批判が出ている。たとえば、
　○自分のペースで授業を進めて、児童・生徒のつぶやき、表情やしぐさの
　　合図に気づくことが苦手である。
　○児童・生徒一人ひとりの学習の理解状況に対する確認が不十分である。
　○児童・生徒に対する注意や指摘等の指導が苦手である。
　○担当している諸文書の提出期日が守れない。
　○自分が担当している仕事のやり方がわからない時に、誰にも質問せず、
　　ただそのままやらずにいる。
　○先輩や管理職の説明に対し「ハイ」と返事はするが、説明したことが仕

事に反映されていない。担当の仕事のでき具合の不備に対して、指摘や強い注意をすると、次の日から学校に来ないことがある。
○報告・連絡・相談が遅かったり、なかったりし、周囲に支障が生じている。
○熱心だが、簡単に失速し、落ち込む。
○必要な挨拶ができない。コミュニケーション能力や対人関係力が低い。
○保護者対応が苦手（報告・連絡・相談の遅さとも関連している）。
などである。

　もちろん経験が浅いながらも優秀で、周囲から信頼を得ている若手教員が少なからずいることも特記しておきたい。

5　課題の原因とその解決

　大学・学生・採用者間に見られる温度差の原因は、教職という職業に対する視野が異なることだといえる。教師は「組織で動いている仕事」「社会人としての仕事」をしているのであるから、当然、自分の仕事に責任をもって、たとえ厳しい状況であろうとも遂行していかなければならない。この意識が仕事に対してあるか否かである。この部分が温度差の原因の一つと考えられる。

　小・中学校の教諭は「児童・生徒の教育をつかさどる」ことが職務である。それに加えて社会人としてのマナーや規範を身につけ、分掌された校務、教職員間の協力、保護者や地域とのかかわり、研修等、多くの仕事を適切に遂行できなければならない。

　採用する側は教員に対し、即戦力になる人材を望んでいるということが聞かれる。それは、教員の仕事を正しく理解し、その仕事に必要な資質・能力をそなえ、教育実践ならびに社会人としての実践が期待されているからである。

　そのためには、学生は教員になる前に、教育に関する学びを十分に習得することに加え、社会人としての礼儀や言動、倫理観、組織の一員としての認識やそれに伴う態度・行動等を積極的に身につける必要がある。大学の教員養成においては社会性の育成に関する指導内容を具体的かつ積極的に取り入れていくことを考えねばならないということでもある。

第4節　学級経営

　学級とは、児童・生徒の集団にとっては学校における生活と学習の場ないしは自分たちの部屋ともいえるものである。その集団が、家庭と大きく異なるのは、基本的に年齢が同じ集団であるということである。学級の成員は、その集団に所属するまでの生育環境、家族状況、経験、学習への興味・関心・意欲、学習の定着状況、成長や発達の状況、性格や個性など、あらゆることが全く異なる未熟な人間たちで組織されている。

1　わかるようでわかりにくい「学級経営」という言葉
　学級経営という言葉は教育に関する様々な場面で聞くが、この言葉は教師にとって本当に正面から身近に受け止められているのであろうか。企業等でいう「経営」とは異なり、学級担任には「経営」という言葉はなじみにくいのではないかと思われる。そこで、自分の担当した学級という一つの集団を、方針を定めて、教育的に成果をあげていくように考え実践していく仕事とすれば、「経営」という言葉もなじみやすくなる。

2　学級経営の意義
　学級経営の意義としては、次の諸点をあげることができる。
　①児童・生徒が安心して学校生活を送ることのできる心の居場所を与える営みである。
　②望ましい集団活動を展開する基礎・基本を身につけさせる営みである。
　③自己の個性に気づかせ、自己を生かす能力を身につけさせて自己の生き方についての考えを深めさせる営みである。
　④児童・生徒の確かな学力を育成できる人的環境と学習環境の基盤をつくる営みである。
　⑤社会性・社会力を身につけさせる営みである。
　⑥児童・生徒相互、児童・生徒と担任との信頼関係を築き、望ましい人間

関係を築いていく営みである。

3　学級経営を支える学級経営案

　担任教師は、年度当初に必ず学級経営案を作成する。自分の学級の児童一人ひとりの特性や能力・学力の実態を把握し、個々に対する配慮事項や、学級集団としてその組織をいかに有意義なものとすべきかについての経営計画を立て、学級運営に１年間取り組んでいく。しかし、年度当初に立案した学級経営案はそのまま１年間活用できるとは限らない。日々、様々に変化・変容する児童・生徒の人間関係や学習状況を考えれば、経営案もまた、日々の変化・変容を必要とする存在だからである。担任は日々の教育活動を通して児童・生徒一人ひとりの学習状況や生活の様子を的確にとらえ、考察し、教育活動の改善計画を立て、学級を経営していかなければならない。

第5節　学級経営の配慮事項

　学級担任は学級を経営していくうえで、授業の充実や学級の人間関係づくりを図ることは日々欠かすことのできない職務であるが、以下は、その職務をより円滑に遂行していくうえで教師が配慮すべきことの一部である。

1　組織の一員であるという意識

　担任が自分の学級の児童・生徒の教育の向上を常に考え、様々な取り組みを進めていくことは大切なことであるが、担任の一存で勝手な取り組みをすることは慎まなければならない。年度当初の学級経営案、毎週作成する週計画や諸々の通知文等を事前に校長に提出する必要がある。管理職、各種必置主任、学年主任等への報告・連絡・相談を適宜行うことも重要なことである。
　学校は全教職員の協力によって、組織としての望ましい教育活動を実現している。そのため各教職員間の円滑な連携が重視される。仕事が忙しいのは誰もが同じである。教育課程をよく把握し、計画的な仕事の遂行、協力を必要とする職務には率先して参加する意識と実行力を身につける必要がある。

2　高い危機管理意識

社会の変化や児童・生徒の生活の変化と関連しながら危機管理の想定の範囲がさらに広がっている。学習指導要領の各教科等の解説編のすべてに安全に関する配慮事項が記載されている。それらを参考にしながら、日々の安全管理を周到に行うことが重要である。また、学校全体が安全管理や危機対応を行う場面においては、自分の担当任務を的確に遂行し、被害を最小限にとどめることに努めなければならない。そのためには日頃から高い危機感覚を養っておくことが必要である。常に最悪を想定した安全対策を心がけ、危機管理能力を高めておきたい。

3　児童・生徒に対する平等な指導

平等という言葉をどのようにとらえるかである。小学生の頃は贔屓や無視ということが先生の評価にしばしばあげられる。自分に関心を向けてくれているか否かについて子どもは本能的とも思えるほど敏感である。その表現の仕方は子どもの心理状態やその時の状況によって様々ではあるが、どの児童・生徒も教師が自分を正しくとらえ、それに基づいた正当な対応と評価をしてくれることを期待している。したがって、教師には個々の児童・生徒がその時求めているニーズをどれだけ正しく感じ取り、適切な対応ができるかが求められている。つまり、誰にでも同じことをしてあげるだけが平等な教育とは言い切れないということである。個々の児童・生徒への機会均等を前提として、個に応じた最善の指導に教師としての専門性を最大限に発揮することによって、本来の平等な指導が成り立つのだといえる。

4　観念的・固定的な判断の回避

児童・生徒は日々成長し変容している。狭義の価値観や過去の出来事に縛られ過ぎると、児童・生徒の新たなよさや、潜んでいる問題点を見逃すことになる。よいことはよい、ならぬことはならぬ、の判断軸を確たるものとしながら、そのうえで常に新鮮な感覚と深い教育愛をもって、児童・生徒の言動の一つひとつを正しくとらえ、判断し、伸ばしていくことが大切である。

人間は誰もがよいところと、直すべきところの両面をもっている。教師の固定観念で子どもたちにレッテルを貼るようなことは決してあってはならない。

5　保護者との望ましい連携の構築

　連携とは目的を同じくする者が連絡し合い、協力することである。教師も保護者も子どもの幸せな人生を願っていることに変わりはない。担っているのが学校教育の場か家庭教育の場かの違いはあれ、お互いを受け入れながら連携を深めていきたいものである。しかし、昨今、お互いの意思疎通が円滑に行われず、誤解や感情的なもつれが生じている状況が増えてきている。核家族化や少子化、女性の社会進出など児童・生徒の育つ環境の変化は、保護者にとっても日々の生活に様々な不安やいらだちの要因として内在し、変化への対応と向き合うための厳しい状況がある。教師は保護者の置かれた現状を十分に把握する必要がある。そのうえで、的確な情報の提供や適切な報告・連絡・相談を実践しながら、両者の望ましい連携を図ることに努めていくことが大切である。

●参考文献
解説教育六法編修委員会編『解説教育六法』三省堂、2016年
教育教員養成審議会『新たな時代に向けた教員養成の改善方策について（教育職員養成審議会・第1次答申）』文部科学省、1997年
『教員の地位に関する勧告（抄）』ユネスコ特別政府間会議採択、1996年
『小学校教職課程学生ハンドブック』東京都教育委員会、2015年
平野智美監修『教育学のグランドデザイン』八千代出版、2010年
横山安弘『稽古照今』日本教育新聞社、1996年

第10章 現代の学校問題

第1節　学校不信のメッセージ

1　告発的な問いかけ

　振り返れば、高度経済成長期である1960年代は、いわゆる「教育爆発（教育過熱）の時代」などと呼ばれ、わが国は教育拡大への道を歩みはじめていた。しかし、一方でその歩みは教育荒廃へ向かうものでもあった。誰もが、教育は人間を善くするためのもの、人間にとって大切なものであると自明のことと確信してきた。しかし、今日その教育の意義が根本から問い直されている。
　校内暴力をはじめ、不登校、いじめ、学級崩壊など学校病理現象については、マスメディアを通じてよく知られている。時にドラスティックなまでの報道は、ことの事実を見えにくくさせているという懸念をもつが、学校で起きている問題が身近なものとして感じられるようになったことは確かであろう。問いかけは、まさに人間を善くし、幸せにする教育の場である「学校」で、校内暴力、不登校、いじめ、学級崩壊など、時にはこれらがきっかけで死に至るようなことが、なぜ起こるのかということに向けてである。学校病理現象は、まさに人間の教育であるべき学校教育が人間を疎外し、教育されるべき人間が教育から疎外されている状況を示している。そして、誰もが思うのは、これは決して正常ではないということである。「学校教育は、このままでいいのか」「いったい学校とは何なのか」といった告発的な問いかけが繰り返されている。
　学校教育の矛盾が露呈していく中で、学校教育そのものを根本から否定す

る考えが提起された。イリッチ (Ivan Illich, 1926-2002) らが説く「脱学校論 (deschooling)」である。イリッチは、これまで何にもまして人間を善くし、社会を発展させる機能を果たすと信じられてきた学校が、逆に人間を悪くし、社会を破壊する元凶であるとし、学校教育に対して次のような批判を行った。

(1) 学校は、強制的に教育を行うために子どもを閉じ込める「少年昼間刑務所」のようである。
(2) 学校は、現在の体制に都合のよいイデオロギーを吹き込み、体制に都合のよいエリートや組織人間を育成する場所になっている。
(3) 学校は、人間を選別する場所になっており、社会における人間の平等の実現には貢献していない。
(4) 学校は、肥大化することで教育の需要をつくり出し、職業に必要な資格を設け、学校がその資格を与える権限を独占している。

刺激的な主張である。これらの是非について議論の余地はあるが、学校教育を問い直す際の一つの材料となる。脱学校論は、学校教育を全面的に否定する、学校制度への根源的な批判であるが、そこに代替機関の提示はなく、学校が連綿として続いているという事実から実現性ある解決策にはなっていない。しかし、学校の病理問題への根源的な問いに対してきわめて有効な視点を与えてくれる。本章では、現代の学校問題を追い、その実態や取り組みなどを概観することで、学校教育を問い直す契機としたい。

2 「不登校」というメッセージ

子どもによる学校への問いかけが、具体的な行動になって現れたのが「不登校」であろう。学校に行くことをやめ、学校を拒否することで表明してみせたのは学校教育への不信である。不登校は、子どもから突きつけられた学校不信のメッセージともいえる。ただ、不登校の中には、学校に行きたくても行けないという事例もある。かつては「登校拒否」と呼ばれていたが、行きたくても行けないという実態もあることから、行けない、行かない状態を指すものとして「不登校」という言葉が一般的に用いられるようになった。

文部科学省は、2017（平成29）年度の不登校児童・生徒数（小学校、中学生）

が14万4031人であると調査結果を報告している。同省は、「不登校児童生徒」を「何らかの心理的、情緒的、身体的あるいは社会的要因・背景により、登校しないあるいはしたくともできない状況にあるために年間30日以上欠席した者のうち、病気や経済的な理由による者を除いたもの」と定義している。不登校というといじめや教師の体罰などが原因で心に傷を負い、学校へ行けなくなった子どもをイメージし、一般化してしまいがちであるが、実際に学校に行かない理由を尋ねてみると、ただ何となく行きたくないと答えるケースが多い。しかし、これもまた学校へ行くことへの意義や価値を見出せないというメッセージと考えられなくもない。

　文部科学省では、不登校の一般的要因・背景を、①学校生活に起因するもの（友人関係をめぐる問題、教師との関係をめぐる問題、学業の不振、クラブ活動・部活動等への不適応、学校のきまり等をめぐる問題、入学・転編入学・進級時の不適応）、②家庭生活に起因するもの（家庭の生活環境の急激な変化、親子関係をめぐる問題、家庭内の不和）、③本人の問題に起因するもの（病気による欠席など）などとしている。これらをきっかけに、学校に行けない、行かない状態が続いていくことになる。周囲は、当事者に「学校へ行きなさい」「行かなくてどうするの」などと言葉をかける。声をかける側にとっては、たとえ、叱咤激励のつもりでも、このような登校刺激は圧力になりかねない。学校に行けないことが、むしろ焦りを生むことになる。さらに、自身に向ける憤りや自責の念は不安や恐怖感へと変わり、自己否定感に苛まれるようになる。このような心理状態が、時として家庭内暴力といった攻撃的な行動に向かわせたり、引きこもりといった事態に及ぶことにもなる。精神的な疾患に至る前にスクール・カウンセラーや精神科医などの対応が必要になることさえある。

3 「居場所」を探す子ども

　教室には入れないが、保健室にならば行けるという、「保健室登校」という言葉を聞いたことがあるだろう。事例の中には、不登校に至る、あるいは不登校状態から脱していく過程で、子どもたちが自分の居場所を探し出そうとしている様子が見受けられる。居場所を確保できた子どもは、これまでの

辛い日々を回想できるわずかながらの余裕が生まれることもあるようだ。養護教諭のいる保健室は、子どもたちが抱える悩みや日常の中の本当の自分を吐露できる場所の一つになっているのだろう。子どもたちが「SOS」を発信でき、教師が受信できる場所であり、避難所ともいえる。

　子ども自身が、本来、居場所であるはずの教室を居場所と思えず、しかし、一方で学校という場所から逃れられないと観念した時、子どもは他に居場所、避難所を探しはじめる。結果、探し出したのが学校にあって学校らしくない場所、もっとも「学校化」されていない場所である保健室であったということなのだろう。

　このことから不登校への取り組みとして見えてくることがある。不登校をつくらない学校づくりである。学校が子どもにとって「魅力的な場所」であり、「心の居場所」であるならば、学校に行けない、行かないということにはならないのかもしれない。ならば、どうすれば学校を魅力的な場所にできるのか、どうであれば学校が心の居場所となるのか。近年、学校に代わり、学ぶこと、生きることの意味を見出せ、ありのままの自己を許容してもらえる居場所の一つとして、不登校の子どもたちが通う「フリースクール」「フリースペース」がある。保健室と同様に、ここもまた子どもをありのまま受け入れる場所であり、子どもが自分らしくいられる場所となっており、ここでの子どもたちのあり様が不登校への対応を考える際のヒントとなる。しかし、同時に、学校に行くことは善いことであり、学校に行かないこと、あるいは行けないことは悪であるという考えが、子どもをはじめ教師や親などの根底にあることがこのような事態を招いていることを付け加えておきたい。

第2節 「いじめ」から見えること

1 「いじめ」という病理現象

　不登校の要因・背景の一つでもあり、学校病理現象においてその解決が急務とされている問題が「いじめ」である。文部科学省は、2006（平成18）年、「いじめ」は、どの子にも、どの学校でも起こり得るもの（「いじめの問題への

取組の徹底について」通知）と、いじめへの取り組みについて徹底を図るよう通知した。2013（平成25）年には、「いじめ防止対策推進法」が成立した。本法令において、「いじめ」は「児童等に対して、当該児童等が在籍する学校に在籍している等当該児童等と一定の人的関係にある他の児童等が行う心理的又は物理的な影響を与える行為（インターネットを通じて行われるものを含む。）であって、当該行為の対象となった児童等が心身の苦痛を感じているもの」（第2条）とし、起こった場所は学校の内外を問わないと定義されている。「一定の人的関係にある」とは、学校の内外を問わず同じ学校・学級あるいは部活動に所属する者、当該児童がかかわっている仲間や集団など何らかの人的関係がある者を指す。同省は、いじめの認知（発生）件数について、2017（平成29）年度は41万4378件（小・中・高・特別支援学校）で、児童・生徒1000人あたり30.9件、いじめを認知した学校数は2万7822件と全学校数に占める割合は74.4%と報告している。

　現代の学校問題の一つとして、いじめがニュース性をもって報じられ、その衝撃的な事実により世間の注目を集めたのは1986年2月、東京都中野区立富士見中学校2年生の男子生徒を被害者とする事件である。クラスメイトの執拗ないじめの末に自らの命を絶った男子生徒は、次のような遺書を残した。「家の人そして友達へ。突然姿を消して申し訳ありません。」という書き出しに続いて「俺だって、まだ死にたくない。だけど、このままじゃ『生きジゴク』になっちゃうよ。ただ俺が死んだからって他のヤツが犠牲になったんじゃいみないじゃないか。だからもう君達もバカな事をするのはやめてくれ、最後のお願いだ」。いじめの中では、男子生徒の「葬式ごっこ」が行われ、担任教諭を含む4人の教師も加わり、色紙に「やすらかに」などといったメッセージを記していたという。

　いじめという病理現象について、その特徴を端的に示すならば、日常化、長期化、ゲーム化、集団化、構造化、巧妙化、陰湿化、正当化といった言葉で表わせそうである。冷やかし・からかい、言葉の脅しなどいじめの態様は様々であるが、長期間に及ぶいじめは、時に犯罪性を帯びた行為へとエスカレートしていく。子どもたちだけの閉じられた関係性の中で、陰湿で巧妙で

日常的にゲーム化しているようないじめが最終的に自死に追い込むことさえある。まさに異常な事態である。しかし、この異常な事態は、生きることを教える場である学校でありながら願い空しくなくなることがない。幾度となく報道されてきた事態にこの問題の根の深さ、解決の難しさを知らされることになる。

2 「いじめ」への取り組み

　文部科学省は、いじめへの取り組みについて次のように提言している。①いじめた児童・生徒への出席停止処分、②いじめを継続させないため、いじめられる児童・生徒の欠席を認める、③いじめの道具となる携帯電話を理由なくもたせない、などである。具体的に、いじめへの対応は、当然、現場の教師に多分に任されている。ただ、そのアプローチの仕方も、程度も、教師を含めた学校の姿勢、体制、能力に拠るだけに異なる。元小学校教諭の向山洋一は、いじめをなくすことができるのは教師だけであると明言する。いじめをいち早く発見し、いじめをなくすのは教師の大切な仕事である。いじめにはわかりにくい面があり、子どもの中では発生し続けるが、子どもが自らの生命を絶たざるを得ないほどに残酷で長期にわたるいじめを教師が知らないなどといえるのかと問う。さらに、いじめを解決できるのは教師だけなのに、その自覚がなく何もしていないと、その姿勢に厳しい言葉を向ける。

　いじめへの対応の際、多分にあるのが、いじめかどうかを判断する難しさである。遊びや悪ふざけとの境界線がはっきりしない時である。制止に入ろうとする教師も、事を荒立てることはないと躊躇し、叱責の一言で済ませてしまう。大切なのは、教師にあっては、そのような判断ができ、いじめとなれば適切な対応ができる資質能力と技量である。さらに、学校全体としては、いじめは、どの学校にでも、どの子どもにも起こり得る問題との認識に立ち、常に児童・生徒からのサインを見逃さず、早期発見に努める学校の姿勢が必要であろう。そして、いじめ問題を学級担任など特定の教師が抱え込むことなく、まず学校全体で組織的に対応する体制をとり、学校だけでの解決に固執しないことも重要になってくる。

いじめの要因・背景に関する議論には、必ず国民性や人間性といったことが俎上に載る。弱い者いじめの風潮や差別意識の存在に加え、人間は、攻撃性、優越欲を本性としていると一般化する。これらが根本要因の一つということを否定するつもりはないが、そこだけにいじめの要因を求めて、目を逸らすというわけにはいかない。いじめは、個別性が高い問題だけに具体的な事例を個々に見ていく必要がある。望ましい人間関係を再構築することがいじめを解決する糸口となったとの事例報告は、他者との安定的な関係性を構築する場所づくりの有効性を示してくれる。さらに、人間性の育成を目指した時間と労力を惜しまない「心の教育」もまた有効で、いじめ防止の取り組みに寄与できると考えられる。

3 新たな「いじめ」の手法

　いじめにかかわる問題が、ますます一教師の手には負えなくなってきているという。今、子どもたちは、常にネットやメールで誰かとつながっている。あるいは、つながっていたいと感じているようである。つながっていないと不安で、ネットからはずされたり、メールの返信がないことは、友人関係に亀裂が生じたことなのである。このような状況は、インターネットや携帯電話をいじめの新たなツールとして加えることになった。

　2008年、文部科学省は、「ネット上でのいじめ問題」に対する喫緊の提案をとりまとめ、公表した。内容は、①保護者として子どもの携帯電話・インターネット利用の実態に目を向ける、②「情報モラル教育」の取り組みの充実、③家庭・地域や関係機関と連携したネット上のチェック体制の強化、④「ネット上でのいじめ」被害にあった子どもを守るための体制の整備、であり、早急に取り組むべきこととした。

　匿名性を盾に行われるネットいじめであるが、近年、よく聞くのは「学校裏サイト」である。インターネットには、掲示板やメールで情報をやり取りできる相互性に加え、匿名性という特徴がある。ネット上でのいじめは、いつでもどこでも誰にでも起こり得る。勝手に、誰かによって書き込まれていき、24時間追いかけられ、逃げ場がない。これまでのリアルいじめと手法

が異なるだけに、ネットいじめの対応に苦慮しているのが現状といえる。

　いつでもメールでやりとりできる環境は、逆に連絡をとらないことに何らかの理由を必要とする。友人からメールがあれば返信するのは当然で、返信がないのは無関心なのか、あるいは敵意の表れと理解されてしまうことになる。だから、送り手は、一般的に返信がないのを不安に思うため、それを思いやって、できるかぎり早く返信するのが望ましいとなる。この関係性が常態化していくことで、新たな規範が生まれる。別になくてもよい規範なのに、互いを縛るようになる。互いを縛る関係は、正常な関係ではない。ネットやメールをいじめのツールとして注視するだけではなく、子どもたち同士の関係性を歪める一因となることも銘記しておきたい。

第3節　教師と親の学校問題

1　指導力不足の教師

　何も子どもだけが学校問題の主役というわけではない。学校問題の一つとして認知されていることとして指導力不足の教員をあげることができる。指導力不足教員とは、一般に、児童・生徒との適切な関係を築くことができないなどの重要な問題を有している教師を指す。文部科学省は、「指導力不足教員に関する人事管理システムの概要」について公表し、指導力不足の教員を次のように指摘した。児童・生徒との適切な関係を築く力の不足、教科領域等に関する専門的な知識や技術の不足、他の職員と協調して学校運営に参加しようとする態度の欠落、保護者・地域住民等と信頼関係が築けないために教育活動に支障をきたす、などである。

　教師の体罰、教師のいじめへの関与、学級崩壊といった問題が、教師の指導力不足を浮き彫りにし、教師の資質能力と技量に対する社会的関心が高まり、教員制度政策に拍車がかかったのである。すでにはじまっている教員免許更新制などもその一環である。

　子どもや親の変化についていけず自信を失う教師がいると聞く。教科指導をはじめ、部活動指導、生徒指導、さらに煩雑な校務に追われ、信頼を得ら

れるほどのかかわりを子どもたちと築けないという言葉も聞かれる。不登校もいじめも、学校が子どもたちにとって「魅力的な場所」「心の居場所」となり、教師を含む他者との関係性が再構築されることが解決の糸口となる可能性が示されている。まさに教師のあり方が鍵となってこよう。

2　壊れていく学級

　見解は様々あるが、教師の指導力不足が要因の一つとして考えられている学校問題に「学級崩壊」がある。その崩壊の過程は多様であり、子どもたちが学級担任のいうことに耳を貸さず、学級の日常生活が混乱し、騒然として授業が行えない状態に陥ることである。具体的にいうと、チャイムが鳴っても教室に入らず遊び続ける、教室に入るが席に着かず遊んでいる、授業中の際限のない私語、漫画を読む、いたずら書き、けんか、これらによって授業が妨害される現象を「学級崩壊」という。このようになるのは教師に原因があるとされるが、一方、我慢できない、コミュニケーションがとれないなどの子どもにも原因の一端はあるといわれる。子どもたちが社会の構造的変化の中で変貌し、従来の伝統的な学校教育システムに合わなくなったからという考えである。今、学校は、児童・生徒に学校教育において主体になれと教える一方で、生活面では学校の基準に合わせるべきだとして、主体でいることを否定する二重の基準からなっている。子どもたちは、半ば強制させられる学校の生活基準に従う必要がないと感じ、また、その二重の基準を見抜いているのであろう。

3　常識や理屈が通じないモンスター

　学校や教師に理不尽な要求をつきつけてくる「モンスターペアレント」。アメリカでは、子どもや学校の上空をホバリングしながら監視し、何かことがあると急降下してくるヘリコプターに見立てて「ヘリコプターペアレント」と呼んでいる。かつて、親は、教師とともに校内暴力に協力・連携体制で取り組んできた時代があった。しかし、その後に続く学校問題への不安、不信の高まりによる言動や行動が、教師と親との対等以上の関係と相俟って理不

尽な物言いとなってしまったのかもしれない。もちろん、常識をはずれた苦情、要求などは到底、容認できるわけもなく、学校現場の対応が困難を極めているというのも想像に難くない。

「モンスターペアレント」と名づけた向山洋一は、学校現場では1990年代後半から子どもが勝手な行動をとる学級崩壊が深刻化してきたという。原因は、教師の指導力不足にあるので、それに対して親が不信感をもつのはごく自然なことである。しかし、最近は、常識では考えられぬ抗議や要求を持ち出し、学校運営を妨げる親が現れてきたというのである。向山は、「モンスターペアレント」を次のように定義する。①学校や教師に些細なことで文句をいう。②延々と抗議し、攻撃的な要求をする。③学校の教育計画が滞り、子どもに悪影響が及ぶ。④教師が病気や休職に追い込まれる。

要求してきたのは次のようなことである。うちの子をいじめた子どもを転校させてほしい。家でうちの子には掃除をさせていないので、学校でもやらせないでほしい。うちの子を学芸会の主役にしてほしい。要求が通らないとさらに過激になっていく。学校に来ては、校長や担任教諭に土下座を強要したり、辞職を迫る。なかには、授業中にもかかわらず教師の批判をし、妨害する。子どもの登校を拒否し、裁判に訴えると恫喝する。対応に悩み病気になったり、辞めたりする教師もいる。このような事態を、教師と親とが適切で健全な距離を取り合っていないことととらえられなくもない。両者が子どものこと、教育のことを視野に置き、適切で健全な、節度を保った距離をとれるようになった時正常な関係を形成することができるだろう。

第4節　学校問題を問い直す

1　教育条件の変容

「教育の拡大」をかなりの程度実現させてきたわが国であるが、今、「教育の荒廃」の時代といわれる。この時をたどるならば、まずもって明らかなことは、教育をこれまで規定してきた社会的、文化的、思想的な条件が変貌してきたことではないだろうか。そこから学校病理現象の発生を読み解くこと

もできよう。教育環境に絞っていえば、核家族化の進行、少子化、父性原理の衰弱等に伴う子育ての自信喪失、乳幼児期における基本的生活習慣やしつけの不足、放任や過保護・過干渉、親子の接触機会の減少、多様な生活の経験不足、勤労体験の減退、価値観の形成の欠如等々と列挙できる。

子ども自体のことでいえば、学ばなくなったということが指摘される。果たして子どもは学ばなくなったのだろうか。学ばないのであれば、子どもを学校に行かせようとすることからしてあまり意味をもたない。しかし、そうではないだろう。学ぶことを本性とする人間が、学ぶ場である学校で学ぼうとしないのは何らかの理由があるはずである。恐らくそこに学ばない子どもがいるのではなく、学校そのものが「学ぶ場」「学びたい場」になり得ていないのかもしれない。

学ぶ内容についても子どもたちからすれば、それが自分たちの今の生（生きること）に組み込まれていくものならば、誰も学びに違和感をもつことはないだろう。しかし、学校の学びが、生身の生を離れて、制度的な意味しか与えないものとなってしまっていることに学ぶ意味や喜びを見出せなくなっているとも考えられる。

2 学校教育の再考

以上のように、現代の学校問題を概観したうえで示せることは、学校という場が子どもたちをありのままに受け入れる場所となり、他者との安定的な関係性を構築できる場所となることが学校病理現象に多少なりとも歯止めをかけられるのではないかということである。子どもたちは、ありのままに自分が受け入れられる経験を積むことで、他者のありのままを許容できるようになるわけで、集団の中の異質性の排除にエネルギーを費やすより、多様な価値観を受け入れ、共生を実現させるようになる。一方、常に同じ態度で接し、ありのままに自分を受け入れてくれる他者、常に肯定的な評価をし、自己を正面から見つめ直す勇気を与えてくれる他者とつながることで、安定的な関係性を構築できるようになる。

学校と呼ばれる特定の空間で学校病理現象が現れ、厳しい学校批判が展開

されているが、大切なのは学校の意味や性格の変容をしっかりととらえることである。往々にして、学校や教師は、旧来からの自己のイメージや建前に支配されやすいもので、したがって万事において、これまで通りの対応に終始してきたところがある。もっと学校という空間がもつ本来的な意味や性格とその変容を真正面からとらえる必要があるのではないだろうか。

　たとえば、子どもたちは、茫漠として不確定な未来のために、抽象度の高い知識を日々の生活の文脈とは離れて学ぶことを求められている。このような意味において、学校は子どもにとってかなり抽象的な事柄の学びの場になっている。学びが豊かに体験されなければ、学校は子どもにとって意義の乏しい場になってしまう。また、学びの内容がその後の人生においても活きてくるものでなければ、なおさら学ぶこと、学校に行くことの意義などを実感できなくなるのではないだろうか。学校に行くことに積極的に意義を見出せない子どもたち、自身の価値観と相容れないために意義を見出せない子どもたち、多様な子どもがいることを理解する必要がある。その対応が曖昧なままだと、学校はこの先ずっと不信のメッセージをつきつけられたままかもしれない。

●参考文献
I. イリッチ著、東洋・小澤周三訳『脱学校の社会』東京創元社、1988 年
江川成・高橋勝他『最新　教育キーワード137』時事通信社、2007 年
大田堯『なぜ学校へ行くのか』岩波書店、1999 年
加納寛子・加藤良平『ケータイ不安―子どもをリスクから守る15の知恵―』NHK出版生活人新書、2008 年
佐伯胖・黒崎勲・佐藤学他『教育への告発』岩波書店、1998 年
多賀幹子『親たちの暴走―日米英のモンスターペアレント―』朝日新書、2008 年
谷川彰英・無藤隆他『21世紀の教育と子どもたち　第1巻　迷走する現代と子どもたち』東京書籍、2000 年
宮崎和夫・米川英樹編著『現代社会と教育の視点』ミネルヴァ書房、2000 年
向山洋一『いじめの構造を破壊せよ』明治図書出版、2006 年
文部科学省『生徒指導提要』教育図書、2011 年
渡辺真由子『ネットいじめの真実』ミネルヴァ書房、2008 年

資料

資 料 目 次

1 学制序文〔学事奨励に関する被仰出書〕 ……………………153
2 大日本帝国憲法（抄） ……………………153
3 教育ニ関スル勅語 ……………………155
4 小学校令（抄） ……………………155
5 国民学校令（抄） ……………………157
6 新日本建設ノ教育方針（抄） ……………………158
7 日本教育制度ニ対スル管理政策（抄） ……………………159
8 米国教育使節団報告書（抄） ……………………160
9 日本国憲法（抄） ……………………162
10 学習指導要領一般編（試案）（抄） ……………………164
11 教育勅語等排除に関する決議 ……………………165
12 教育勅語等の失効確認に関する決議 ……………………166
13 教師の倫理綱領 ……………………166
14 臨時教育審議会教育改革に関する第4次（最終）答申（抄） ……………………168
15 教育改革国民会議報告 ─教育を変える17の提案─ ……………………178
16 PEN声明「教育改革国民会議」に対する憂慮 ……………………183
17 教育基本法 ……………………184
18 学校教育法（抄） ……………………191
19 OECD生徒の学習到達度調査（PISA） ……………………195
20 教育再生会議・教育再生実行会議 ……………………197
　近代・現代教育年表 ……………………198

1──学制序文
〔学事奨励に関する被仰出書〕

明治5年8月2日
（太陽暦8月3日）
太政官布告第214号

人々自ら其身を立て其産を治め其業を昌にして以て其生を遂るゆゑんのものは他なし身を脩め智を開き才芸を長ずるによるなり而て其身を脩め知を開き才芸を長ずるは学にあらざれば能はず是れ学校の設あるゆゑんにして日用常行言語書算を初め士官農商百工技芸及び法律政治天文医療等に至る迄凡人の営むところの事学あらざるはなし人能く其才のあるところに応じ勉励して之に従事ししかして後初て生を治め産を興し業を昌にするを得べしされば学問は身を立るの財本ともいふべきものにして人たるもの誰か学ばずして可ならんや夫の道路に迷ひ飢餓に陥り家を破り身を喪の徒の如きは畢竟不学よりしてかかる過ちを生ずるなり従来学校の設ありてより年を歴ること久しといへども或は其道を得ざるよりして人其方向を誤り学問は士人以上の事とし農工商及婦女子に至つては之を度外におき学問の何者たるを弁ぜず又士人以上の稀に学ぶものも動もすれば国家の為にすと唱へ身を立るの基たるを知ずして或は詞章記誦の末に趨り空理虚談の途に陥り其論高尚に似たりといへども之を身に行ひ事に施すこと能ざるもの少からず是すなはち沿襲の習弊にして文明普ねからず才芸の長ぜずして貧乏破産喪家の徒多きゆゑんなり是故に人たるものは学ばずんばあるべからず之を学ぶには宜しく其旨を誤るべからず之に依て今般文部省に於て学制を定め追々教則をも改正し布告に及ぶべきにつき自今以後一般の人民華士族農工必ず邑に不学の戸なく家に不

学の人なからしめん事を期す人の父兄たるもの宜しく此意を体認し其愛育の情を厚くし其子弟をして必ず学に従事せしめざるべからざるものなり　高上の学に至ては其人の材能に任かすといへども

幼童の子弟は男女の別なく小学に従事せしめざるものは其父兄の越度たるべき事

但従来沿襲の弊学問は士人以上の事とし国家の為にすと唱ふるを以て学費及其衣食の用に至る迄多く官に依頼し之を給するに非ざれば学ざる事と思ひ一生を自棄するもの少からず是皆惑へるの甚しきもの也自今以後此等の弊を改め一般の人民他事を抛ち自ら奮て必ず学に従事せしむべき様心得べき事

右之通被　仰出候条地方官ニ於テ辺隅小民ニ至ル迄不洩様便宜解釈ヲ加へ精細申諭文部省規則ニ随ヒ学問普及致候様方法ヲ設可施行事

明治5年壬申7月　　　　太　政　官

2──大日本帝国憲法（抄）

明治22年2月11日発布
明治23年11月29日施行

第1章　天　皇

第1条　大日本帝国ハ万世一系ノ天皇之ヲ統治ス

第2条　皇位ハ皇室典範ノ定ムル所ニ依リ皇男子孫之ヲ継承ス

第3条　天皇ハ神聖ニシテ侵スヘカラス

第4条　天皇ハ国ノ元首ニシテ統治権ヲ総攬シ此ノ憲法ノ条規ニ依リ之ヲ行フ

第5条　天皇ハ帝国議会ノ協賛ヲ以テ立法権ヲ行フ

第6条　天皇ハ法律ヲ裁可シ其ノ公布及執行ヲ命ス

第7条　天皇ハ帝国議会ヲ召集シ其ノ

開会閉会停会及衆議院ノ解散ヲ命ス

第8条　天皇ハ公共ノ安全ヲ保持シ又ハ其ノ災厄ヲ避クル為緊急ノ必要ニ由リ帝国議会閉会ノ場合ニ於テ法律ニ代ルヘキ勅令ヲ発ス

② 此ノ勅令ハ次ノ会期ニ於テ帝国議会ニ提出スヘシ若議会ニ於テ承諾セサルトキハ政府ハ将来ニ向テ其ノ効力ヲ失フコトヲ公布スヘシ

第9条　天皇ハ法律ヲ執行スル為ニ又ハ公共ノ安寧秩序ヲ保持シ及臣民ノ幸福ヲ増進スル為ニ必要ナル命令ヲ発シ又ハ発セシム但シ命令ヲ以テ法律ヲ変更スルコトヲ得ス

第11条　天皇ハ陸海軍ヲ統帥ス

第12条　天皇ハ陸海軍ノ編制及常備兵額ヲ定ム

第13条　天皇ハ戦ヲ宣シ和ヲ講シ及諸般ノ条約ヲ締結ス

第14条　天皇ハ戒厳ヲ宣告ス

② 戒厳ノ要件及効力ハ法律ヲ以テ之ヲ定ム

第16条　天皇ハ大赦特赦減刑及復権ヲ命ス

第2章　臣民権利義務

第18条　日本臣民タルノ要件ハ法律ノ定ムル所ニ依ル

第20条　日本臣民ハ法律ノ定ムル所ニ従ヒ兵役ノ義務ヲ有ス

第21条　日本臣民ハ法律ノ定ムル所ニ従ヒ納税ノ義務ヲ有ス

第22条　日本臣民ハ法律ノ範囲内ニ於テ居住及移転ノ自由ヲ有ス

第23条　日本臣民ハ法律ニ依ルニ非スシテ逮捕監禁審問処罰ヲ受クルコトナシ

第24条　日本臣民ハ法律ニ定メタル裁判官ノ裁判ヲ受クルノ権ヲ奪ハル、コトナシ

第25条　日本臣民ハ法律ニ定メタル場合ヲ除ク外其ノ許諾ナクシテ住所ニ侵入セラレ及捜索セラル、コトナシ

第26条　日本臣民ハ法律ニ定メタル場合ヲ除ク外信書ノ秘密ヲ侵サル、コトナシ

第27条　日本臣民ハ其ノ所有権ヲ侵サル、コトナシ

② 公益ノ為必要ナル処分ハ法律ノ定ムル所ニ依ル

第28条　日本臣民ハ安寧秩序ヲ妨ケス及臣民タルノ義務ニ背カサル限ニ於テ信教ノ自由ヲ有ス

第29条　日本臣民ハ法律ノ範囲内ニ於テ言論著作印行集会及結社ノ自由ヲ有ス

第31条　本章ニ掲ケタル条規ハ戦時又ハ国家事変ノ場合ニ於テ天皇大権ノ施行ヲ妨クルコトナシ

第32条　本章ニ掲ケタル条規ハ陸海軍ノ法令又ハ紀律ニ牴触セサルモノニ限リ軍人ニ準行ス

第3章　帝国議会

第34条　貴族院ハ貴族院令ノ定ムル所ニ依リ皇族華族及勅任セラレタル議員ヲ以テ組織ス

第35条　衆議院ハ選挙法ノ定ムル所ニ依リ公選セラレタル議員ヲ以テ組織ス

第45条　衆議院解散ヲ命セラレタルトキハ勅命ヲ以テ新ニ議員ヲ選挙セシメ解散ノ日ヨリ5箇月以内ニ之ヲ召集スヘシ

第48条　両議院ノ会議ハ公開ス但シ政府ノ要求又ハ其ノ院ノ決議ニ依リ秘密会ト為スコトヲ得

第49条　両議院ハ各々天皇ニ上奏スルコトヲ得

第4章　国務大臣及枢密顧問

第55条　国務各大臣ハ天皇ヲ輔弼シ其ノ責ニ任ス
② 凡テ法律勅令其ノ他国務ニ関ル詔勅ハ国務大臣ノ副署ヲ要ス
第56条　枢密顧問ハ枢密院官制ノ定ムル所ニ依リ天皇ノ諮詢ニ応ヘ重要ノ国務ヲ審議ス

第5章　司　法

第57条　司法権ハ天皇ノ名ニ於テ法律ニ依リ裁判所之ヲ行フ
② 裁判所ノ構成ハ法律ヲ以テ之ヲ定ム

第7章　補　則

第73条　将来此ノ憲法ノ条項ヲ改正スルノ必要アルトキハ勅命ヲ以テ議案ヲ帝国議会ノ議ニ付スヘシ
② 此ノ場合ニ於テ両議院ハ各々其ノ総員3分ノ2以上出席スルニ非サレハ議事ヲ開クコトヲ得ス出席議員3分ノ2以上ノ多数ヲ得ルニ非サレハ改正ノ議決ヲ為スコトヲ得ス

3——教育ニ関スル勅語

明治23年10月30日

朕惟フニ我カ皇祖皇宗国ヲ肇ムルコト宏遠ニ徳ヲ樹ツルコト深厚ナリ我カ臣民克ク忠ニ克ク孝ニ億兆心ヲ一ニシテ世世厥ノ美ヲ済セルハ此レ我カ国体ノ精華ニシテ教育ノ淵源亦実ニ此ニ存ス爾臣民父母ニ孝ニ兄弟ニ友ニ夫婦相和シ朋友相信シ恭倹己レヲ持シ博愛衆ニ及ホシ学ヲ修メ業ヲ習ヒ以テ智能ヲ啓発シ徳器ヲ成就シ進テ公益ヲ広メ世務ヲ開キ常ニ国憲ヲ重シ国法ニ遵ヒ一旦緩急アレハ義勇公ニ奉シ以テ天壌無窮ノ皇運ヲ扶翼スヘシ是ノ如キハ独リ朕カ忠良ノ臣民タルノミナラス又以テ爾祖先ノ遺風ヲ顕彰スルニ足ラン

斯ノ道ハ実ニ我カ皇祖皇宗ノ遺訓ニシテ子孫臣民ノ倶ニ遵守スヘキ所之ヲ古今ニ通シテ謬ラス之ヲ中外ニ施シテ悖ラス朕爾臣民ト倶ニ拳々服膺シテ咸其徳ヲ一ニセンコトヲ庶幾フ

明治23年10月30日
御名　御璽

4——小学校令（抄）

明治23年10月7日
勅令　第215号

第1条　小学校ハ児童身体ノ発達ニ留意シテ道徳教育及国民教育ノ基礎並其生活ニ必須ナル普通ノ知識技能ヲ授クルヲ以テ本旨トス
第2条　小学校ハ之ヲ分テ尋常小学校及高等小学校トス
市町村若クハ町村学校組合又ハ其区ノ負担ヲ以テ設置スルモノヲ市町村立小学校トシ一人若クハ数人ノ費用ヲ以テ設置スルモノヲ私立小学校トス
徒弟学校及実業補習学校モ亦小学校ノ種類トス
第3条　尋常小学校ノ教科目ハ修身読書作文習字算術体操トス
土地ノ情況ニ依リ体操ヲ欠クコトヲ得又日本地理日本歴史図画唱歌手工ノ1科目若クハ数科目ヲ加ヘ女児ノ為ニハ裁縫ヲ加フルコトヲ得
第8条　尋常小学校ノ修業年限ハ3箇年又ハ4箇年トシ高等小学校ノ修業年限ハ2箇年3箇年又ハ4箇年トス
第10条　小学校ノ某教科目ハ文部大臣定ムル所ノ規則ニ従ヒ之ヲ随意科目トナシ又ハ之ヲ学習シ能ハサル児童ニ課セサルコトヲ得
第12条　小学校教則ノ大綱ハ文部大臣

之ヲ定ム

府県知事ハ小学校教則ノ大綱ニ基キ其府県ノ小学校教則ヲ定メ文部大臣ノ許可ヲ受クヘシ

第16条　小学校ノ教科用図書ハ文部大臣ノ検定シタルモノニ就キ小学校図書審査委員ニ於テ審査シ府県知事ノ許可ヲ受ケタルモノニ限ルヘシ

審査委員ハ府県ニ置キ府県官吏府県参事会員尋常師範学校長教員及小学校教員ヲ以テ之ヲ組織ス

審査委員及審査ニ関スル規則ハ文部大臣之ヲ定ム

第20条　児童満6歳ヨリ満14歳ニ至ル8箇年ヲ以テ学齢トス

第21条　貧窮ノ為又ハ児童ノ疾病ノ為其他已ムヲ得サル事故ノ為学齢児童ヲ就学セシムルコト能ハサルトキハ学齢児童ヲ保護スヘキ者ハ就学ノ猶予又ハ免除ヲ市町村長ニ申立ツヘシ

第25条　各市町村ニ於テ其市町村内ノ学齢児童ヲ就学セシムルニ足ルヘキ尋常小学校ヲ設置ス

町村組合ニシテ組合会ヲ設ケ其町村一切ノ事務ヲ共同処分スルモノハ本令ニ関シテハ之ヲ1町村ト同視ス

第43条　市町村立小学校ノ設置ニ関スル市町村及町村学校組合並区ノ負担ノ概目左ノ如シ

1　校舎校地校具体操場農業練習場ノ供給及支持
2　小学校教員ノ俸給旅費等
3　小学校ニ関スル諸費

第44条　市町村立小学校ニ就学スル児童ヲ保護スヘキ者ハ授業料規則ニ依リ授業料ヲ納ムヘシ

授業料ハ市町村ニ属スル収入トス

一家ノ児童同時ニ数名就学スルトキハ授業料ヲ減スルコトヲ得

市町村長ハ児童ヲ保護スヘキ者貧窮ナル場合ニ於テハ授業料ノ全額若クハ一部ヲ免除スヘシ

授業料ハ物品若クハ労力ヲ以テ之ニ代フルヲ許スコトヲ得

授業料規則ハ府県知事之ヲ定メ文部大臣ノ許可ヲ受クヘシ

第56条　小学校長及教員ノ任用解職其他進退ニ関スル規則ハ文部大臣之ヲ定ム

第58条　市町村立小学校長及教員ノ任用解職ハ府県知事之ヲ行フ

第63条　小学校長及教員ハ児童ニ体罰ヲ加フルコトヲ得ス

第64条　市町村立小学校長及教員職務ヲ粗略ニシ若クハ職務上遵奉スヘキ指命ニ違背シ又ハ体面ヲ汚辱スルノ行為アルトキハ府県知事懲戒処分ヲ行フヘシ其処分ハ譴責罰俸免職免許状褫奪トス

私立小学校長及教員ニシテ前項ノ行為アルトキハ其情状ニ依リ府県知事ニ於テ其業務ヲ停止シ又ハ免許状ヲ褫奪スヘシ

免職若クハ業務停止又ハ免許状褫奪ノ処分ニ不服アル者ハ14日以内ニ文部大臣ニ訴願スルコトヲ得

市町村立小学校長及教員ノ懲戒処分ニ関スル規則並私立小学校長及教員ノ業務停止及免許状褫奪ニ関スル規則ハ文部大臣之ヲ定ム

第65条　小学校教員禁錮以上ノ刑ニ処セラレ又ハ信用若クハ風俗ヲ害スル罪ヲ犯シテ罰金ノ刑ニ処セラレ又ハ監視ニ付セラレタルトキハ其職ヲ失ヒ免許状ヲ褫奪セラルルモノトス

第66条　郡ニ郡視学1名ヲ置キ府県知事之ヲ任免ス

第67条　郡視学ハ郡長ノ指揮命令ヲ受ケテ郡内ノ教育事務ヲ監督ス

第70条　市町村長ハ市町村ニ属スル国

ノ教育事務ヲ管掌シ市町村立小学校ヲ管理ス但学校長若クハ首席教員ノ管理ニ属スル事務ハ之ヲ監督ス

第72条　市ハ教育事務ノ為市制第61条ニ依リ学務委員ヲ置クヘシ但市会ノ議決ニ依ルノ限ニ在ラス

委員ニハ市立小学校男教員ヲ加フヘキモノトス其数ハ委員総数ノ4分1ニ下ルコトヲ得ス

委員中教員ヨリ出ツル者ハ市長之ヲ任免ス

第73条　市ノ学務委員ハ市ニ属スル国ノ教育事務ニ就キ市長ヲ補助ス

第80条　町村ノ学務委員ハ町村ニ属スル国ノ教育事務ニ就キ町村長ヲ補助ス

第82条　町村ハ教育事務ノ為町村条例ノ規程ニ依リ町村内ノ区ニ学務委員ヲ置クコトヲ得

委員ニハ町村立小学校男教員ヲ加フヘキモノトス

第83条　府県知事ハ前条ノ学務委員ヲシテ其区ニ属スル国ノ教育事務ニ就キ町村長区長並其代理者ヲ補助セシムルコトヲ得

5──国民学校令（抄）

昭和16年3月1日
勅令第148号

第1条　国民学校ハ皇国ノ道ニ則リテ初等普通教育ヲ施シ国民ノ基礎ノ錬成ヲ為スヲ以テ目的トス

第3条　初等科ノ修業年限ハ6年トシ高等科ノ修業年限ハ2年トス

第4条　国民学校ノ教科ハ初等科及高等科ヲ通ジ国民科、理数科、体錬科及芸能科トシ高等科ニ在リテハ実業科ヲ加フ

国民科ハ之ヲ分チテ修身、国語、国史及地理ノ科目トス

理数科ハ之ヲ分チテ算数及理科ノ科目トス

体錬科ハ之ヲ分チテ体操及武道ノ科目トス但シ女児ニ付テハ武道ヲ欠クコトヲ得

実業科ハ之ヲ分チテ農業、工業、商業又ハ水産ノ科目トス

前5項ニ掲グル科目ノ外高等科ニ於テハ外国語其ノ他必要ナル科目ヲ設クルコトヲ得

第6条　国民学校ノ教科用図書ハ文部省ニ於テ著作権ヲ有スルモノタルベシ但シ郷土ニ関スル図書、歌詞、楽譜等ニ関シ文部大臣ニ於テ特別段ノ規定ヲ設ケタル場合ハ此ノ限ニ在ラス

第7条　国民学校ノ教則及編制ニ関スル規程ハ文部大臣之ヲ定ム

第8条　保護者（児童ニ対シ親権ヲ行フ者、親権ヲ行フ者ナキトキハ後見人又ハ後見人ノ職務ヲ行フ者ヲ謂フ以下同ジ）ハ児童ノ満6歳ニ達シタル日ノ翌日以後ニ於ケル最初ノ学年ノ始ヨリ満14歳ニ達シタル日ノ属スル学年ノ終迄之ヲ国民学校ニ就学セシムルノ義務ヲ負フ

第15条　国民学校ニハ学校長及訓導ヲ置クベシ

国民学校ニハ教頭、養護訓導及准訓導ヲ置クコトヲ得

第16条　学校長及教頭ハ其ノ学校ノ訓導ノ中ヨリ之ヲ補ス

学校長ハ地方長官ノ命ヲ承ケ校務ヲ掌理シ所属職員ヲ監督ス

教頭ハ学校長ヲ補佐シ校務ヲ掌ル

第17条　訓導及養護訓導ハ判任官ノ待遇トス但シ学校長又ハ教頭タル訓導ハ奏任官ノ待遇ト為スコトヲ得

訓導ハ学校長ノ命ヲ承ケ児童ノ教育ヲ掌ル

養護訓導ハ学校長ノ命ヲ承ケ児童ノ養護ヲ掌ル
准訓導ハ学校長ノ命ヲ承ケ訓導ノ職務ヲ助ク
第18条　訓導及准訓導ハ国民学校教員免許状ヲ有スル者タルベシ
養護訓導ハ女子ニシテ国民学校養護訓導免許状ヲ有スルモノタルベシ
教員免許状ハ師範学校ヲ卒業シ又ハ訓導若ハ准訓導ノ検定ニ合格シタル者ニ地方長官之ヲ授与ス
養護訓導免許状ハ養護訓導ノ検定ニ合格シタル者ニ地方長官之ヲ授与ス
前2項ノ検定ヲ施行スル為道府県ニ国民学校教員検定委員会ヲ置ク
国民学校教員検定委員会ニ関スル規程ハ別ニ之ヲ定ム
教員免許状及養護訓導免許状其ノ他検定ニ関スル規程ハ文部大臣之ヲ定ム
第19条　特別ノ事情アルトキハ地方長官ハ国民学校教員免許状ヲ有セザル者ヲシテ准訓導ノ職務ヲ行ハシムルコトヲ得
第20条　国民学校職員ハ教育上必要アリト認ムルトキハ児童ニ懲戒ヲ加フルコトヲ得但シ体罰ヲ加フルコトヲ得ズ
第38条　市町村、市町村学校組合及町村学校組合ハ国民学校ニ関スル教育事務ノ為市制第83条若ハ町村制第69条ノ規定又ハ其ノ準用規定ニ依リ学務委員ヲ置クベシ此ノ場合ニ於テハ市町村会、市町村学校組合会又ハ町村学校組合会ノ議決ニ依ルコトヲ要セズ
学務委員ニハ国民学校職員ヲ加フベシ委員中国民学校職員ヨリ出ヅル者ハ市町村長、市町村学校組合管理者又ハ町村学校組合管理者之ヲ任免ス
第39条　学務委員ノ職務其ノ他ニ関スル規程ハ文部大臣之ヲ定ム

6──新日本建設ノ教育方針 (抄)

昭和20年9月15日
文部省

文部省デハ戦争終結ニ関スル大詔ノ御趣旨ヲ奉体シテ世界平和ト人類ノ福祉ニ貢献スベキ新日本ノ建設ニ資スルガ為従来ノ戦争遂行ノ要請ニ基ク教育施策ヲ一掃シテ文化国家、道義国家建設ノ根基ニ培フ文教諸施策ノ実行ニ努メテキル

1　新教育ノ方針
　大詔奉体ト同時ニ従来ノ教育方針ニ検討ヲ加ヘ新事態ニ即応スル教育方針ノ確立ニツキ鋭意努力中デ近ク成案ヲ得ル見込デアルガ今後ノ教育ハ益々国体ノ護持ニ努ムルト共ニ軍国的思想及施策ヲ払拭シ平和国家ノ建設ヲ目途トシテ謙虚反省只管国民ノ教養ヲ深メ科学的思考力ヲ養ヒ平和愛好ノ念ヲ篤クシ智徳ノ一般水準ヲ昂メテ世界ノ進運ニ貢献スルモノタラシメントシテ居ル

9　宗　教
　国民ノ宗教的情操ヲ涵養シ敬虔ナル信仰心ヲ啓培シ神仏ヲ崇メ独リヲ慎ムノ精神ヲ体得セシメテ道義新日本ノ建設ニ資スルト共ニ宗教ニ依ル国際的親善ヲ促進シテ世界ノ平和ニ寄与セシメンガ為各教宗派教団ヲシテ夫々其ノ特色ヲ活カシツツ互ニ連絡提携シテ我国宗教ノ真面目ヲ一段ト発揮セシムルヤウ努メテキル、尚近ク管長教団統理者協議会及宗教長会議ヲ開催シ其ノ趣旨ノ徹底ヲ図ルコトトシタ

11　文部省機構ノ改革
　叙上ノ諸方策ヲ実施スルガ為文部省機構ヲ改革スルノ要ヲ認メ既ニ学徒動員局ヲ廃止シ体育局、科学教育局ヲ新設シタノデアルガ更ニ第2次改革ガ考慮サレテキル

7──日本教育制度ニ対スル管理政策（抄）

昭和20年10月22日連合国軍最高司令部ヨリ終戦連絡中央事務局経由日本帝国政府ニ対スル覚書

1　日本新内閣ニ対シ教育ニ関スル占領ノ目的及政策ヲ充分ニ理解セシムル連合国軍最高司令部ハ茲ニ左ノ指令ヲ発スル

　A　教育内容ハ左ノ政策ニ基キ批判的ニ検討、改訂、管理セラルベキコト

　（1）　軍国主義的及ビ極端ナル国家主義的イデオロギーノ普及ヲ禁止スルコト、軍事教育ノ学科及ビ教練ハ凡テ廃止スルコト

　（2）　議会政治、国際平和、個人ノ権威ノ思想及集会、言論、信教ノ自由ノ如キ基本的人権ノ思想ニ合致スル諸概念ノ教授及実践ヲ確立ヲ奨励スルコト

　B　アラユル教育機関ノ関係者ハ左ノ方針ニ基キ取調ベラレソノ結果ニ従ヒ夫々留任、退職、復職、任命、再教育又ハ転職セラルベキコト

　（1）　教師及ビ教育関係官公吏ハ出来得ル限リ迅速ニ取調ベラルベキコト、アラユル職業軍人乃至軍国主義、極端ナル国家主義ノ積極的ナル鼓吹者及ビ占領政策ニ対シテ積極的ニ反対スル人々ハ罷免セラルベキコト

　（2）　自由主義ノ或ハ反軍ノ言論乃至行動ノ為解職又ハ休職トナリ或ハ辞職ヲ強要セラレタル教師及ビ教育関係官公吏ハ其ノ資格ヲ直ニ復活セシメラルベキコトヲ公表シ、且ツ彼ガ適当ナル資格ヲ有スル場合ハ優先的ニ之ヲ復職セシムルコト

　（3）　人権、国籍、信教、政見又ハ社会的地位ヲ理由トスル学生、教師、教育関係官公吏ニ対スル差別待遇ヲ禁止スル、而シテ叙上ノ差別待遇ヨリ生ジタル不公平ハ直チニ是正セラルベキコト

　（4）　学生、教師、教育関係官公吏ハ教授内容ヲ批判的理智ニ評価スルコトヲ奨励セラルベク、マタ政治的、公民的、宗教ノ自由ヲ含ム各般ノ事項ノ自由討議ヲ許容セラルベキコト

　（5）　学生、教師、教育関係官公吏及ビ一般民衆ハ連合軍占領ノ目的及ビ政策、議会政治ノ理論及実践ニ就テ知ラシメラルベキコト

　マタ軍国主義的指導者、ソノ積極的協力者ノ演ジタル役割並ニソノ消極的黙認ニヨリ日本国民ヲ戦争ニ陥レ、不可避的ナル敗北ト困窮ト現在ノ悲惨ナル状態トヲ結果セシメタル者ノ演ジタル役割ヲ知ラシメラルベキコト

　C　教育過程ニ於ケル技術ノ内容ハ左ノ政策ニ基キ批判的ニ検討、改訂、管理セラルベキコト

　（1）　急迫セル現情ニ鑑ミ一時的ニ其ノ使用ヲ許サレテキル現行ノ教課目、教科書、教授指導書ソノ他ノ教材ハ出来得ル限リ速カニ検討セラルベキデアリ、軍国主義的乃至極端ナル国家主義的イデオロギーヲ助長スル目ヲ以テ作成セラレタル箇所ハ削除セラルベキコト

　（2）　教育アル平和的且ツ責任ヲ重ズル公民ノ養成ヲ目指ス新教科目、新教科書、新教師用参考書、新教授用材料ハ出来得ル限リ速カニ準備セラレ現行ノモノト代ヘラルベキコト

　（3）　正常ニ実施セラレツツアル教育体制ハ出来得ル限リ迅速ニ再建セラルベキデアルガ未ダ設備等不充分ノ場合ハ初等教育及ビ教員養成ヲ優先セシメルコト

8──米国教育使節団報告書（抄）

昭和21年3月31日
日本派遣米国教育使節団

ジョージ．D．ストダード博士を団長とする米国教育界代表27名より成る米国教育使節団は、本報告の作成に当り日本に本年3月の1か月間滞在し、その間連合国最高司令部民間情報教育部教育課の将校および日本の文部大臣の指名にかかる日本側教育者委員、および日本の学校および各種職域の代表者とも協議をとげたのである。本報告は本使節団の各員の審議を基礎として作製し、ここに連合国最高司令官に提出する次第である。本使節団は占領当初の禁止的指令、例えば帝国主義および国家主義的神道を学校から根絶すべしというが如きものの必要は、十分認めるものではあるが、今回は積極的提案をなすことに主要な重点を置いたのである。

本使節団はかくすることにより、日本人がみずからその文化のなかに、健全な教育制度再建に必要な諸条件を樹立するための援助をしようと努めた次第である。

日本の教育の目的および内容　高度に中央集権化された教育制度は、かりにそれが極端な国家主義と軍国主義の網の中に捕らえられていないにしても、強固な官僚政治にともなう害悪を受けるおそれがある。教師各自が画一化されることなく適当な指導の下に、それぞれの職務を自由に発展させるためには、地方分権化が必要である。かくするとき教師は初めて、自由な日本国民を作りあげる上に、その役割をはたしうるであろう。この目的のためには、ただ1冊の認定教科書や参考書では得られぬ広い知識と、型通りの試験では試され得ぬ深い知識が、得られなくてはならない。カリキュラムは単に認容された一体の知識だけではなく、学習者の肉体的および精神的活動をも加えて構成されているものである。それには個々の生徒の異なる学習体験および能力の相違が考慮されるのである。それ故にそれは教師をふくめた協力活動によって作成され、生徒の経験を活用しその独創力を発揮させなくてはならないのである。

日本の教育では独立した地位を占め、かつ従来は服従心の助長に向けられて来た修身は、今までとは異った解釈が下され、自由な国民生活の各分野に行きわたるようにしなくてはならぬ。平等を促す礼儀作法・民主政治の協調精神および日常生活における理想的技術精神、これらは、皆広義の修身である。これらは、民主的学校の各種の計画および諸活動の中に発展させ、かつ実行されなくてはならない。地理および歴史科の教科書は、神話は神話として認め、そうして従前より一そう客観的な見解が教科書や参考書の中に現われるよう、書き直す必要があろう。初級中級学校に対しては地方的資料を従来より一そう多く使用するようにし、上級学校においては優秀なる研究を、種々の方法により助成しなくてはならない。（中略）

初等および中等学校の教育行政　教育の民主化の目的のために、学校管理を現在の如く中央集権的なものよりむしろ地方分権的なものにすべきであるという原則は、人の認めるところである。学校における勅語の朗読・御真影の奉拝等の式を挙げることは望ましくない。文部省は本使節団の提案によれば、各種の学校に対し技術的援助および専門的な助言を与えるという重要な任務を負うことになるが、地方の学校に対するその直接の支

配力は大いに減少することであろう。市町村および都道府県の住民を広く教育行政に参画させ、学校に対する内務省地方官吏の管理行政を排除するために、市町村および都道府県に一般投票により選出せる教育行政機関の創設を、われわれは提案する次第である。かかる機関には学校の認可・教員の免許状の附与・教科書の選定に関し相当の権限が附与されるであろう。現在はかかる権限は全部中央の文部省ににぎられている。

　課税で維持し、男女共学制を採り、かつ授業料無徴収の学校における義務教育の引上げをなし、修業年限を9か年に延長、換言すれば生徒が16歳に達するまで教育を施す年限延長改革案をわれわれは提案する。さらに、生徒は最初の6か年は現在と同様小学校において、次の3か年は、現在小学校の卒業児童を入学資格とする各種の学校の合併改変によって創設されるべき「初級中等学校」において、修学することをわれわれは提案する。これらの学校においては、全生徒に対し職業および教育指導をふくむ一般的教育が施されるべきであり、かつ個々の生徒の能力の相違を考慮しうるよう、十分弾力性を持たせなくてはならない。さらに3年制の「上級中等学校」をも設置し、授業料は無徴収、ゆくゆくは男女共学制を採り、初級中等学校よりの進学希望者全部に種々の学習の機会が提供されるようにすべきである。

　初級と上級の中等学校が相伴って、課税により維持されている現在のこの程度の他の諸学校、すなわち小学校高等科・高等女学校・予科・実業学校および青年学校等の果しつつある種々の職能を、継続することになろう。上級中等学校の卒業は、さらに上級の学校への入学条件とされるであろう。本提案によれば、私立諸学校は、生徒が公私立を問わず相互に容易に転校できるようにするため、必要欠くべからざる最低標準に従うことは当然期待されるところであるが、それ以外は、完全な自由を保有することになろう。

　教授法と教師養成教育　　新しい教育の目的を達成するためには、つめこみ主義、画一主義および忠孝のような上長への服従に重点を置く教授法は改められ、各自に思考の独立・個性の発展および民主的公民としての権利と責任とを、助長するようにすべきである。例えば、修身の教授は、口頭の教訓によるよりも、むしろ学校および社会の実際の場合における経験から得られる教訓によって行われるべきである。教師の再教育計画は、過渡期における民主主義的教育方法の採用をうながすために、樹立せらるべきである。それがやがて教師の現職教育の一つに発展するよう計画を立てるように提案する。師範学校は、必要とせられる種類の教師を養成するように、改革されるべきである。師範学校は現在の中学校と同程度の上級中等学校の全課程を修了したるものだけに入学を許し、師範学校予科の現制度は廃止すべきである。現在の高等師範学校とほとんど同等の水準において、再組織された師範学校は4年制となるべきである。この学校では一般教育が続けられ、未来の訓導や教諭に対して十分なる師範教育が授けられるであろう。教員免許状授与をなすその他の教師養成機関においては、公私を問わず新師範学校と同程度の教師養成訓練が、十分に行われなくてはならない。教育行政官および監督官も、教師と同等の師範教育を受け、さらにその与えられるべき任務に適合するような準備教育を受けなくてはならぬ。大学およびその他の高等教育機関は、教師や教育関係官吏がさらに進んだ

資料　　161

研究をなしうるような施設を拡充すべきである。それらの学校では、研究の助成と教育指導の実を挙げるべきである。

9──日本国憲法（抄）

昭和21年11月3日公布
昭和22年5月3日施行

日本国民は、正当に選挙された国会における代表者を通じて行動し、われらとわれらの子孫のために、諸国民との協和による成果と、わが国全土にわたつて自由のもたらす恵沢を確保し、政府の行為によつて再び戦争の惨禍が起ることのないやうにすることを決意し、ここに主権が国民に存することを宣言し、この憲法を確定する。そもそも国政は、国民の厳粛な信託によるものであつて、その権威は国民に由来し、その権力は国民の代表者がこれを行使し、その福利は国民がこれを享受する。これは人類普遍の原理であり、この憲法は、かかる原理に基くものである。われらは、これに反する一切の憲法、法令及び詔勅を排除する。

日本国民は、恒久の平和を念願し、人間相互の関係を支配する崇高な理想を深く自覚するのであつて、平和を愛する諸国民の公正と信義に信頼して、われらの安全と生存を保持しようと決意した。われらは、平和を維持し、専制と隷従、圧迫と偏狭を地上から永遠に除去しようと努めてゐる国際社会において、名誉ある地位を占めたいと思ふ。われらは、全世界の国民が、ひとしく恐怖と欠乏から免かれ、平和のうちに生存する権利を有することを確認する。

われらは、いづれの国家も、自国のことのみに専念して他国を無視してはならないのであつて、政治道徳の法則は、普遍的なものであり、この法則に従ふことは、自国の主権を維持し、他国と対等関係に立たうとする各国の責務であると信ずる。

日本国民は、国家の名誉にかけ、全力をあげてこの崇高な理想と目的を達成することを誓ふ。

第1章　天皇

第1条　天皇は、日本国の象徴であり日本国民統合の象徴であつて、この地位は、主権の存する日本国民の総意に基く。

第2章　戦争の放棄

第9条　日本国民は、正義と秩序を基調とする国際平和を誠実に希求し、国権の発動たる戦争と、武力による威嚇又は武力の行使は、国際紛争を解決する手段としては、永久にこれを放棄する。
② 前項の目的を達するため、陸海空軍その他の戦力は、これを保持しない。国の交戦権は、これを認めない。

第3章　国民の権利及び義務

第10条　日本国民たる要件は、法律でこれを定める。

第11条　国民は、すべての基本的人権の享有を妨げられない。この憲法が国民に保障する基本的人権は、侵すことのできない永久の権利として、現在及び将来の国民に与へられる。

第12条　この憲法が国民に保障する自由及び権利は、国民の不断の努力によつて、これを保持しなければならない。又、国民は、これを濫用してはならないのであつて、常に公共の福祉のためにこれを利用する責任を負ふ。

第13条　すべて国民は、個人として尊

重される。生命、自由及び幸福追求に対する国民の権利については、公共の福祉に反しない限り、立法その他の国政の上で、最大の尊重を必要とする。

第14条　すべて国民は、法の下に平等であつて、人種、信条、性別、社会的身分又は門地により、政治的、経済的又は社会的関係において、差別されない。

② 華族その他の貴族の制度は、これを認めない。

③ 栄誉、勲章その他の栄典の授与は、いかなる特権も伴はない。栄典の授与は、現にこれを有し、又は将来これを受ける者の一代に限り、その効力を有する。

第15条　公務員を選定し、及びこれを罷免することは、国民固有の権利である。

② すべて公務員は、全体の奉仕者であつて、一部の奉仕者ではない。

③ 公務員の選挙については、成年者による普通選挙を保障する。

④ すべて選挙における投票の秘密は、これを侵してはならない。選挙人は、その選択に関し公的にも私的にも責任を問はれない。

第16条　何人も、損害の救済、公務員の罷免、法律、命令又は規則の制定、廃止又は改正その他の事項に関し、平穏に請願する権利を有し、何人も、かかる請願をしたためにいかなる差別待遇も受けない。

第17条　何人も、公務員の不法行為により、損害を受けたときは、法律の定めるところにより、国又は公共団体に、その賠償を求めることができる。

第18条　何人も、いかなる奴隷的拘束も受けない。又、犯罪に因る処罰の場合を除いては、その意に反する苦役に服させられない。

第19条　思想及び良心の自由は、これを侵してはならない。

第20条　信教の自由は、何人に対してもこれを保障する。いかなる宗教団体も、国から特権を受け、又は政治上の権力を行使してはならない。

② 何人も、宗教上の行為、祝典、儀式又は行事に参加することを強制されない。

③ 国及びその機関は、宗教教育その他いかなる宗教的活動もしてはならない。

第21条　集会、結社及び言論、出版その他一切の表現の自由は、これを保障する。

② 検閲は、これをしてはならない。通信の秘密は、これを侵してはならない。

第22条　何人も、公共の福祉に反しない限り、居住、移転及び職業選択の自由を有する。

② 何人も、外国に移住し、又は国籍を離脱する自由を侵されない。

第23条　学問の自由は、これを保障する。

第24条　婚姻は、両性の合意のみに基いて成立し、夫婦が同等の権利を有することを基本として、相互の協力により、維持されなければならない。

② 配偶者の選択、財産権、相続、住居の選定、離婚並びに婚姻及び家族に関するその他の事項に関しては、法律は、個人の尊厳と両性の本質的平等に立脚して、制定されなければならない。

第25条　すべて国民は、健康で文化的な最低限度の生活を営む権利を有する。

② 国は、すべての生活部面について、社会福祉、社会保障及び公衆衛生の向上及び増進に努めなければならない。

第26条　すべて国民は、法律の定めるところにより、その能力に応じて、ひとしく教育を受ける権利を有する。

②　すべて国民は、法律の定めるところにより、その保護する子女に普通教育を受けさせる義務を負ふ。義務教育は、これを無償とする。

第27条　すべて国民は、勤労の権利を有し、義務を負ふ。

②　賃金、就業時間、休息その他の勤労条件に関する基準は、法律でこれを定める。

③　児童は、これを酷使してはならない。

第28条　勤労者の団結する権利及び団体交渉その他の団体行動をする権利は、これを保障する。

　　第10章　最高法規

第97条　この憲法が日本国民に保障する基本的人権は、人類の多年にわたる自由獲得の努力の成果であつて、これらの権利は、過去幾多の試錬に堪へ、現在及び将来の国民に対し、侵すことのできない永久の権利として信託されたものである。

第98条　この憲法は、国の最高法規であつて、その条規に反する法律、命令、詔勅及び国務に関するその他の行為の全部又は一部は、その効力を有しない。

②　日本国が締結した条約及び確立された国際法規は、これを誠実に遵守することを必要とする。

第99条　天皇又は摂政及び国務大臣、国会議員、裁判官その他の公務員は、この憲法を尊重し擁護する義務を負ふ。

10──学習指導要領一般編(試案)(抄)

昭和22年3月20日
文　部　省

序　論

1　なぜこの書はつくられたか

　いまわが国の教育はこれまでとちがった方向に向かって進んでいる。この方向がどんな方向をとり、どんなふうのあらわれを見せているかということは、もはやだれの胸にもそれと感じられていることと思う。このようなあらわれのうちでいちばんたいせつだと思われることは、これまでとかく上の方からきめて与えられたことを、どこまでもそのとおりに実行するといった画一的な傾きのあったのが、こんどはむしろ下の方からみんなの力で、いろいろと、作りあげて行くようになって来たということである。

　これまでの教育では、その内容を中央できめると、それをどんなところでも、どんな児童にも一様にあてはめて行こうとした。だからどうしてもいわゆる画一的になって、教育の実際の場での創意や工夫がなされる余地がなかった。このようなことは、教育の実際にいろいろな不合理をもたらし、教育の生気をそぐようなことになった。たとえば、4月のはじめには、どこでも桜の花のことを教えるようにきめられたために、あるところでは花はとっくに散ってしまったのに、それを教えなくてはならないし、あるところではまだつぼみのかたい桜の木をながめながら花のことを教えなくてはならない、といったようなことさえあった。また都会の児童も、山の中の児童も、そのまわりの状態のちがいなどにおかまいなく同じことを教えられるといった不合理なこともあった。しかもそのようなやり方は、教育の現場で指導にあたる教師の立場を機械的なものにしてしまって、自分の創意や工夫の力を失わせ、ために教育に生き生きした動きを少なくするようなことになり、時には教師の考えを、あてがわれたことを型どおりに教えておけばよい、といった気持におとしいれ、ほ

んとうに生きた指導をしようとする心持を失わせるようなこともあったのである。

　もちろん教育に一定の目標があることは事実である。また一つの骨組みに従って行くことを要求されていることも事実である。しかしそういう目標に達するためには、その骨組みに従いながらも、その地域の社会の特性や、学校の施設の実情や、さらに児童の特性に応じて、それぞれの現場でそれらの事情にぴったりした内容を考え、その方法を工夫してこそよく行くのであって、ただあてがわれた型のとおりにやるのでは、かえって目的を達するに遠くなるのである。またそういう工夫があってこそ、生きた教師の働きが求められるのであって、型のとおりにやるのなら教師は機械にすぎない。そのために熱意が失われがちになるのは当然といわなければならない。これからの教育が、ほんとうに民主的な国民を育てあげて行こうとするならば、まずこのような点から改められなくてはなるまい。このために、直接に児童に接してその育成の任に当る教師は、よくそれぞれの地域の社会の特性を見てとり、児童を知って、たえず教育の内容についても、方法についても工夫をこらして、これを適切なものにして、教育の目的を達するように努めなくてはなるまい。

　いま、この祖国の新しい出発に際して教育の負っている責任の重大であることは、いやしくも、教育者たるものの、だれもが痛感しているところである。われわれは児童を愛し、社会を愛し、国を愛し、そしてりっぱな国民をそだてあげて、世界の文化の発展につくそうとする望みを胸において、あらんかぎりの努力をささげなくてはならない。そのためにまずわれわれの教壇生活をこのようにして充実し、われわれの力で日本の教育をりっぱなものにして行くことがなによりたいせつなのではないだろうか。

　この書は、学習の指導について述べるのが目的であるが、これまでの教師用書のように、一つの動かすことのできない道をきめて、それを示そうとするような目的でつくられたものではない。新しく児童の要求と社会の要求とに応じて生まれた教科課程をどんなふうにして生かして行くかを教師自身が自分で研究して行く手びきとして書かれたものである。しかし、新しい学年のために短い時間で編集を進めなければならなかったため、すべてについて十分意を尽すことができなかったし、教師各位の意見をまとめることもできなかった。ただ、この編集のために作られた委員会の意見と、一部分の実際家の意見によって、とりいそぎまとめたものである。

　この書を読まれる人々は、これが全くの試みとして作られたことを念頭におかれ、今後完全なものをつくるために、続々と意見を寄せられて、その完成に協力されることを切に望むものである。

11──教育勅語等排除に関する決議

昭和23年6月19日
衆 議 院 決 議

　民主平和国家として世界史的建設途上にあるわが国の現実は、その精神内容において未だ決定的な民主化を確認するを得ないのは遺憾である。これが徹底に最も緊要なことは教育基本法に則り、教育の革新と振興とをはかることにある。しかるに既に過去の文書となつている教育勅語並びに陸海軍軍人に賜わりたる勅諭その他の教育に関する諸詔勅が、今日もなお国民道徳の指導原理としての性格を

持続しているかの如く誤解されるのは、従来の行政上の措置が不十分であつたがためである。

思うに、これらの詔勅の根本理念が主権在君並びに神話的国体観に基いている事実は、明かに基本的人権を損い、且つ国際信義に対して疑点を残すもととなる。よつて憲法第98条の本旨に従い、ここに衆議院は院議を以て、これらの詔勅を排除し、その指導原理的性格を認めないことを宣言する。政府は直ちにこれらの詔勅の謄本を回収し、排除の措置を完了すべきである。

　右決議する。

12──教育勅語等の失効確認に関する決議

　　　　　　　昭和23年6月19日
　　　　　　　参　議　院　決　議

われらは、さきに日本国憲法の人類普遍の原理に則り、教育基本法を制定して、わが国家及びわが民族を中心とする教育の誤りを徹底的に払拭し、真理と平和とを希求する人間を育成する民主主義的教育理念をおごそかに宣明した。その結果として、教育勅語は、軍人に賜はりたる勅諭、戊申詔書、青少年学徒に賜はりたる勅語その他の諸詔勅とともに、既に廃止せられその効力を失つている。

しかし教育勅語等が、あるいは従来の如き効力を今日なお保有するかの疑いを懐く者あるをおもんばかり、われらはとくに、それらが既に効力を失つている事実を明確にするとともに、政府をして教育勅語その他の諸詔勅の謄本をもれなく回収せしめる。

われらはここに、教育の真の権威の確立と国民道徳の振興のために、全国民が一致して教育基本法の明示する新教育理念の普及徹底に努力をいたすべきことを期する。

　右決議する。

13──教師の倫理綱領

　　　　　　　昭和36年5月20日
　　　　　　　日本教職員組合決定

私たちの組合は、昭和27年に「教師の倫理綱領」を決定しました。決定されるまでの約1年間、全国の各職場では倫理綱領の草案をめぐつて検討をつづけました。「自分たちの倫理綱領を、自分たちの討論のなかからつくろう」これが、私たちの考え方でした。

私たちが、綱領草案をめぐつて話しあいを行なつていた昭和26年という年は全面講和か、単独講和か、これからの日本の歩む途をめぐつて国論が2つにわかれてたたかわされていた時期です。私たちは、敗戦という大きな代償を払つて、やつと手中にした「民主主義と平和」を危機におとしいれる心配の濃い「単独講和」に反対してきました。平和憲法に対する理由のない攻撃も、この時からはじめられました。

このような時代を背景に、私たちの討論はつづけられました。そして「平和と民主主義を守りぬくために、今日の教師はいかにあるべきか」「望ましい教師の姿勢はどうあるべきか」、私たちの倫理綱領草案の討論には、以上のような考え方が基礎になつていました。

ですから、これはたんなる「標語」ではなく、私たち自身の古さをのりこえ、新らしい時代を見きわめて、真理を追究する者のきびしさ、正義を愛する熱情に支えられた生きた倫理、民族のもつ課題

に正しく応える倫理という考え方が、私たちの倫理綱領の基調になつています。つまり、荒木文相などが理由のないいいがかりなどつけても微動もしない倫理綱領であるということがいえます。

以下、私たちの倫理綱領各項についてかんたんにふれたいと思います。

1 教師は日本社会の課題にこたえて青少年とともに生きる

平和を守り、民族の完全な独立をかちとり、憲法にしめされた民主的な社会をつくりだすことは教師に与えられた課題といえます。私たちは自ら深い反省にたち努力することによつて、この課題に応えうる教師となるとともに、青少年がこの課題解決のための有能な働き手となるよう育成されなければならないことをしめしました。

2 教師は教育の機会均等のためにたたかう

青少年は各人のおかれた社会的、経済的条件によつて教育を受ける機会を制限され、憲法の条項は空文に終つています。とくに、勤労青年、特殊児童（盲・ろう・肢体不自由児など）の教育はすててかえりみられていません。教師は教育の機会均等の原則が守られるよう、社会的措置をとらせるよう努力しなければならないことをしめしました。

3 教師は平和を守る

平和は人類の理想であるとともに、日本の繁栄と民主主義も、平和なくしては達成できません。教師は人類愛の鼓吹者、生活改造の指導者、人権尊重の先達として生き、いつさいの戦争挑発者と勇敢にたたかわなければならないことを明らかにしました。

4 教師は科学的真理に立つて行動する

社会の進歩は、科学的真理にたつてこそ達成されます。科学の無視は人間性の抑圧に通じます。教師は人間性を尊重し、自然と社会を科学的に探究し、青少年の成長のために合理的環境をつくりだすために、学者、専門家と協力しあうことをしめしました。

5 教師は教育の自由の侵害を許さない

教育研究、教育活動の自由はしばしば不当な力でおさえられています。言論、思想、学問、集会の自由は憲法で保障されていますが、実際には制限され、圧迫されています。

教育の自由の侵害は、青少年の学習の自由をさまたげるばかりではなく、自主的な活動をはばみ、民族の将来をあやまらせるものであります。以上のことから、私たちが自由の侵害とあくまでもたたかうことをここで明らかにしました。

6 教師は正しい政治をもとめる

これまで教師は、政治的中立という美名で時の政治権力に一方的に奉仕させられてきました。戦後、私たちは団結して正しい政治のためにたたかつてきました。政治を全国民のねがいにこたえるものとするため、ひろく働く人とともに正しい政治をもとめて、今後もつよくたたかうことをしめしました。

7 教師は親たちとともに社会の頽廃とたたかい、新しい文化をつくる

あらゆる種類の頽廃が青少年をとりまいています。私たち教師は、マス・コミ等を通じて流される頽廃から青少年を守ると同時に、新しい健康的な文化をつくるために、親たちと力をあわせてすすむことをしめしました。

8 教師は労働者である

教師は学校を職場として働く労働者であります。しかし、教育を一方的に支配しようとする人びとは、「上から押しつけた聖職者意識」を、再び教師のものにしようと、「労働者である」という私た

ちの宣言に、さまざまないいがかりをつけています。私たちは、人類社会の進歩は働く人たちを中心とした力によつてのみ可能であると考えています。私たちは自らが労働者であることの誇りをもつて人類進歩の理想に生きることを明らかにしました。

9　教師は生活権を守る

私たちはこれまで、清貧にあまんずる教育者の名のもとに、最低の生活を守ることすら口にすることをはばかつてきましたが、正しい教育を行なうためには、生活が保障されていなくてはなりません。

労働に対する正当な報酬を要求することは、教師の権利であり、また義務であることをしめしました。

10　教師は団結する

教師の歴史的任務は、団結を通じてのみ達成することができます。教師の力は、組織と団結によつて発揮され、組織と団結はたえず教師の活動に勇気と力をあたえています。私たちは自らが団結を強め行動するとともに、国民のための教育を一部の権力による支配から守るため、世界の教師、すべての働く人びとと協力しあつていくことが、私たちの倫理であることを明らかにしました。

14——臨時教育審議会 教育改革に関する第4次（最終）答申（抄）

昭和62年8月7日
臨時教育審議会

はじめに

本審議会は、ここに、「教育改革に関する第4次答申（最終答申）」を提出する。

昭和59年9月5日、内閣総理大臣から「我が国における社会の変化及び文化の発展に対応する教育の実現を期して各般にわたる施策に関し必要な改革を図るための基本的方策について」諮問を受けて以来、逐次答申の方針の下に、これまで3次にわたる答申をそれぞれ提出した。

第3次答申提出以降、本審議会は残された課題について調査審議を進め、この最終答申においては、「文教行政」、「入学時期」についての提言を行うとともに、今後における教育改革の推進のための方策を示した。

また、この答申を取りまとめるに当たっては、これまでの改革提言の実施状況を見守りつつ、3次にわたる答申を総括した。まず、「教育改革の必要性」として、今日教育に求められている時代的要請とこれまでの教育の歩みや現状を考察し、教育を基本的在り方を示した。また、今次教育改革を推進するための基本的考え方として第1次答申で掲げた8つの考え方を、「個性重視の原則」、「生涯学習体系への移行」、「変化への対応」の3つの項目に集約して、「教育改革の視点」として取りまとめた。さらに、これまで逐次、答申してきた多岐にわたる具体的改革方策を6つの項目に整理して、「改革のための具体的方策」として要約した。

過去3年間の審議期間を通じて、本審議会は、21世紀に向けて社会の変化や文化の発展に対応する教育の実現を期するとともに、今日教育が抱えている様々な問題の克服を目指して審議を続けてきた。

本審議会は、この審議に当たり長期的視野に立った教育改革の基本方向を見定めつつ、具体的提言については、世論の合意と実行可能性に配慮しながら取りまとめた。その際、審議の自主性・主体性

を堅持して、自由かっ達な論議を展開するとともに、審議ができる限り国民に開かれたものとなるよう常に審議状況を明らかにしながら、各界各層の意見に耳を傾けて、論議を深め、全国民参加の教育改革を目指した。

明治の近代学校制度の導入と戦後の教育改革は、国家社会体制の大きな政治的変革に伴うものであったが、今次教育改革は、このような要素を伴わない、いわば平時の改革である。しかし、今、明治以来100年にわたる追い付き型近代化の時代をこえて、日本人と人類がこれまで経験したことのない新しい国際化、情報化、成熟化の時代に向かうという大きな文明史的な転換期にさしかかっていることを考えると、平時とはいえ、今次の教育改革が上記2回の改革に匹敵する画期的な意義をもつものであることを痛感する。本審議会はこのような認識に立って、近代教育100年の成果と限界を改めて冷静に評価、反省するとともに、21世紀の社会が教育にもたらすであろう可能性と問題点を見据えながら、教育の在り方を根本的に見直し、新たな観点から必要な改革の方策を提言してきた。

来るべき時代は、人類文明の在り方と人間の生き方を問い直し、多様な文化の一層の開花と人間性の回復を強く求めるであろう。こうした時代の要請にこたえていく上で教育の社会的責任と使命は重い。このことを十分に自覚し、教育改革に携わる者は、日本の将来と人類社会の明日のために教育界における相互信頼を回復し、教育の世界にみずみずしい活力と創造性を生み出さなければならない。

教育改革の成否は、政府の積極的な対応はもとより、国会の理解や地方公共団体の協力、教育関係者をはじめ、すべての国民の熱意にまつところが極めて大きく、改革の実現に向けて、国民各位の深い理解と協力を切望するものである。

第1章 教育改革の必要性

1 改革の時代的要請

我が国は今日、21世紀に向かって世界の成熟化への展開、情報中心の科学技術への転換、新しい国際化への移行の時期にさしかかっている。これらがもたらす可能性と問題点を見定めるとともに、日本文化・社会の特質と変動を十分に認識することが、今次教育改革の出発点でなければならない。

（1） 成熟化の進展

我が国は、明治以来の追い付き型近代化の時代を終えて、先進工業国として成長から成熟の段階に入りつつある。この変化に対応して、従来の教育・研究の在り方を見直さなければならない。

まず、生活文化面では、生活水準の上昇、自由時間の増大、社会保障の整備、高学歴化の進展等を背景として、国民のニーズの多様化、個性化、高度化が進展しており、日本人の求める生活の豊かさの内容は、物の豊かさから心の豊かさへ、量の豊かさから質の豊かさへ、ハード重視からソフト重視へ、画一・均質から多様性・選択の自由の拡大などの方向へと向かっている。

また、産業経済面では、経済の情報化、ソフト化、サービス化の傾向が急速に進展し、産業構造、就業構造は大きな変化を遂げつつある。

さらに、我が国は、今日、急速に高齢化社会に移行しつつあり、適切な対応がなされない場合、社会的活力を喪失することが懸念されている。また、女子の職場進出や勤労者の意識の多様化等の変化が進行している。

現在の都市化の進展は、人間のつなが

りを失ったばらばらな個人から成る大衆社会状況を生み出し、このため、価値意識の多様化が進み、コミュニティ意識や伝統的な各種の社会規範が弱まってきている。家庭における子どもの数の減少、核家族化の傾向、生活様式や父母の就業形態の変化、父親の影響力の減退など家庭の役割や機能の変化も、様々な教育問題と複雑に結びついている。

また、豊かさ、便利さ、自由の増大は、成熟化への過渡期において、ともすれば人間の心身の健康に問題を投げかけ、人間の精神的、身体的能力の退行、自我の形成の遅れをもたらし、また、社会連帯や責任意識の低下、俗悪な文化の氾濫などを生じさせる危険を伴っている。

しかし、長い歴史と伝統、近代国家100年の歩みと戦後40年の歴史的経験を基礎として、国民世論と社会意識が成熟し、落ち着いた平衡感覚が定着しつつあることにも注目しておく必要がある。

(2) 科学技術の進展

今日の科学技術の進展は、それ自体、人類が達成した偉大な歴史的効果であり、将来にわたって人類の進歩・発展を担う原動力を形成するものである。

今後の科学技術は、経済・社会からの要求の高度化、多様化に対応して、そのほぼ全分野において、緻密化、高機能化の傾向を強めるとともに、ハードウェア中心から、情報化を中心とするソフトウェアの比重を高めた科学技術へ移行しつつあるなど、科学技術の新しい発展が期待されている。同時に、生命科学、情報科学等に見られる科学技術の高度な発展が科学技術と人間とのかかわりあいを強め、遺伝や精神活動などに関する研究開発の面で人間存在そのものに迫っており、人間や社会にいろいろな問題をもたらしている状況のなかで、人間および社会と調和のとれた科学技術の展開が真剣に求められるに至っている。

このような動向は、相互にからみあいながら、教育・研究の在り方、知識・技術・社会システムの在り方に大きな影響を与えている。さらに、我が国は、今後、国際社会との積極的な交流と協力を促進しながら、創造性豊かな科学技術を開発していくことが強く求められており、その基礎となる研究の重要性が一段と高まっている。

このため、知的・文化的生産能力の高い個性的・創造的で感性豊かな人間が一層求められている。また、こうした新しい科学や技術の展開に対応できる体制の急速な整備が必要であり、とくに高等教育の充実、自然科学、人文・社会科学を通じた基礎科学の振興を図ることが急務となっている。

しかし、科学技術の発達は、人類に大きな物質的豊かさと便利さを与えた反面において、人間をとりまく環境の変化等をもたらし、自然との触れ合いの減少、映像等による間接経験の肥大と直接経験の減少、便利さの代償として人間のもつ様々な資質の退行や人間相互の触れ合い、思いやりの心等の希薄化などがみられるようになった。このことに関連して、科学技術の発達をもたらす重要な要因となった近代的合理的主義の流れのなかには、人間の心情的なものへの配慮がおろそかにされてきた側面があることは否定できない。

このような科学技術が人間性にもたらす深刻な影響については、今後の科学技術の進展の動向自体の中にもこれを克服するための意識的な努力がみられるようになっているが、とくに、新しい科学技術の時代に生きる子どもの教育においては、科学技術と人間の心情や感性との調

和を図る視点が重要である。

このことは、先進工業諸国に共通の問題点であり、長年にわたって東西文化を吸収し、発展してきた我が国も、自らの経験を踏まえ、この問題の克服に努力を傾注する必要がある。

(3) 国際化の進展

交通・通信手段の発達、経済・文化交流の拡大に伴い、地球は急速に小さくなり、国際社会はますます相互依存の度合を深めている。世界有数の先進工業国となった我が国は、資源、エネルギー、産業、教育、文化などいずれの分野をとってみても、国際社会の中で孤立して生きていくことはできない。我が国は、国際社会の中でその地位にふさわしい国際的責任を分担することなしには、発展を続けていくことができないという新しい国際化の時代に入っている。

これまでの我が国は欧米先進工業国からの科学技術の導入・移植に努力を集中し、教育・研究・文化・スポーツの諸領域における国際的交流と貢献が必ずしも十分ではなかった。

これからの新しい国際化は、これまでの追い付き型近代時代における国際化とは認識や対応を異にするものでなければならず、教育・研究・文化・スポーツや科学技術などの諸領域において相互交流を推進するという均衡のとれた国際交流に転換していかなければならない。また、これらの分野における国際的貢献を果たしていくことが重要となってくる。

国際社会で生きるためには、先進諸国の一員としての国際的な責任を果たすとともに、人と人との交流、心の触れ合いを深めることが重要であるが、人的交流が拡大してくると、いわゆる文化摩擦が生じてくる。これをむしろ国際社会の常態と考えて、これからの日本社会の国際化のためのエネルギーに変えていくような新しい積極的な生き方が求められている。このような努力を通じて、我が国の個性豊かな伝統・文化の特質と普遍性が改めて再発見、再認識されることとなり、多様な文化と多元的な制度の共存と協調による平和と繁栄の国際社会の形成のために、我が国文化が寄与し得ることともなるであろう。

2 教育の歴史と現状

我が国近代教育の戦前の歴史は、「学制100年史」(文部省編)によれば、明治5年の学制公布以降の近代教育制度の創始期(明治5～18年)、近代教育制度の確立・整備期(明治19年～大正5年)、教育制度の拡充期(大正6年～昭和11年)、終戦までの戦時統制下の軍国主義、極端な国家主義による画一主義教育の時期(昭和12年～20年)の4つの時期に区分される。

全般的にみると、学制公布以来の我が国戦前の近代学校教育の基本理念が、立身出世・殖産興業、欧米化、工業化を通じての「富国」に重点を置いたものであったことは、戦後教育との連続面としてとらえることのできる側面である。

他方、戦争と敗戦の結果として、軍国主義、極端な国家主義が否定されたことは、戦前と戦後の教育の非連続面として正確に認識しておかなければならない点である。

戦後教育改革の目的は、戦前の第4期を頂点としてその弊害をあらわにした軍国主義および極端な国家主義教育等を排除し、平和国家・文化国家の建設、民主主義、自由、平等の実現を期し、人格の完成を目指して自主的精神に充ちた心身ともに健康な国民の育成を図ることを教育の目的として確立することにあった。

明治の近代学校制度の導入以来1世紀

をこえる我が国近代教育の歴史のなかで、戦後教育の占める期間はすでに40年をこえているが、この間、教育の機会均等の理念の下に、教育の著しい普及、量的拡大と教育水準の維持向上が図られた。このような我が国近代教育の発展が、社会経済の発展の原動力となり、また国民生活や文化の向上に大きく寄与した点は高く評価されなければならない。反面、時代の進展とともに、我が国の教育は今日様々な問題点や限界を指摘されるに至っている。

① 戦後改革で強調された人格の完成や個性の尊重、自由の理念などが、必ずしも十分に定着していない面を残していること。

また、個性豊かな我が国の伝統・文化についての正しい認識や国家社会の形成者としての自覚に欠け、しつけや徳育がおろそかにされたり、権利と責任の均衡が見失われたりした面も現れたこと。

② 教育が画一的になり、極端に形式的な平等が主張される傾向が強く、各人の個性、能力、適性を発見し、それを開発し、伸ばしていくという面に欠けていること。

また、受験競争が過熱し、教育が偏差値偏重、知識偏重となり、創造性・考える力・表現力よりも記憶力を重視するものとなっていること。

いじめ、登校拒否、校内暴力などの教育荒廃の現象が目立ち始め、画一的、硬直的、閉鎖的な学校教育の体質の弊害が現れてきたこと。

③ 大学教育が個性的でなく、また、教育・研究には国際的に評価されるものが多くないこと。学術研究は、従来ともすれば科学の応用とその技術化に関心が傾き、世界的視野でみれば純粋の科学や基礎的な研究への寄与に乏しかったこと。

大学は概して閉鎖的であり、機能が硬直化し、社会的および国際的要請に十分こたえていないこと。

④ 学歴偏重の社会的風潮は、教育にいわゆる有名校、有名企業等を目指す学歴獲得競争の弊害を生んでいること。

⑤ 教育行政が画一的、硬直的となっており、教育の活性化を妨げている面があること。また、これまでの教育行政には学校外における教育活動の広がりなど新しい教育需要に柔軟かつ積極的に対応する姿勢に欠けている状況がみられること。

⑥ 戦後、一部の教職員団体が政治的闘争や教育内容への不当な介入などを行ったこともあって、教育界に不信と対立が生じたこと。

これらの事情により、我が国学校教育がその社会的使命を十分果たし得ず、父母と社会の信頼を失う一つの原因となった。

我が国近代教育が数多くの困難な事情を克服し、とくに教育を担当する当事者が教育の水準を維持・発展させてきた努力は十分評価しなければならないが、同時に以上のような歴史的変遷のなかで時代や社会の変化への対応が十分できなかったことなどにより、今日、教育上の諸問題が生じ、今次の教育改革へと連なることとなったことを認識しておく必要がある。

3 教育の基本的在り方

教育は、教育基本法にあるように、人格の完成を目指し、平和的な国家および社会の形成者としての自主的精神に充ちた心身ともに健康な国民の育成を期して行われなければならない。

人格の完成は、教育的努力の究極の目標であり、この目標を実現するためには、徳・知・体の調和のとれた教育が極めて

重要である。その際、個人の尊厳、個性の尊重、自由・自律・自己責任などが重視されなければならない。

さらに、平和的な国家および社会の形成者としての国民の育成を目指すためには、正しい国家意識の涵養、社会的責任の自覚、普遍的で個性豊かな文化や伝統の継承・創造・発展のための努力が不可欠である。

このためには、子どもの自己経験に基づく自発的な成長に期待しつつ、必要な能力や人格形成の基礎・基本をしっかりと教えることを教育の基本に据えていかなければならない。

本審議会としては、このような基本的考え方に立って、将来の展望とこれまでの教育の歴史や現状を踏まえつつ、幅広い国民的合意を基礎に、教育基本法の精神を我が国の教育土壌にさらに深く根付かせ、21世紀に向けてこの精神を創造的に継承・発展させ、実践的に具体化していく必要があると考える。

これらを基礎として、21世紀のための教育の目標を現段階でまとめてみると、①ひろい心、すこやかな体、ゆたかな創造力、②自由・自律と公共の精神、世界の中の日本人が、とくに重要であると考えられる。

（1）　教育の目的である人格の完成の実現に近づくためには、徳育、知育、体育の調和の中に、真・善・美を求め続ける「ひろい心」と「すこやかな体」を育むことが重要である。

これからの教育は、とくに豊かな心と健康の大切さを認識し、子どもの心身両面の均衡のとれた発達に最大限の努力を払うことを教育の中心に据えていかなければならない。とくに、身体の健康は人間生活の基盤であり、教育全体を通じて重視されなければならない。このために

は、人間や自然に対する優しさと思いやりの心、豊かな情操を育てるとともに、健康教育やスポーツを通じて心身の育成を図る必要がある。

また、21世紀に向けての時代は、芸術、科学、技術等のあらゆる分野において、「ゆたかな創造力」の開花を必要としている。このような創造力を「ひろい心」と「すこやかな体」の心身両面の健康を基礎とする強靱でたくましい生命力の中に育んでいくことが重要である。

（2）　従来の教育においては、個人の尊厳、個性の尊重、自主的精神の涵養が必ずしも十分ではなく、個の確立、自由の精神の尊重等に欠けているところがあったことを反省し、これからの教育は、「自由・自律の精神」、すなわち、自ら思考し、判断し、決断し、責任を取ることのできる主体的能力、意欲、態度等を育成しなければならない。

また、個々人は、一人で存在するものではなく、国家社会の形成者としての責任を果たす自覚が求められる。このためには、「公共の精神」が強調されなければならず、公共のために尽くす心、社会奉仕の心など、そして社会的規範や法秩序を尊重する精神の涵養が重要である。さらに、自分と異なるもの、異質性・多様性に対する寛容の心などを育成することが必要である。

このような「公共の精神」は「自由・自律の精神」の基礎の上に初めて確立されるものである。

（3）　それとともに、我が国がいまだかつて経験したことのない国際的相互依存関係の深まりのなかで、国際社会の一員として生き続けていくためには、全人類的視野に立って様々な分野で貢献するとともに、国際社会において真に信頼される日本人を育成すること、すなわち、

「世界の中の日本人」の育成を図ることが重要となる。

そのためには、第一に、広い国際的視野の中で日本文化の個性を主張でき、かつ多様な異なる文化の優れた個性をも深く理解することのできる能力が不可欠である。第二に、日本人として、国を愛する心をもつとともに、狭い自国の利害のみで物事を判断するのではなく、広い国際的、人類的視野の中で人格形成を目指すという基本に立つ必要がある。なお、これに関連して、国旗・国歌のもつ意味を理解し尊重する心情と態度を養うことが重要であり、学校教育上適正な取扱いがなされるべきである。第三に、多様な異文化を深く理解し、十分に意思の疎通ができる国際的コミュニケーション能力の育成が不可欠である。

第2章 教育改革の視点

本審議会は、21世紀のための教育の目標の実現に向けて、教育の現状を踏まえ、時代の進展に対応し得る教育の改革を推進するための基本的な考え方として、以下のように考えた。このうち、「個性重視の原則」は今次教育改革で最も重視されなければならない基本的な原則とした。

1 個性重視の原則

今次教育改革において最も重要なことは、これまでの我が国の根深い病弊である画一性、硬直性、閉鎖性を打破して、個人の尊厳、個性の尊重、自由・自律、自己責任の原則、すなわち「個性重視の原則」を確立することである。この「個性重視の原則」に照らし、教育の内容、方法、制度、政策など教育の全分野について抜本的に見直していかなければならない。

① 我が国の教育は、明治以来の近代化の過程において、効率性を重視し、継続性と安定性を求める傾向の強い教育制度の特質もあって、ともすれば画一的、硬直的なものとなり、個人の尊厳、個性の尊重、自主的精神の涵養がなされず、個の確立、自由の精神の尊重等が十分でなかったことを反省しなければならない。しかし、同時に自由は重い自己責任を伴うものであるので、選択の自由の増大する社会にあって、これからの教育は個人の尊厳、個性の尊重を基礎として、この自由の重み、責任の増大に耐え得る能力を育成することが重要である。

② さらに、21世紀に向けて社会の変化に積極的かつ柔軟に対応していくために、芸術、科学、技術等のあらゆる分野においてとくに必要とされる資質、能力として、「創造性・考える力・表現力」の育成が重要である。今後における科学技術の発展や産業構造、就業構造などの変化に対応するためには、個性的で創造的な人材が求められている。これまでの教育は、どちらかといえば記憶力中心の詰め込み教育という傾向があったが、これからの社会においては、知識・情報を単に獲得するだけではなく、それを適切に使いこなし、自分で考え、創造し、表現する能力が一層重視されなければならない。創造性は、個性と密接な関係をもっており、個性が生かされてこそ真の創造性が育つものである。また、豊かで、多様な個性は「基礎・基本」の土台の上に初めて築き上げられるものであることを認識する必要がある。

③ また、個性を伸ばし、創造的で豊かな心を育てる上で、子どもをとりまく学校や日常の様々な環境条件を改善していくことが必要である。このため、自然環境のなかで心身を鍛えることができるような教育の仕組みを導入すること、子

どもの豊かな心を育て、たくましい体を作り上げるための教育条件の整備を図ること、教師が子どもの心や体を理解する能力を高めることなど「教育環境の人間化」を積極的に推進する視点も極めて重要である。

④　今日、社会の成熟化の進展に伴い、人々の意識は個性化・多様化するとともに、選択の自由への要請が大きくなっている。教育においても、国民の教育に対する要求の高度化、多様化に柔軟に対応し、これまでの教育の画一性、閉鎖性の弊害を打破する上で、「選択の機会の拡大」を図ることが極めて重要である。このためには、教育行政や制度もまた柔軟で分権的でなければならず、関連する諸規則の緩和が必要である。

2　生涯学習体系への移行

我が国が今後、社会の変化に対応し、活力ある社会を築いていくためには、学歴社会の弊害を是正するとともに、学習意欲の新たな高まりと多様な教育サービス供給体系の登場、科学技術の進展などに伴う新たな学習重要の高まりにこたえ、学校中心の考え方を改め、生涯学習体系への移行を主軸とする教育体系の総合的再編成を図っていかなければならない。

①　我が国の近代化の過程で、学校教育は量的に拡大し、普及した。一方、学校教育の期間の長期化や過度の依存などに伴う弊害、とくに学歴社会の弊害が大きくなっている。

この弊害の是正するため、学校教育の自己完結的な考え方から脱却し、人間の評価が形式的な学歴に偏っている状況を改め、どこで学んでも、いつ学んでも、その成果が適切に評価され、多元的に人間が評価されるよう、人々の意識を社会的に形成していく必要がある。また、若いときに希望する学校や職場に進めなかった人々が、その後の人生で、それらに挑戦する機会が得られるように教育や社会の仕組みを改善していく必要がある。

②　所得水準の向上や自由時間の増大、高齢化の進展などにより、生涯の各時期、各領域において、人々の学習意欲が高まり、学習需要は高度化、多様化している。これからの学習は、学校教育の基盤の上に各人の責任において自由に選択し、生涯を通じて行われるべきものである。このような認識に立って、学校教育、社会教育、職業能力開発などの振興を図るとともに、さらに、民間における学習、文化、スポーツ、情報産業等による教育活動を含め、総合的なネットワークを形成していかなければならない。

③　科学技術の高度化、情報化や国際化、経済のソフト化などの社会の変化は、知識、技術、情報体系の発展と再編成を促し、産業構造、就業構造を絶えず変化させており、こうしたなかで、新たな学習需要が生まれてきている。今後、人々が希望する新たな知識、技術を習得できるよう、学校や研究機関などが時代の進展に応じた新しい学問体系を形成し、教育・研究施設と企業など社会との相互の緊密な連携・協力を図っていくことが必要である。

④　都市化の進展や家庭の機能が変化するなかで、今日、家庭や地域社会の教育力が低下している。このため、子どもの立場を中心に、家庭・学校・地域社会の役割と限界を明確にし、それぞれの教育機能を活性化するとともに相互の連携を図ることが重要である。とくに乳幼児期に親と子の基本的な信頼関係（親と子の絆）を形成するとともに、適時・適切なしつけを行うことは、家庭が果たすべき重大な責務である。この観点から、家庭を学校、地域社会と並ぶ生涯学習の場

としてとらえ、その教育力の回復を図る必要がある。

3 変化への対応

今後、我が国が創造的で活力ある社会を築いていくためには、教育は時代や社会の絶えざる変化に積極的かつ柔軟に対応していくことが必要である。なかでも、教育が直面している最も重要な課題は国際化ならびに情報化への対応である。

(1) 国際社会への貢献

これからの新しい国際化は、これまでの近代化時代における国際化とは異なり、全人類的かつ地球的視点に立って、人類の平和と繁栄のために様々な分野において積極的に貢献し、国際社会の一員としての責任を果たしていくものでなければならない。

このような観点に立って、我が国社会の国際化を全体として推進させる努力を払いながら、新しい国際化に対応できる教育の実現を期することは我が国の存立と発展にかかわる重要な課題である。

① 我が国が教育・学術・文化等あらゆる面で国際的に貢献し、責任を果たすためには、まず、国際社会の中に生きるよき日本人、ひいてはよき一人の人間の育成を期した教育の在り方を考えていかなければならない。

また、我が国の教育機関、とくに大学の教育と学術研究の水準を高めることや、日本人のためだけの教育機関という従来の閉鎖的な発想を改めていくことが必要である。

② 教育における国際化への対応は、制度面のみならず関係者の意識を含め日本における教育を広く開放していくことが重要となる。そのためには、教育のあらゆる機会を通じて、たえず異なるものへの関心と寛容を培うとともに、今後とも変化してやまない国際関係に柔軟に対応し、自らを不断に改める自己革新力を備えた教育システムを形成していかなければならない。

③ 新しい国際化を実現する主体となるのは、国民のひとりひとりである。それぞれが問題意識をもち課題解決に努力するという草の根レベルからの芽生えが必要であり、さらにその芽生えが国民的な運動へと盛り上がっていって、初めて国際化に向けての改革は実を結ぶといえよう。それだけに、改革の即効は望むべきではなく、その具体化は長期的展望に立ち持続的かつ着実に進められることが重要である。

(2) 情報社会への対応

21世紀に向けて情報化という新しい時代を迎えつつある。我が国が今後情報化の絶えざる進展に柔軟に対応し、物質的にも精神的にも豊かな社会を築いていくためには、教育自体をそれに積極的に対応できるよう改革を図っていかなければならない。

① 新しい情報手段は、情報選択の余地を飛躍的に拡大するとともに、双方向の情報伝達を可能にし、通信および情報手段の主体的な活用への道を格段に広げるものである。このような本格的な情報化は、教育において、教える者と学ぶ者との双方向の情報伝達を大幅に拡充するとともに、情報のネットワークを中心とした新しい学習空間をつくりだすという基本的な効用をもっている。しかし、その際にも、これまでの「読・書・算」のもつ教育としての基礎的・基本的な部分をしっかりと身に付けさせることが重要である。

反面、情報化の進展は、間接経験の肥大と直接経験の減少、情報への過度の依存、情報過多に伴う各種の不適応症状など、情報化への対応いかんによっては、

様々な弊害を生み出す可能性もあることを忘れてはならない。

したがって、情報化に対応した教育を進めるに当たっては、情報化の光と影を明確に踏まえ、新しい情報手段がもつ人間の精神的、文化的発展の可能性を最大限に引き出しつつ、影の部分を補うような取組みが必要である。

② 教育と情報化の関係については、社会の情報化に対応して教育がどのような機能、役割を担っていくべきかという面と、情報化の進展の成果を教育・研究・文化等の活動自体にどのように活用していくべきかという面の２つの側面があり、次のように、一体的に対応を進めていくことが重要である。

ア 学校をはじめ様々な教育機関において情報活用能力の育成に本格的に取り組む。

イ 指導の個別化、指導形態の柔軟化を可能にし、双方向の意思疎通、とくに学習者からの発信機能を強化させるとともに、学習の時間的・空間的制約を緩和させる技術的可能性を有している情報手段の潜在力を、すべての教育機関の活性化のために最大限に活用する。

ウ 情報化の進展が与える身体的、精神的、文化的影響に関する教育的見地からの分析・評価を進め、情報化の影の部分を補うための教育を拡充するとともに、教育環境の人間化を支援するような形で情報手段を教育の場に取り込む。

第5章 教育改革の推進

教育改革の成否は、我が国の将来を左右するといってもよい重要な課題であり、今後、最も大切なことは、これらの改革提言が早急に実行に移されることである。

同時に、教育改革はその性格上長期にわたって継続して進められなければならない。その意味で、来るべき新しい世紀までの十余年は、とくに改革の実効を上げるうえで重要な期間となろう。

今後、教育改革が引き続き推進されていくために、次のような措置や取組みが必要である。

(1) 政府は、これまで本審議会の提出した答申について、これを最大限に尊重し、それを一体となって実効に移すための体制を整えて、教育改革に取り組みつつあるが、まだその端緒についたばかりである。したがって、今後、教育改革の実現を期するためには、政府として万全の体制と施策をとるべきである。

(2) 教育改革に対する政府の取組みにおいて文部省の果たすべき役割と責任にかんがみ、文部省においても本審議会の行った答申に即し教育改革の実現を期するために強力な推進体制を整えるとともに、施策を積極的に実行すべきである。

(3) また、教育改革を着実かつ円滑に推進していく上で、それぞれの地域における教育に関して直接責任を負う地方公共団体の役割は重要である。今後、地方公共団体、とりわけ教育委員会は、この認識に立って、その自主的判断と責任において教育改革に積極的に取り組まなければならない。

(4) さらに、教育改革を真に実効あるものとするためには、政府は、今後、内外の情勢の変化に対応しつつ、基礎研究の充実、高等教育の質的充実、教育・学術等の国際交流の促進、心身の健康の充実、教員の資質向上など教育改革を進めるための適切な財政上の措置を講じていく必要がある。

(5) なお、本審議会は、3年間の審議を通じて、幅広い国民的合意による教

育改革の実現を目指して逐次、改革提言を行ってきたが、教育改革の問題は、本審議会の指摘した事項にとどまらないし、また、状況の未成熟やなお多角的な調査研究を要すること等から現段階では結論が得られなかったものもある。これらを含め、社会の変化や時代の進展に応じて、今後さらに学校制度や教育内容その他教育にかかわる諸制度等の見直しや改革に柔軟かつ積極的に対応していくことが必要である。

　おわりに

本審議会は、この答申をもってその任務を終了する。これまでの多岐にわたる改革提言は、未だ今後の長期にわたる教育改革の第一歩に過ぎない。21世紀を目指した教育改革の実現に向けて、政府が万全の体制と施策をとるべきはもとよりであるが、今こそ全国民的な取組みが開始されなければならない。

およそどのような改革も、それに伴う障害を克服する熱意と勇気なしには、その実現を期し得るものではない。なかでも教育改革は、単に行政上の制度やその運用の改革にとどまるものではなく、国民全体の改革へのゆるぎない意思とたゆみない協力を得て進められるべき息の長い事業である。

かえりみれば、本審議会は、教育改革に寄せる国民の大きな期待にこたえるべく、発足以来3年間に及ぶ審議において、全国各地で14回の公聴会を開催し、4回にわたり審議経過の概要を公表するなど積極的に国民との対話を行いながら、幅広い国民的合意を基礎にした教育改革の実現に向けて最大限の努力を傾けてきた。

本審議会の審議は、教育改革についてのいわば一大教育シンポジウムともいうべき、かつてない国民的な討議を呼び起こす契機となったが、このこと自体教育改革の前進のため大きな意義があったものと考える。この間、各方面で提起された数々の意見は、今後の教育改革の推進に当たっても生かされていくものと確信している。

教育は、いずれの民族、国家、社会にあっても先人の築き上げた文化を次の世代に伝えるとともに、未来を担う若い世代を育てることを基本的な使命とするものである。今後、未来からの呼びかけにこたえ、教育の改革を不断に押し進めることは国民的な課題であり、これなくしては、創造的で活力のある我が国社会を築いていくことはできない。

今次教育改革を端緒として、政府、地方公共団体のみならず、ひとりひとりの教師、ひとりひとりの親、学ぶ者自身を含めてすべての国民が、21世紀の日本と世界を担う子どもや孫たちのために、教育改革に情熱をもって取り組むことを心から期待してやまない。

15──教育改革国民会議報告 ─教育を変える17の提案─

平成12年12月22日
教育改革国民会議

　はじめに

教育改革国民会議は、内閣総理大臣のもと、平成12年3月に発足し、この度報告を取りまとめた。私たちは以下の17の提案について、速やかにその実施のための取組がなされることを強く希望する。

人間性豊かな日本人を育成する
　教育の原点は家庭であることを自覚する

学校は道徳を教えることをためらわない
　　奉仕活動を全員が行うようにする
　　問題を起こす子どもへの教育をあいまいにしない
　　有害情報等から子どもを守る
　一人ひとりの才能を伸ばし、創造性に富む人間を育成する
　　一律主義を改め、個性を伸ばす教育システムを導入する
　　記憶力偏重を改め、大学入試を多様化する
　　リーダー養成のため、大学・大学院の教育・研究機能を強化する
　　大学にふさわしい学習を促すシステムを導入する
　　職業観、勤労観を育む教育を推進する
　新しい時代に新しい学校づくりを
　　教師の意欲や努力が報われ評価される体制をつくる
　　地域の信頼に応える学校づくりを進める
　　学校や教育委員会に組織マネジメントの発想を取り入れる
　　授業を子どもの立場に立った、わかりやすく効果的なものにする
　　新しいタイプの学校（"コミュニティ・スクール"等）の設置を促進する
　教育振興基本計画と教育基本法
　　教育施策の総合的推進のための教育振興基本計画を
　　新しい時代にふさわしい教育基本法を

1　私たちの目指す教育改革
　（教育は人間社会の存立基盤）
　　人間が人間である最大の特徴は、広い意味での教育を通じて成長することである。教育を通じ、先人が築いてきた知恵や文化を身に付けるとともに、新しい考え方や行動を編み出してゆく。また、教育によってそれぞれの才能を開花させ、一人の人間として自立するとともに、家族や社会の一員として、さらに国民、地球市民として、他の人を尊重し、誇りと責任を持って生きていくことを学ぶのである。教育の問題は、教育を受ける一人ひとりの人間が社会的自立を果たし、よりよき存在になるために重要であるにとどまらず、社会や国の将来を左右するものであり、教育こそ人間社会の存立基盤である。

　（危機に瀕する日本の教育）
　　日本人や日本社会は、これまで、その時代の中で教育の営みを大切にし、その充実に力を注いできた。明治政府発足時、第二次世界大戦の終戦時など、幾度かの大きな教育改革が行われてきた。そして、日本の教育は、経済発展の原動力となるなど、時代の要請に応えるそれなりの成果を上げてきた。
　　しかし、いまや21世紀の入口に立つ私たちの現実を見るなら、日本の教育の荒廃は見過ごせないものがある。いじめ、不登校、校内暴力、学級崩壊、凶悪な青少年犯罪の続発など教育をめぐる現状は深刻であり、このままでは社会が立ちゆかなくなる危機に瀕している。
　　日本人は、世界でも有数の、長期の平和と物質的豊かさを享受することができるようになった。その一方で、豊かな時代における教育の在り方が問われている。子どもはひ弱で欲望を抑えられず、子どもを育てるべき大人自身が、しっかりと地に足をつけて人生を見ることなく、利己的な価値観や単純な正義感に陥り、時には虚構と現実を区別できなくなっている。また、自分自身で考え創造する力、

自分から率先する自発性と勇気、苦しみに耐える力、他人への思いやり、必要に応じて自制心を発揮する意思を失っている。

また、人間社会に希望を持ちつつ、社会や人間には良い面と悪い面が同居するという事実を踏まえて、それぞれが状況を判断し適切に行動するというバランス感覚を失っている。

（大きく変化する社会の中での教育システム）

21世紀は、ITや生命科学など、科学技術がかつてない速度で進化し、世界の人々が直接つながり、情報が瞬時に共有され、経済のグローバル化が進展する時代である。世界規模で社会の構成と様相が大きく変化し、既存の組織や秩序体制では対応できない複雑さが出現している。個々の人間の持つ可能性が増大するとともに、人の弱さや利己心が増大され、人間社会の脆弱性もまた増幅されようとしている。従来の教育システムは、このような時代の流れに取り残されつつある。

校長や教職員、教育行政機関の職員など関係者の意識の中で、戦前の中央集権的な教育行政の伝統が払拭されていない面がある。関係者間のもたれ合いと責任逃れの体質が残存する。また、これまで、教育の世界にイデオロギーの対立が持ち込まれ、教育者としての誇りを自らおとしめる言動がみられた。力を合わせて教育に取り組むべき教育行政機関と教員との間の不幸な対立が長らく続き、そのことで教育に対する国民の信頼を大きく損なってきた。教育関係者は、それぞれの立場で自らの在り方を厳しく問うことが必要である。

（これからの教育を考える視点）

私たちは、このような現状を改革し、日本と世界の未来を担う次世代の教育をよりよきものにするために、次の3つの視点が重要であると考える。

第一は、子どもの社会性を育み、自立を促し、人間性豊かな日本人を育成する教育を実現するという視点である。

自分自身を律し、他人を思いやり、自然を愛し、個人の力を超えたものに対する畏敬の念を持ち、伝統文化や社会規範を尊重し、郷土や国を愛する心や態度を育てるとともに、社会生活に必要な基本的な知識や教養を身に付ける教育は、あらゆる教育の基礎に位置付けられなければならない。このような当たり前の教育の基本をおろそかにしてきたことが、今日の日本の教育の危機の根底にある。家庭や学校はもとより、社会全体がこの教育の基本の実現に向けて共通理解を図り、取り組む必要がある。

子どもの行動や意識の形成に最も大きな責任を負うのは親である。家庭は、命を大切にすること、単純な善悪をわきまえること、我慢すること、挨拶ができること、団体行動に従えることなど、基礎的訓練を行う場である。また、成長に応じて子ども自身の責任も重くなる。

しかし、子どもや親が孤立していたのでは、教育は十分に効力を発揮し得ない。親自身の教育が問題という場合も少なくない。また、核家族化、都市化などにより家庭の様相が大きく変貌している。このため、親だけには任せず、社会の英知を集め、家庭と教育機関と地域社会がそれぞれの使命、役割を認識し、連携して支援をすべきである。なぜなら子どもは、それぞれの家庭の子どもであると同時に、人類共通の希望だからである。

第二は、一人ひとりの持って生まれた才能を伸ばすとともに、それぞれの分野で創造性に富んだリーダーを育てる教育システムを実現するという視点である。

教育の大切な役割は、一人ひとりの持って生まれた才能を引き出し、それを最大限に発揮させることにある。人は皆、他人と違って生まれてくる。植物には、湿度の高い場所を好むもの、酸性土壌を好むもの、肥沃な土壌でないと育たないもの、直射日光を嫌うものなど実に様々なものがある。そうした特性に応じた育て方が必要である。このことは私たち人間も同様である。

　戦後教育は、「他人と違うこと」「突出すること」を良しとしなかった。戦後の教育で大事にされた平等主義は、たえず一律主義、画一主義に陥る危険性をはらんでいた。同時に、他人と同じことを良しとする風潮は、新しい価値を創造し、社会を牽引するリーダーの輩出を妨げる傾向すら生んできた。時代が大きく変わりつつある今日、日本の教育の場を、一人ひとりの資質や才能を引き出し、独創性、創造性に富んだ人間を育てることができるようなシステムに変えていくことが必要である。

　初等教育から高等教育を通じて、必ずしも早く進学し卒業することを良しとする訳ではなく、一人ひとりがそれぞれのやり方、生き方に合った教育を選択でき、かつやり直しがきく教育システムの構築が必要である。また、社会が求めるリーダーを育てるとともに、リーダーを認め、支える社会を実現しなければならない。

　第三は、新しい時代にふさわしい学校づくりと、そのための支援体制を実現するという視点である。

　これからの学校は、子どもの社会的自立の準備の場、一人ひとりの多様な力と才能を引き出し伸ばす場として再生されなければならない。

　教える側の論理が中心となった閉鎖的、独善的な運営から、教育を受ける側である親や子どもの求める質の高い教育の提供へと転換しなければならない。それぞれの学校が不断に良くなる努力をし、成果が上がっているものが相応に評価されるようにしなければならない。

　教育委員会や文部省など教育行政機関も、管理・監督ばかりを重んじるのではなく、多様化が進む新しい社会における学校の自主性、自律性確立への支援という考え方を持たねばならない。教育行政や学校の情報を開示し、適切な評価を行うことで健全な競い合いを促進することが、教育システムの変革にとって不可欠である。

　親は我が子が安心して通える学校であって欲しいと願っている。そのためには、学校が孤立して存在するのではなく、親や地域とともにある存在にならねばならない。良い学校になるかどうかはコミュニティ次第である。コミュニティが学校をつくり、学校がコミュニティをつくるという視点が必要である。

（略）

5　教育施策の総合的推進のための教育振興基本計画を

　教育改革を着実に実行するには、教育改革に関する基本的な方向を明らかにするとともに、教育施策の総合的かつ計画的な推進を図るため、科学技術基本計画や男女共同参画基本計画のように、教育振興基本計画を策定する必要がある。

　基本計画では、教育改革の推進に関する方針などの基本的方向を示すとともに、具体的な項目を挙げ、それぞれにつき、整備・改善の目標や具体的な実施方策についての計画を策定する。具体的な項目としては、例えば、①人間性豊かな日本人の育成の視点からは、生涯学習、社会教育、幼児教育、家庭教育、体験学習、学校での奉仕活動、芸術・文化教育、ス

ポーツなど、②創造性に富む人間やリーダー育成の視点からは、中高一貫校、大学の施設等の教育・研究基盤整備、プロフェッショナル・スクールや研究者養成型などの大学院整備、若手研究者及び研究支援者の養成・確保、科学研究費、奨学金、私学振興助成など、③新しい学校づくりの視点からは、IT教育、英語教育、環境教育、健康教育、障害のある子どものための教育、科学教育及び職業教育、公立学校の教職員配置、教員の研修、公立学校の施設整備、私学振興助成など、④グローバル化に対応した教育の視点からは、海外子女教育、学生・生徒・教員など教育のあらゆる分野の国際交流、留学生支援などが考えられる。

過去の教育改革においても、「教育は社会の基盤」「最も基本的社会資本である教育・研究に積極的に投資すべき」と幾度となく言われてきた。少子化が急激に進展し、21世紀は知識社会と言われる中、教育への投資を国家戦略として真剣に考えなければならない。

教育への投資を惜しんでは、改革は実行できない。教育改革を実行するための財政支出の充実が必要であり、目標となる指標の設定も考えるべきである。この場合、重要なことは、旧態依然とした組織や効果の上がっていない施策をそのまま放置して、貴重な税金をつぎ込むべきではないということである。計画の作成段階及び実施後に厳格な評価を実施し、評価に基づき削るべきは削り、改革に積極的なところへより多くの財政支援が行われるようにする。さらに、納税者に対して、教育改革のために税金がどのように使われ、どのように成果が上がっているのかについて、積極的に情報を公開するようにする。

6 新しい時代にふさわしい教育基本法を

日本の教育は、戦後50年以上にわたって教育基本法のもとで進められてきた。この間、教育は著しく普及し、教育水準は向上し、我が国の社会・経済の発展に貢献してきた。しかしながら、教育基本法制定時と社会状況は大きく変化し、教育の在り方そのものが問われていることも事実である。このような状況を踏まえ、私たちは、次代を託する子どもたちが、夢や志を持てるような新しい教育のあるべき姿について考え、具体的な対応策を提言してきた。それとあわせて、教育基本法についても、新しい時代の教育の基本像を示すものとなるよう率直に論議した。

これからの時代の教育を考えるに当たっては、個人の尊厳や真理と平和の希求など人類普遍の原理を大切にするとともに、情報技術、生命科学などの科学技術やグローバル化が一層進展する新しい時代を生きる日本人をいかに育成するかを考える必要がある。そして、そのような状況の中で、日本人としての自覚、アイデンティティーを持ちつつ人類に貢献するということからも、我が国の伝統、文化など次代の日本人に継承すべきものを尊重し、発展させていく必要がある。そして、その双方の視野から教育システムを改革するとともに、基本となるべき教育基本法を考えていくことが必要である。このような立場から、新しい時代にふさわしい教育基本法には、次の3つの観点が求められるであろう。

第一は、新しい時代を生きる日本人の育成である。この観点からは、科学技術の進展とそれに伴う新しい生命倫理観、グローバル化の中での共生の必要性、環境の問題や地球規模での資源制約の顕在化、少子高齢化社会や男女共同参画社会、

生涯学習社会の到来など時代の変化を考慮する必要がある。また、それとともに新しい時代における学校教育の役割、家庭教育の重要性、学校、家庭、地域社会の連携の明確化を考慮することが必要である。

第二は、伝統、文化など次代に継承すべきものを尊重し、発展させていくことである。この観点からは、自然、伝統、文化の尊重、そして家庭、郷土、国家などの視点が必要である。宗教教育に関しては、宗教を人間の実存的な深みに関わるものとして捉え、宗教が長い年月を通じて蓄積してきた人間理解、人格陶冶の方策について、もっと教育の中で考え、宗教的な情操を育むという視点から議論する必要がある。

第三は、これからの時代にふさわしい教育を実現するために、教育基本法の内容に理念的事項だけでなく、具体的方策を規定することである。この観点からは、教育に対する行財政措置を飛躍的に改善するため、他の多くの基本法と同様、教育振興基本計画策定に関する規定を設けることが必要である。

これら3つの観点は、新しい時代の教育基本法を考える際の観点として重要なものであり、今後、教育基本法の見直しを議論する上において欠かすことのできないものであると考える。

新しい時代にふさわしい教育基本法については、教育改革国民会議のみならず、広範な国民的論議と合意形成が必要である。今後、国民的な論議が広がることを期待する。政府においても本報告の趣旨を十分に尊重して、教育基本法の見直しに取り組むことが必要である。その際、教育基本法の改正の議論が国家至上主義的考え方や全体主義的なものになってはならないことは言うまでもない。

16——PEN声明「教育改革国民会議」に対する憂慮

2000年12月15日
社団法人　日本ペンクラブ
会　長　梅　原　猛

われわれ文筆に携わるものは、国の教育のあり方について関心をもたざるを得ない。

政治家及び高級官僚の汚職、かつて聖職といわれた教師、警官、医師の不祥事、何らの道徳的反省なき少年による殺人などのおぞましい事件が相次いで起こるにつれ、誰しもその原因の一端は教育にあり、教育の改革が必要であるという思いをもとう。かくてわれわれもまた、首相の私的諮問機関である「教育改革国民会議」に多大の期待を寄せたのである。ところがさる9月22日に発表された中間報告を見て、われわれの期待は裏切られたばかりか、このような「教育改革国民会議」によって方針が決められる日本の教育の前途について、深い憂慮を抱かざるを得なくなった。

教育を改革するには、明治以後の、特に戦後の教育がどのような長所と短所を有し、いかにしてその長所を伸ばし、短所を改めるか、そして21世紀の世界がどのような課題をはらみ、そこで日本という国家がいかなる役目を果たすべきかを活発に討議し、そのうえで首尾一貫した哲学にもとづいて国家百年の教育の計を立てねばならないであろう。

しかるに中間報告はそのような討議が行われた痕跡すらとどめず、たまたま思いつきとして出された提案を羅列したにすぎないという感を与えられるにとどまった。わが日本ペンクラブはまったく自由な意思によって参加した文筆に携わる人によって成り立っているので、この17

の提案に対する意見もさまざまでもあるが、2つの点においてわれわれの意見はほぼ一致したのである。

一つは、中間報告の結論の部分で示される教育基本法の改定に関する意見である。教育基本法は、「日本国憲法を確認し、民主的で文化的な国家を建設して、世界の平和と人類の福祉に貢献しようとする」理想によって作られたものである。しかるに中間報告は軽率にも、当時とは著しく異なる現在の社会状況の中では教育基本法は改定さるべきであると断定している。しかしこのような理想は決して50年や60年で古くなるというものではない。教育基本法には伝統を尊重するということが盛り込まれていないという意見もあるが、教育基本法の精神は、日本の伝統のゆかしさを教えることと矛盾するものではない。

それゆえ教育基本法の改定は、少なくとも結果的には、教育基本法と密接不可分な関係にある日本国憲法の改定という政治戦略の先棒を担ぐ危険をはらんでいる。憲法改定の是非はともかく、このような必ずしも民意によって選ばれているとはいえない「教育改革国民会議」のメンバーによって日本国憲法の外堀が埋められることは、民主主義の否定以外の何ものでもなかろう。

もう一点、われわれが深い憂慮を感じるのは、小中学校で2週間、高等学校で1ヶ月間の奉仕活動を行い、やがて満18歳の国民すべてに1年程度の奉仕活動を義務づけるという提案である。

現在の日本の教育は知の教育に偏し、何らかの意味で身体を使う教育が必要であることについてはわれわれの多くが賛同するところであるが、奉仕活動の義務化、特に18歳の国民すべてに1年間の奉仕活動を義務づけることについては強い危惧を感じる。もともと奉仕活動はボランティア、すなわち自発的意思にもとづいて行われるべきことであり、法により義務づけられるべきものではない。そして18歳の国民の1年間の奉仕活動の義務化は、教育基本法の改定と並んで、将来の徴兵制への地ならしを行うものであるという疑惑を否定することはできない。

なお文筆に携わる者として、われわれはこの中間報告の文章の拙劣さを指摘せざるを得ない。皮肉にもその文章は、改定を要求されている教育基本法の簡潔にして論理的、しかも理想にあふれる文章に比して、それが各委員から出された提案をとりまとめたものであるとはいえ、あまりにも知性と品格を欠いている。それゆえ最終報告は、座長自らが筆をとり、現代日本における各界を代表する識者による会議の結論にふさわしいものたらしめることを望みたい。

17——教育基本法

改正後の教育基本法 (平成18年法律第120号)	改正前の教育基本法 (昭和22年法律第25号)
前文 　我々日本国民は、たゆまぬ努力によって築いてきた民主的で文化的な国家を更に発	前文 　われらは、さきに、日本国憲法を確定し、民主的で文化的な国家を建設して、世界の

改正後の教育基本法 (平成18年法律第120号)	改正前の教育基本法 (昭和22年法律第25号)
展させるとともに、世界の平和と人類の福祉の向上に貢献することを願うものである。 　我々は、この理想を実現するため、個人の尊厳を重んじ、真理と正義を希求し、<u>公共の精神を尊び</u>、<u>豊かな人間性と創造性を備えた人間の育成を期するとともに、伝統を継承し</u>、新しい文化の創造を目指す教育を推進する。 　ここに、我々は、日本国憲法の精神にのっとり、我が国の未来を切り拓（ひら）く教育の基本を確立し、その振興を図るため、この法律を制定する。 第1章　教育の目的及び理念 （教育の目的） 第1条　教育は、人格の完成を目指し、平和で民主的な国家及び社会の形成者として必要な資質を備えた心身ともに健康な国民の育成を期して行われなければならない。 （教育の目標） 第2条　教育は、その目的を実現するため、学問の自由を尊重しつつ、次に掲げる目標を達成するよう行われるものとする。 　1　幅広い知識と教養を身に付け、真理を求める態度を養い、<u>豊かな情操と道徳心</u>を培うとともに、<u>健やかな身体</u>を養うこと。 　2　個人の価値を尊重して、その能力を<u>伸ばし</u>、<u>創造性</u>を培い、<u>自主及び自律の精神</u>を養うとともに、職業及び生活との関連を重視し、勤労を重んずる態度を養うこと。 　3　正義と責任、<u>男女の平等</u>、自他の敬愛と協力を重んずるとともに、<u>公共の</u>	平和と人類の福祉に貢献しようとする決意を示した。この理想の実現は、根本において教育の力にまつべきものである。 　われらは、個人の尊厳を重んじ、真理と平和を希求する人間の育成を期するとともに、普遍的にしてしかも個性ゆたかな文化の創造をめざす教育を普及徹底しなければならない。 　ここに、日本国憲法の精神に則り、教育の目的を明示して、新しい日本の教育の基本を確立するため、この法律を制定する。 第1条（教育の目的）　教育は、人格の完成をめざし、平和的な国家及び社会の形成者として、真理と正義を愛し、個人の価値をたつとび、勤労と責任を重んじ、自主的精神に充ちた心身ともに健康な国民の育成を期して行われなければならない。 第2条（教育の方針）　教育の目的は、あらゆる機会に、あらゆる場所において実現されなければならない。この目的を達成するためには、学問の自由を尊重し、実際生活に即し、自発的精神を養い、自他の敬愛と協力によつて、文化の創造と発展に貢献するように努めなければならない。

改正後の教育基本法 （平成18年法律第120号）	改正前の教育基本法 （昭和22年法律第25号）
精神に基づき、主体的に社会の形成に参画し、その発展に寄与する態度を養うこと。 4 生命を尊び、自然を大切にし、環境の保全に寄与する態度を養うこと。 5 伝統と文化を尊重し、それらをはぐくんできた我が国と郷土を愛するとともに、他国を尊重し、国際社会の平和と発展に寄与する態度を養うこと。	
（生涯学習の理念） 第3条 国民一人一人が、自己の人格を磨き、豊かな人生を送ることができるよう、その生涯にわたって、あらゆる機会に、あらゆる場所において学習することができ、その成果を適切に生かすことのできる社会の実現が図られなければならない。	（新設）
（教育の機会均等） 第4条 すべて国民は、ひとしく、その能力に応じた教育を受ける機会を与えられなければならず、人種、信条、性別、社会的身分、経済的地位又は門地によって、教育上差別されない。	第3条（教育の機会均等） すべて国民は、ひとしく、その能力に応ずる教育を受ける機会を与えられなければならないものであつて、人種、信条、性別、社会的身分、経済的地位又は門地によつて、教育上差別されない。
② 国及び地方公共団体は、障害のある者が、その障害の状態に応じ、十分な教育を受けられるよう、教育上必要な支援を講じなければならない。	（新設）
③ 国及び地方公共団体は、能力があるにもかかわらず、経済的理由によって修学が困難な者に対して、奨学の措置を講じなければならない。	② 国及び地方公共団体は、能力があるにもかかわらず、経済的理由によつて修学困難な者に対して、奨学の方法を講じなければならない。

改正後の教育基本法 (平成18年法律第120号)	改正前の教育基本法 (昭和22年法律第25号)
第2章　教育の実施に関する基本 （義務教育） 第5条　国民は、その保護する子に、<u>別に法律で定めるところにより</u>、普通教育を受けさせる義務を負う。	第4条（義務教育）　国民は、その保護する子女に、九年の普通教育を受けさせる義務を負う。
②　義務教育として行われる普通教育は、各個人の有する能力を伸ばしつつ社会において自立的に生きる基礎を培い、また、国家及び社会の形成者として必要とされる基本的な資質を養うことを目的として行われるものとする。	（新設）
③　国及び地方公共団体は、義務教育の機会を保障し、その水準を確保するため、適切な役割分担及び相互の協力の下、その実施に責任を負う。	（新設）
④　国又は地方公共団体の設置する学校における義務教育については、授業料を徴収しない。	②　国又は地方公共団体の設置する学校における義務教育については、授業料は、これを徴収しない。
（削除）	第5条（男女共学）　男女は、互に敬重し、協力し合わなければならないものであつて、教育上男女の共学は、認められなければならない。
（学校教育） 第6条　法律に定める学校は、公の性質を有するものであって、国、地方公共団体及び法律に定める法人のみが、これを設置することができる。	第6条（学校教育）　法律に定める学校は、公の性質をもつものであつて、国又は地方公共団体の外、法律に定める法人のみが、これを設置することができる。
②　前項の学校においては、教育の目標が達成されるよう、教育を受ける者の心身の発達に応じて、体系的な教育が組織的に行われなければならない。この場合に	（新設）

改正後の教育基本法 （平成18年法律第120号）	改正前の教育基本法 （昭和22年法律第25号）
おいて、教育を受ける者が、学校生活を営む上で必要な規律を重んずるとともに、自ら進んで学習に取り組む意欲を高めることを重視して行われなければならない。	
「（教員）第9条」として独立	②　法律に定める学校の教員は、全体の奉仕者であつて、自己の使命を自覚し、その職責の遂行に努めなければならない。このためには、教員の身分は、尊重され、その待遇の適正が、期せられなければならない。
（大学） 第7条　大学は、学術の中心として、高い教養と専門的能力を培うとともに、深く真理を探究して新たな知見を創造し、これらの成果を広く社会に提供することにより、社会の発展に寄与するものとする。 ②　大学については、自主性、自律性その他の大学における教育及び研究の特性が尊重されなければならない。	（新設）
（私立学校） 第8条　私立学校の有する公の性質及び学校教育において果たす重要な役割にかんがみ、国及び地方公共団体は、その自主性を尊重しつつ、助成その他の適当な方法によって私立学校教育の振興に努めなければならない。	（新設）
（教員） 第9条　法律に定める学校の教員は、自己の崇高な使命を深く自覚し、絶えず研究と修養に励み、その職責の遂行に努めなければならない。 ②　前項の教員については、その使命と職	【再掲】第6条（略） ②　法律に定める学校の教員は、全体の奉仕者であって、自己の使命を自覚し、その職責の遂行に努めなければならない。このためには、教員の身分は、尊重され、

改正後の教育基本法 （平成 18 年法律第 120 号）	改正前の教育基本法 （昭和 22 年法律第 25 号）
責の重要性にかんがみ、その身分は尊重され、待遇の適正が期せられるとともに、養成と研修の充実が図られなければならない。	その待遇の適正が、期せられなければならない。
（家庭教育） 第10条　父母その他の保護者は、子の教育について第一義的責任を有するものであって、生活のために必要な習慣を身に付けさせるとともに、自立心を育成し、心身の調和のとれた発達を図るよう努めるものとする。 ②　国及び地方公共団体は、家庭教育の自主性を尊重しつつ、保護者に対する学習の機会及び情報の提供その他の家庭教育を支援するために必要な施策を講ずるよう努めなければならない。	（新設）
（幼児期の教育） 第11条　幼児期の教育は、生涯にわたる人格形成の基礎を培う重要なものであることにかんがみ、国及び地方公共団体は、幼児の健やかな成長に資する良好な環境の整備その他適当な方法によって、その振興に努めなければならない。	（新設）
（社会教育） 第12条　個人の要望や社会の要請にこたえ、社会において行われる教育は、国及び地方公共団体によって奨励されなければならない。 ②　国及び地方公共団体は、図書館、博物館、公民館その他の社会教育施設の設置、学校の施設の利用、学習の機会及び情報の提供その他の適当な方法によって社会教育の振興に努めなければならない。	第7条（社会教育）　家庭教育及び勤労の場所その他社会において行われる教育は、国及び地方公共団体によつて奨励されなければならない。 ②　国及び地方公共団体は、図書館、博物館、公民館等の施設の設置、学校の施設の利用その他適当な方法によつて教育の目的の実現に努めなければならない。

改正後の教育基本法 （平成18年法律第120号）	改正前の教育基本法 （昭和22年法律第25号）
（学校、家庭及び地域住民等の相互の連携協力） 第13条　学校、家庭及び地域住民その他の関係者は、教育におけるそれぞれの役割と責任を自覚するとともに、相互の連携及び協力に努めるものとする。	（新設）
（政治教育） 第14条　良識ある公民として必要な政治的教養は、教育上尊重されなければならない。 ②　法律に定める学校は、特定の政党を支持し、又はこれに反対するための政治教育その他政治的活動をしてはならない。	第8条（政治教育）　良識ある公民たるに必要な政治的教養は、教育上これを尊重しなければならない。 ②　法律に定める学校は、特定の政党を支持し、又はこれに反対するための政治教育その他政治的活動をしてはならない。
（宗教教育） 第15条　宗教に関する寛容の態度、宗教に関する一般的な教養及び宗教の社会生活における地位は、教育上尊重されなければならない。 ②　国及び地方公共団体が設置する学校は、特定の宗教のための宗教教育その他宗教的活動をしてはならない。	第9条（宗教教育）　宗教に関する寛容の態度及び宗教の社会生活における地位は、教育上これを尊重しなければならない。 ②　国及び地方公共団体が設置する学校は、特定の宗教のための宗教教育その他宗教的活動をしてはならない。
第3章　教育行政 （教育行政） 第16条　教育は、不当な支配に服することなく、この法律及び他の法律の定めるところにより行われるべきものであり、教育行政は、国と地方公共団体との適切な役割分担及び相互の協力の下、公正かつ適正に行われなければならない。	第10条（教育行政）　教育は、不当な支配に服することなく、国民全体に対し直接に責任を負つて行われるべきものである。 ②　教育行政は、この自覚のもとに、教育の目的を遂行するに必要な諸条件の整備確立を目標として行われなければならない。 （新設）
②　国は、全国的な教育の機会均等と教育水準の維持向上を図るため、教育に関する施策を総合的に策定し、実施しなけれ	

改正後の教育基本法 （平成18年法律第120号）	改正前の教育基本法 （昭和22年法律第25号）
ばならない。	
③　地方公共団体は、その地域における教育の振興を図るため、その実情に応じた教育に関する施策を策定し、実施しなければならない。	（新設）
④　国及び地方公共団体は、教育が円滑かつ継続的に実施されるよう、必要な財政上の措置を講じなければならない。	（新設）
（教育振興基本計画） 第17条　政府は、教育の振興に関する施策の総合的かつ計画的な推進を図るため、教育の振興に関する施策についての基本的な方針及び講ずべき施策その他必要な事項について、基本的な計画を定め、これを国会に報告するとともに、公表しなければならない。 ②　地方公共団体は、前項の計画を参酌し、その地域の実情に応じ、当該地方公共団体における教育の振興のための施策に関する基本的な計画を定めるよう努めなければならない。	（新設）
第4章　法令の制定	
第18条　この法律に規定する諸条項を実施するため、必要な法令が制定されなければならない。	第11条（補則）　この法律に掲げる諸条項を実施するために必要がある場合には、適当な法令が制定されなければならない。

18──学校教育法（抄）

平成19年6月27日法律第98号
（昭和22年3月31日法律第26号の一部改正）

第1条　この法律で、学校とは、幼稚園、小学校、中学校、義務教育学校、高等学校、中等教育学校、特別支援学校、大学及び高等専門学校とする。

第6条　学校においては、授業料を徴収することができる。ただし、国立又は公立の小学校及び中学校、義務教育学校、中等教育学校の前期課程又は特別支援学校の小学部及び中学部におけ

る義務教育については、これを徴収することができない。

第9条　次の各号のいずれかに該当する者は、校長又は教員となることができない。
　1　成年被後見人又は被保佐人
　2　禁錮以上の刑に処せられた者
　3　教育職員免許法第10条第1項第2号又は第3号に該当することにより免許状がその効力を失い、当該失効の日から3年を経過しない者
　4　教育職員免許法第11条第1項から第3項までの規定により免許状取上げの処分を受け、3年を経過しない者
　5　日本国憲法施行の日以後において、日本国憲法又はその下に成立した政府を暴力で破壊することを主張する政党その他の団体を結成し、又はこれに加入した者

第16条　保護者（子に対して親権を行う者（親権を行う者のないときは、未成年後見人）をいう。以下同じ。）は、次条に定めるところにより、子に9年の普通教育を受けさせる義務を負う。

第21条　義務教育として行われる普通教育は、教育基本法（平成18年法律第120号）第5条第2項に規定する目的を実現するため、次に掲げる目標を達成するよう行われるものとする。
　1　学校内外における社会的活動を促進し、自主、自律及び協同の精神、規範意識、公正な判断力並びに公共の精神に基づき主体的に社会の形成に参画し、その発展に寄与する態度を養うこと。
　2　学校内外における自然体験活動を促進し、生命及び自然を尊重する精神並びに環境の保全に寄与する態度を養うこと。
　3　我が国と郷土の現状と歴史について、正しい理解に導き、伝統と文化を尊重し、それらをはぐくんできた我が国と郷土を愛する態度を養うとともに、進んで外国の文化の理解を通じて、他国を尊重し、国際社会の平和と発展に寄与する態度を養うこと。
　4　家族と家庭の役割、生活に必要な衣、食、住、情報、産業その他の事項について基礎的な理解と技能を養うこと。
　5　読書に親しませ、生活に必要な国語を正しく理解し、使用する基礎的な能力を養うこと。
　6　生活に必要な数量的な関係を正しく理解し、処理する基礎的な能力を養うこと。
　7　生活にかかわる自然現象について、観察及び実験を通じて、科学的に理解し、処理する基礎的な能力を養うこと。
　8　健康、安全で幸福な生活のために必要な習慣を養うとともに、運動を通じて体力を養い、心身の調和的発達を図ること。
　9　生活を明るく豊かにする音楽、美術、文芸その他の芸術について基礎的な理解と技能を養うこと。
　10　職業についての基礎的な知識と技能、勤労を重んずる態度及び個性に応じて将来の進路を選択する能力を養うこと。

第22条　幼稚園は、義務教育及びその後の教育の基礎を培うものとして、幼児を保育し、幼児の健やかな成長のために適当な環境を与えて、その心身の発達を助長することを目的とする。

第23条　幼稚園における教育は、前条に規定する目的を実現するため、次に掲げる目標を達成するよう行われるものとする。
　1　健康、安全で幸福な生活のために必要な基本的な習慣を養い、身体諸機

能の調和的発達を図ること。
2　集団生活を通じて、喜んでこれに参加する態度を養うとともに家族や身近な人への信頼感を深め、自主、自律及び協同の精神並びに規範意識の芽生えを養うこと。
3　身近な社会生活、生命及び自然に対する興味を養い、それらに対する正しい理解と態度及び思考力の芽生えを養うこと。
4　日常の会話や、絵本、童話等に親しむことを通じて、言葉の使い方を正しく導くとともに、相手の話を理解しようとする態度を養うこと。
5　音楽、身体による表現、造形等に親しむことを通じて、豊かな感性と表現力の芽生えを養うこと。

第24条　幼稚園においては、第22条に規定する目的を実現するための教育を行うほか、幼児期の教育に関する各般の問題につき、保護者及び地域住民その他の関係者からの相談に応じ、必要な情報の提供及び助言を行うなど、家庭及び地域における幼児期の教育の支援に努めるものとする。

第25条　幼稚園の教育課程その他の保育内容に関する事項は、第22条及び第23条の規定に従い、文部科学大臣が定める。

第26条　幼稚園に入園することのできる者は、満3歳から、小学校就学の始期に達するまでの幼児とする。

第29条　小学校は、心身の発達に応じて、義務教育として行われる普通教育のうち基礎的なものを施すことを目的とする。

第30条　小学校における教育は、前条に規定する目的を実現するために必要な程度において第21条各号に掲げる目標を達成するよう行われるものとする。

②　前項の場合においては、生涯にわたり学習する基盤が培われるよう、基礎的な知識及び技能を習得させるとともに、これらを活用して課題を解決するために必要な思考力、判断力、表現力その他の能力をはぐくみ、主体的に学習に取り組む態度を養うことに、特に意を用いなければならない。

第31条　小学校においては、前条第1項の規定による目標の達成に資するよう、教育指導を行うに当たり、児童の体験的な学習活動、特にボランティア活動など社会奉仕体験活動、自然体験活動その他の体験活動の充実に努めるものとする。この場合において、社会教育関係団体その他の関係団体及び関係機関との連携に十分配慮しなければならない。

第32条　小学校の修業年限は、6年とする。

第33条　小学校の教育課程に関する事項は、第29条及び第30条の規定に従い、文部科学大臣が定める。

第34条　小学校においては、文部科学大臣の検定を経た教科用図書又は文部科学省が著作の名義を有する教科用図書を使用しなければならない。

2　前項に規定する教科用図書（以下この条において「教科用図書」という。）の内容を文部科学大臣の定めるところにより記録した電磁的記録（電子的方式、磁気的方式その他人の知覚によつては認識することができない方式で作られる記録であつて、電子計算機による情報処理の用に供されるものをいう。）である教材がある場合には、同項の規定にかかわらず、文部科学大臣の定めるところにより、児童の教育の充実を図るため必要があると認めら

れる教育課程の一部において、教科用図書に代えて当該教材を使用することができる。

3　前項に規定する場合において、視覚障害、発達障害その他の文部科学大臣の定める事由により教科用図書を使用して学習することが困難な児童に対し、教科用図書に用いられた文字、図形等の拡大又は音声への変換その他の同項に規定する教材を電子計算機において用いることにより可能となる方法で指導することにより当該児童の学習上の困難の程度を低減させる必要があると認められるときは、文部科学大臣の定めるところにより、教育課程の全部又は一部において、教科用図書に代えて当該教材を使用することができる。

4　教科用図書及び第2項に規定する教材以外の教材で、有益適切なものは、これを使用することができる。

5　第1項の検定の申請に係る教科用図書に関し調査審議させるための審議会等（国家行政組織法（昭和23年法律第120号）第8条に規定する機関をいう。以下同じ。）については、政令で定める。

第38条　市町村は、その区域内にある学齢児童を就学させるに必要な小学校を設置しなければならない。ただし、教育上有益かつ適切であると認めるときは、義務教育学校の設置をもつてこれに代えることができる。

第44条　私立の小学校は、都道府県知事の所管に属する。

第46条　中学校における教育は、前条に規定する目的を実現するため、第21条各号に掲げる目標を達成するよう行われるものとする。

第47条　中学校の修業年限は、3年とする。

第50条　高等学校は、中学校における教育の基礎の上に、心身の発達及び進路に応じて、高度な普通教育及び専門教育を施すことを目的とする。

第51条　高等学校における教育は、前条に規定する目的を実現するため、次に掲げる目標を達成するよう行われるものとする。

1　義務教育として行われる普通教育の成果を更に発展拡充させて、豊かな人間性、創造性及び健やかな身体を養い、国家及び社会の形成者として必要な資質を養うこと。

2　社会において果たさなければならない使命の自覚に基づき、個性に応じて将来の進路を決定させ、一般的な教養を高め、専門的な知識、技術及び技能を習得させること。

3　個性の確立に努めるとともに、社会について、広く深い理解と健全な批判力を養い、社会の発展に寄与する態度を養うこと。

第56条　高等学校の修業年限は、全日制の課程については、3年とし、定時制の課程及び通信制の課程については、3年以上とする。

第63条　中等教育学校は、小学校における教育の基礎の上に、心身の発達及び進路に応じて、義務教育として行われる普通教育並びに高度な普通教育及び専門教育を一貫して施すことを目的とする。

第64条　中等教育学校における教育は、前条に規定する目的を実現するため、次に掲げる目標を達成するよう行われるものとする。

1　豊かな人間性、創造性及び健やかな身体を養い、国家及び社会の形成者として必要な資質を養うこと。

2　社会において果たさなければなら

ない使命の自覚に基づき、個性に応じて将来の進路を決定させ、一般的な教養を高め、専門的な知識、技術及び技能を習得させること。
3 個性の確立に努めるとともに、社会について、広く深い理解と健全な批判力を養い、社会の発展に寄与する態度を養うこと。

第65条 中等教育学校の修業年限は、6年とする。

第66条 中等教育学校の課程は、これを前期3年の前期課程及び後期3年の後期課程に区分する。

第67条 中等教育学校の前期課程における教育は、第63条に規定する目的のうち、小学校における教育の基礎の上に、心身の発達に応じて、義務教育として行われる普通教育を施すことを実現するため、第21条各号に掲げる目標を達成するよう行われるものとする。
2 中等教育学校の後期課程における教育は、第63条に規定する目的のうち、心身の発達及び進路に応じて、高度な普通教育及び専門教育を施すことを実現するため、第64条各号に掲げる目標を達成するよう行われるものとする。

第72条 特別支援学校は、視覚障害者、聴覚障害者、知的障害者、肢体不自由者又は病弱者（身体虚弱者を含む。以下同じ。）に対して、幼稚園、小学校、中学校又は高等学校に準ずる教育を施すとともに、障害による学習上又は生活上の困難を克服し自立を図るために必要な知識技能を授けることを目的とする。

第83条 大学は、学術の中心として、広く知識を授けるとともに、深く専門の学芸を教授研究し、知的、道徳的及び応用的能力を展開させることを目的とする。
② 大学は、その目的を実現するための教育研究を行い、その成果を広く社会に提供することにより、社会の発展に寄与するものとする。

19──OECD生徒の学習到達度調査（PISA）

Programme for International Student Assessment
　参加国が共同して国際的に開発した15歳児を対象とする学習到達度問題を実施。2000年に最初の本調査を行い、以後3年ごとのサイクルで実施している。読解リテラシー（読解力）、数学的リテラシー、科学的リテラシーの3分野について調査。
　2012年調査には、65か国・地域（OECD加盟34か国、非加盟31か国・地域）から約51万人が参加。なお、2000年調査には32か国・地域（OECD加盟28か国、非加盟4か国・地域）、2003年調査には41か国・地域（OECD加盟30か国、非加盟11か国・地域）、2006年調査には57か国・地域（OECD加盟30か国、非加盟27か国・地域）、2009年調査には、65か国・地域（OECD加盟34か国、非加盟31か国・地域）、2015年調査には72か国・地域（OECD加盟35か国、非加盟37か国・地域）が参加している。

PISA 2003年調査

数学的リテラシー		読解力		科学的リテラシー		問題解決能力	
1. 香港	550	1. フィンランド	543	1. フィンランド	548	1. 韓国	550
2. フィンランド	544	2. 韓国	534	1. 日本	548	2. フィンランド	548
3. 韓国	542	3. カナダ	528	3. 香港	539	2. 香港	548
4. オランダ	538	4. オーストラリア	525	4. 韓国	538	4. 日本	547
5. リヒテンシュタイン	536	4. リヒテンシュタイン	525	5. リヒテンシュタイン	525	5. ニュージーランド	533
6. 日本	534	6. ニュージーランド	522	5. オーストラリア	525	6. マカオ	532
7. カナダ	532	7. アイルランド	515	5. マカオ	525	7. オーストラリア	530
8. ベルギー	529	8. スウェーデン	514	8. オランダ	524	8. リヒテンシュタイン	529
9. マカオ	527	9. オランダ	513	9. チェコ	523	8. カナダ	529
9. スイス	527	10. 香港	510	10. ニュージーランド	521	10. ベルギー	525

PISA 2006年調査

数学的リテラシー		総合的読解力		科学的リテラシー	
1. 台湾	549	1. 韓国	556	1. フィンランド	563
2. フィンランド	548	2. フィンランド	547	2. 香港	542
3. 香港	547	3. 香港	536	3. カナダ	534
3. 韓国	547	4. カナダ	527	4. 台湾	532
5. オランダ	531	5. ニュージーランド	521	5. エストニア	531
6. スイス	530	6. アイルランド	517	5. 日本	531
7. カナダ	527	7. オーストラリア	513	7. ニュージーランド	530
8. マカオ	525	8. リヒテンシュタイン	510	8. オーストラリア	527
8. リヒテンシュタイン	525	9. ポーランド	508	9. オランダ	525
10. 日本	523	10. スウェーデン	507	10. リヒテンシュタイン	522

PISA 2009年調査

数学的リテラシー		総合的読解力		科学的リテラシー	
1. 上海	600	1. 上海	556	1. 上海	575
2. シンガポール	562	2. 韓国	539	2. フィンランド	554
3. 香港	555	3. フィンランド	536	3. 香港	549
4. 韓国	546	4. 香港	533	4. シンガポール	542
5. 台湾	543	5. シンガポール	526	5. 日本	539
6. フィンランド	541	6. カナダ	524	6. 韓国	538
7. リヒテンシュタイン	536	7. ニュージーランド	521	7. ニュージーランド	532
8. スイス	534	8. 日本	520	8. カナダ	529
9. 日本	529	9. オーストラリア	515	9. エストニア	528
10. カナダ	527	10. オランダ	508	10. オーストラリア	527

PISA　2012年調査

数学的リテラシー		総合的読解力		科学的リテラシー	
1. 上海	613	1. 上海	570	1. 上海	580
2. シンガポール	573	2. 香港	545	2. 香港	555
3. 香港	561	3. シンガポール	542	3. シンガポール	551
4. 台湾	560	4. 日本	538	4. 日本	547
5. 韓国	554	5. 韓国	536	5. フィンランド	545
6. マカオ	538	6. フィンランド	524	6. エストニア	541
7. 日本	536	7. アイルランド	523	7. 韓国	538
8. リヒテンシュタイン	535	7. 台湾	523	8. ベトナム	528
9. スイス	531	7. カナダ	523	9. ポーランド	526
10. オランダ	523	10. ポーランド	518	10. カナダ	525

PISA　2015年調査

数学的リテラシー		総合的読解力		科学的リテラシー	
1. シンガポール	564	1. シンガポール	535	1. シンガポール	556
2. 香港	548	2. 香港	527	2. 日本	538
3. マカオ	544	2. カナダ	527	3. エストニア	534
4. 台湾	542	4. フィンランド	526	4. 台湾	532
5. 日本	532	5. アイルランド	521	5. フィンランド	531
6. 北京・上海・江蘇・広東	531	6. エストニア	519	6. マカオ	529
7. 韓国	524	7. 韓国	517	7. カナダ	528
8. スイス	521	8. 日本	516	8. ベトナム	525
9. エストニア	520	9. ノルウェー	513	9. 香港	523
10. カナダ	516	10. ニュージーランド	509	10. 北京・上海・江蘇・広東	518

20 ── 教育再生会議・教育再生実行会議

　教育再生会議は、内閣総理大臣が開催する会議として、2006（平成18）年10月10日に内閣に設置され、その趣旨は、21世紀の日本にふさわしい教育体制を構築し、教育の再生を図っていくため、教育の基本にさかのぼった改革を推進するというものである。会議は、内閣総理大臣、内閣官房長官、文部科学大臣、有識者により構成され、初期の有識者メンバーは以下の通りである。

　座長 野依良治（独立行政法人理化学研究所理事長）、座長代理 池田守男（株式会社資生堂相談役）、浅利慶太（劇団四季代表・演出家）、海老名香葉子（エッセイスト）、小野元之（独立行政法人日本学術振興会理事長）、陰山英男（立命館大学大学教育開発・支援センター教授、立命館小学校副校長）、葛西敬之（東海旅客鉄道株式会社代表取締役会長）、川勝平太（静岡文化芸術大学学長）、小谷実可子（スポーツコメンテーター）、小宮山宏（東京大学総長）、品川裕香（教育ジャーナリスト）、白石真澄（関西大学政策創造学部教授）、張富士夫（トヨタ自動車株式会社会長）、中嶋嶺雄（国際教養大学理事長・学長）、宮本延春（豊川高等学校教諭）、渡邉美樹（ワタミ

株式会社代表取締役社長・CEO、学校法人郁文館夢学園理事長)。

　教育再生実行会議は、21世紀の日本にふさわしい教育体制を構築し、教育の再生を実行に移していくために内閣の最重要課題の一つとして教育改革を推進する必要があるとして閣議決定され、平成18年から20年の教育再生会議の提言や実績を踏まえながら、教育再生を実現するための基本的な方向性および諸施策についての検討を行っている。これまでには次のような提言がなされている。
　全ての子供たちの能力を伸ばし可能性を開花させる教育へ(第九次提言)(平成28年5月20日)
　教育立国実現のための教育投資・教育財源の在り方について(第八次提言)(平成27年7月8日)
　これからの時代に求められる資質・能力と、それを培う教育、教師の在り方について(第七次提言)(平成27年5月14日)
　「学び続ける」社会、全員参加型社会、地方創生を実現する教育の在り方について(第六次提言)(平成27年3月4日)
　「今後の学制等の在り方について」(第五次提言)(平成26年7月3日)
　「高等学校教育と大学教育との接続・大学入学者選抜の在り方について」(第四次提言)(平成25年10月31日)
　「これからの大学教育等の在り方について」(第三次提言)(平成25年5月28日)
　「教育委員会制度等の在り方について」(第二次提言)(平成25年4月15日)
　「いじめの問題等への対応について」(第一次提言)(平成25年2月26日)
　会議は、内閣総理大臣、内閣官房長官、文部科学大臣兼教育再生担当大臣に加え、教育界、経済界、地方公共団体などの幅広い分野の以下15名の有識者等から構成されている。
　座長　鎌田薫(早稲田大学総長)、副座長　佃和夫(三菱重工業株式会社相談役)、漆紫穂子(品川女子学院校長)、大竹美喜(アフラック〔アメリカンファミリー生命保険会社〕創業者)、尾﨑正直(高知県知事)、加戸守行(前愛媛県知事)、蒲島郁夫(熊本県知事)、川合眞紀(自然科学研究機構　分子科学研究所長、東京大学特任教授)、倉田哲郎(箕面市長)、河野達信(防府市立華城小学校教頭、前全日本教職員連盟委員長)、佐々木喜一(成基コミュニティグループ代表)、三幣貞夫(南房総市教育長)、鈴木高弘(専修大学附属高等学校理事・前校長、NPO法人老楽塾理事長)、武田美保(スポーツ／教育コメンテーター)、向井千秋(東京理科大学特任副学長、日本学術会議副会長)、八木秀次(麗澤大学教授)、山内昌之(東京大学名誉教授、明治大学特任教授)、山口香(筑波大学准教授、東京都教育委員会委員、元女子柔道日本代表)。

近代・現代教育年表

年代	諸 外 国	日 本	日本と世界の情勢
1600	「エリザベス救貧法」成立(1601) 実学主義教育起こる(1611) マサチューセッツ州、教育法制定(1642) コメニウス『大教授学』(1657) 『世界図絵』(1658) イギリス、慈善学校設立(1680) ロック『教育論』(1693) ロック『下層階級の子弟のための労働学校』(1697)	林羅山、忍岡に塾を開設(1630) 中江藤樹、藤樹書院設立(1648) 伊藤仁斎、古義堂設立(1662) 岡山藩、閑谷学校設立(1668) 水戸光圀、彰考館設立(1672) 会津藩、日新館設立(1674)	(日)関ヶ原の戦い(1600) (日)徳川(江戸)幕府成立(1603) 武家諸法度制定(1615) 三十年戦争(1618-1648) (日)鎖国(1639) 清教徒革命(1642) 名誉革命(1688) (日)元禄文化
1700	ルソー生まれる(1712-1778) プロシア、学校令公布(1713) プロシア、義務教育制度実施(1717) ペスタロッチ生まれる(1746-1827) ド、レペ、パリに聾唖学校設立(1760) ルソー『エミール』(1762) バゼドウ、汎愛学舎設立(1774) ペスタロッチ、貧民学校設立(1774) オーベルリン、幼児保護所設立(1779) ペスタロッチ『隠者の夕暮』(1780)、『リーンハルトとゲルトルート』(1781) フレーベル生まれる(1782-1852) アウイ、パリに盲学校設立(1784)、『盲人教育論』(1786) コンドルセ、革命会議に公教育法案提出(1792)、「人間精神発達史」(1794) ペスタロッチ、シュタンツ孤児院開設(1798) ペスタロッチ『シュタンツ便り』(1799)	貝原益軒『和俗童子訓』(1710)、『女大学』(1716) 萩藩、明倫館設立(1719) 松平定信、寛政異学の禁(1790) 石田梅岩、心学を説く(1792) 寺子屋普及 昌平坂学問所、官学となる(1797)	(日)享保の改革(1716-1745) イギリス産業革命(1760) ワット、蒸気機関発明(1765) アメリカ独立宣言(1776) (日)寛政の改革(1787-1793) フランス革命(1789) フランス王政廃止(1792) ナポレオン、政権奪取(1799)
1800	イタール『野生児の教育』(1801) ペスタロッチ『ゲルトルートはいかにしてその子を教えるか』(1801) イギリス、児童保護法成立(1802) ナポレオン、公教育法公布(1802)	広瀬淡窓、咸宜園設立(1817) シーボルト、鳴滝塾設立(1824) 緒方洪庵、適塾設立(1838) 幕府、洋学所設置(1855) 吉田松陰、松下村塾設立(1855) 福沢諭吉、慶応義塾創立(1868)	ナポレオン、皇帝に即位(1804) 神聖ローマ帝国滅亡(1806) イギリス、工場法制定(1833)

資料　199

年代	諸 外 国	日 本	日本と世界の情勢
	ヘルバルト『ペスタロッチの直観のABC』(1803) ヘルバルト『一般教育学』(1806) オーウェン、性格形成学院設立(1816)『新社会観』(1813) ミル『教育論』(1818) ペスタロッチ『白鳥の歌』(1825) フレーベル『人間の教育』(1826) シュライエル・マッヘル『教育学講義』(1826) フランス、初等教育法公布(1831) アメリカ、州立師範学校設立(1839) フレーベル、ブランケンブルクに世界最初の幼稚園開設(1840) プロシア、小学校令公布(1845) セガン『精薄児教育』(1846) プロイセン、幼稚園禁止令(1851) アメリカ・マサチューセッツ州、就学義務規定(1852) スペンサー『教育論』(1861) ツィラー『教育的教授原論』(1865) イギリス、初等教育法公布(1870) ディルタイ『普遍妥当的教育学の可能性について』(1888) デューイ、実験学校開設(1896)、『学校と社会』(1899) ナトルプ『社会的教育学』(1899)	昌平坂学問所、大学校になる(1869) 文部省設置(1871) 学制布告(1872) 福沢諭吉、『学問のすゝめ』(1872) 東京師範学校開設(1873) 新島襄、同志社英学校創立(1875) 札幌農学校開設(1876) 東京女子師範学校附属幼稚園開設(1876) 東京大学創立(1877) 教育令制定(1879) 教学聖旨告示(1879) 改正教育令制定(1880) 大隈重信、東京専門学校(早稲田大学)創立(1882) 倉橋惣三生まれる(1882) 帝国大学令、小学校令、中学校令(1885) 師範学校令公布(1886) 全国の幼稚園数が67園に(1887) ハウ、神戸に頌栄幼稚園を開園(1889) 赤沢鐘美・仲子夫妻、新潟静修学校開設(1890) 教育勅語発布(1890) 小学校教則大綱(1891) ハウスクネヒト、帝大で教育学担当(1893) 高等学校令公布(1894) 高等女学校令公布(1899) 私立学校令公布(1899) 「幼稚園保育及設備規程」制定(1899)	(日)大塩の乱(1837) (日)天保の改革(1841-1843) (日)ペリー来航(1853) (日)日米和親条約締結(1856) (日)日米修好通商条約締結(1858) (日)桜田門外の変(1860) アメリカ南北戦争(1861) (日)徳川慶喜、大政奉還(1867) (日)明治維新(1868) 普仏戦争(1870) ドイツ帝国成立(1871) パリ・コミューン(1871) (日)廃藩置県(1871) (日)鉄道開業(1872) (日)徴兵令公布(1873) ベル、電話機発明(1876) エジソン、蓄音機(1877)、白熱電球(1879)、活動写真(1877)発明 (日)西南戦争(1877) (日)大日本帝国憲法発布(1889) (日)日清戦争(1894-1895)
1900	エレン・ケイ『児童の世紀』(1900) ライン『体系的教育学』(1902) ビネー『知能の研究』(1903) モンテッソーリ、子どもの家開設(1907) イギリス、児童法制定(1908) モンテッソーリ『科学的教育学の方法』(1909) ナトルプ『哲学と教育学』(1909)	野口幽香、森島峰により私立二葉幼稚園(後に二葉保育園と改称)開設 国定教科書制度成立(1903) 小学校令改正、義務教育6年となる(1907) 石井十次、岡山孤児院附属愛染保育所開設(1909)	日英同盟締結(1902) ライト兄弟、飛行機発明(1903) (日)日露戦争(1904-1905)

年代	諸外国	日本	日本と世界の情勢
1910	ケルシェンシュタイナー『公民教育の概念』(1910) マクミラン姉妹、野外学校設立(1911)、野外保育学校設立(1914) クルプスカヤ『国民教育と民主主義』(1915) デューイ『民主主義と教育』(1916) キルパトリック『プロジェクト・メソッド』(1918) ソビエト、統一労働学校令公布 シュプランガー『文化と教育』(1919)	全国の保育所数が15か所(1912) 倉橋惣三、東京女子師範学校教授となり附属幼稚園主事を兼務(1917) 全国の幼稚園数が677園に(1917) 臨時教育会議設置(1917) 沢柳政太郎、成城小学校設立(1917) 帝国大学令改正(1919)	(日)韓国併合(1910) 第一次世界大戦(1914-1918) ロシア革命(1917) ヴェルサイユ条約(1919)
1920	パーカスト、ドルトン・プラン実施(1920) ドイツ基礎学校法制定(1920) 国際新教育連盟結成(1921) イギリス、教育法制定(1921) ドイツ、児童保護法制定(1922) クリーク『教育哲学』(1922) デュルケム『教育と社会学』(1922) ラッセル『教育論』(1926) モリソン『中等学校教授の実際』(1926) ニール、サマーヒル学園開設(1927) リット『指導か放任か』(1927)	大正新教育運動(1921) 羽仁もと子、自由学園設立(1921) 野口援太郎、池袋児童の村小学校設立(1924) 赤井米吉、明星学園設立(1924) パーカスト女史来日(1924) 軍事教練、必須科目となる(1925) 学生の社会科学研究禁止通達(1926) 幼稚園令公布(1926) 『綴方生活』創刊(1929) 小原國芳、玉川学園設立(1929)	国際連盟発足(1920) イタリア、ファシスト政権成立(1922) (日)関東大震災(1923) (日)治安維持法・普通選挙法成立(1925) 世界恐慌(1929)
1930	ラッセル『教育と社会体制』(1932) マカレンコ『教育詩』(1933) ヴィゴツキー『思考と言語』(1934) アメリカ、コア・カリキュラム導入(1935) デューイ『経験と教育』(1938)	肢体不自由児学校(光明学校)設立(1932) 京都大学事件(1933) 青年学校令公布(1935) 教学刷新評議会設置(1935) 城戸幡太郎、保育問題研究会設立(1936) 教育科学研究会設立(1936) 文部省『國體ノ本義』刊行(1937)	(日)昭和恐慌(1930) 満州事変(1931) (日)五・一五事件(1932) ドイツ、ナチス政権成立(1933) 国際連盟脱退(1933) (日)二・二六事件(1936) (日)日独伊国防協定(1937) (日)盧溝橋事件、日中戦争(1937) (日)国家総動員法公布(1938) (日)第二次世界大戦開始(1939)

年代	諸外国	日本	日本と世界の情勢
1940	キルパトリック『デモクラシーのための集団教育』(1940)	国民学校令公布(1941)	日独伊三国同盟締結(1940)
		学徒動員令閣議決定(1943)	(日)太平洋戦争開始(1941)
			(日)学徒勤労動員はじまる(1942)
	リード『芸術教育論』(1943)	学徒勤労閣議決定(1944)	
	イギリス、バトラー法成立(1944)	文部省「新日本建設ノ教育方針」発表(1945)	(日)ミッドウェー海戦で日本軍大敗(1942)
		GHQ「教育に関する4指令」発表(1945)	(日)学童集団疎開はじまる(1944)
		・日本教育制度ニ対スル管理政策	(日)沖縄戦(1945)
		・国家と神道の分離	(日)広島、長崎に原爆投下(1945)
	ユネスコ成立(1946)	・教員及ビ教育関係官ノ調査	(日)ポツダム宣言受諾
	フルブライト留学制度(1946)	・修身、日本歴史及ビ地理停止	(日)日本無条件降伏(1945)
	ドイツ、統一学校制度採用(1946)	日本国憲法公布(1946)	国際連合設立(1945)
		第一次アメリカ教育使節団勧告(1946)	(日)GHQによる占領政策開始(1945)
		文部省、新教育指針発表(1946)	
		文部省『くにのあゆみ』当用漢字、現代かなづかい制定(1946)	
	イギリス、バトラー法により15歳まで就学義務引き上げ(1947)	6-3-3-4新学制決定(1946)	
		教育基本法公布(1947)	
		学校教育法公布(1947)	
	フランス、ランジュヴァン委員会、教育改革案発表(1947)	労働基準法(1947)	
		児童福祉法(1947)	
	ヴァージニア州教育委員会ヴァージニア・プラン作成(1947)	児童福祉法最低基準(1947)	
		文部省、新学制(9年の義務教育)実施(1947)	
		文部省、学習指導要領試案発行(1947)	
		日本教職員組合結成(1947)	
		教科書検定制度実施発表(1947)	
		教育勅語失効決議(1948)	
		「保育要領」設定(1948)	国連「世界人権宣言」採択(1948)
		日本保育学会設立、倉橋惣三会長就任(1948)	
		教育公務員特例法、教育職員免許法、社会教育法公布(1949)	
	ウェクスラー、知能検査法作成(1949)	身体障害者福祉法(1949)	
	ソビエト、7年生無償義務教育法制定(1949)	新制大学設置認可(1949)	
		短期大学発足(1949)	米ソ対立激化(1949)
	ハンス『比較教育』(1949)	私立学校令公布(1949)	中華人民共和国成立(1949)
1950	リード『平和のための教育』(1950)	第二次アメリカ教育使節団勧告(1950)	朝鮮戦争勃発(1950)
	ブランメルド『教育哲学の類型』(1950)	文部省、国旗掲揚、国歌「君が代」斉唱についての通達(1950)	
	リースマン『大学教育』(1950)	文部省、「学習指導要領」改訂(1950)	

年代	諸 外 国	日 本	日本と世界の情勢
	ボルノー『ドイツ・ローマン主義の教育学』(1952) ヤスパース『大学の理念』(1952)	生活保護法(1950) 「児童憲章」制定(1951) 文部省『道徳教育の手引き』発表(1951) 無着成恭『やまびこ学校』(1951) 文部省「学習指導要領」改訂(1951) 日教組「教師の倫理綱領」制定(1952) 私立学校振興会法公布(1952) 義務教育費国庫負担法公布(1952) 市区町村教育委員会設置(1952)	サンフランシスコ講和条約(1951) (日)日米安全保障条約調印(1951) アメリカ、水爆実験(1952) (日)警察予備隊、国家保安隊に改称(1952) ソビエト、水爆実験(1953) (日)NHK、テレビ放送開始(1953)
	イギリス、教育法制定(1953) アメリカ、連邦最高裁黒人分離教育に違憲判決(1954) ハンブルクにユネスコ教育研究所設立(1955) ブーバー『教育論』(1956) カウンツ『ソビエト教育の挑戦』(1957) 子どもの権利宣言採択(1959) ボルノー『実存哲学と教育学』(1959) アリエス『子どもの誕生』(1959)	全国同和教育研究協議会結成(1953) 学校教育法施行規則一部改正(教科書検定権明示)(1953) 倉橋惣三『子供讃歌』(1954) 学校給食法(1954) 「高等学校学習指導要領」改訂(1955) 「保育要領」改訂、「幼稚園教育要領」公刊(1956) 日本高等学校教職員組合結成(1956) 「幼稚園設置基準」告示(1957) 文部省「勤務評定」実施通達(1957) 学校保健法(1958) 「小中学校学習指導要領」改訂(1958)	(日)自衛隊法成立(1954) (日)第五福竜丸、ビキニ水爆実験被爆(1954) 原水爆禁止世界平和会議(1955) (日)日本、国際連合加盟(1956) (日)日ソ国交回復(1956) EEC成立(1957) ソビエト、人工衛星スプートニク打ち上げ(1957) ソビエト、ロケット月面着陸(1959)
1960	ブルーナー『教育の過程』(1960) ブランメルド『危機の時代の教育』(1961) ブルーナー『教授理論の建設』(1963) ボルノー『教育的雰囲気』(1964) アメリカ、ヘッドスタート計画開始(1965) 教員の地位に関する勧告(ILO・ユネスコ)(1966) ロート『教育学的人間学』(1966) ラングラン、ユネスコの成人教育推進国際会議で「生涯教育」提唱(1965) リースマン『大学革命』(1969)	文部省「高等学校学習指導要領」改訂(1960) 小学校新教育課程実施(1961) 中学校全国学力調査(1961) 児童扶養手当法公布(1961) 中学校新教育課程実施(1962) 高等学校新教育課程実施(1963) 小学校1から3年生まで教科書無償交付(1964) 「幼稚園教育要領」改訂(1965) 「保育所保育指針」作成(1965) 教科書検定裁判はじまる(1965) 大学紛争激化(1968)	中ソ対立激化(1961) キューバ危機(1962) ケネディ大統領暗殺(1963) (日)東海新幹線開通(1964) (日)東京オリンピック(1964) 中国、核実験(1964) ベトナム戦争、アメリカ北爆開始(1965) 中国、文化大革命(1965) アメリカ、ベトナム反戦運動激化(1967) (日)小笠原返還(1968) 人類初の月面着陸(1969)

年代	諸　外　国	日　本	日本と世界の情勢
1970	シルバーマン『教室の危機』(1970) イリッチ『脱学校の社会』(1971) イギリス、放送大学開校(1971) ユネスコ、成人教育の発展に関する勧告(1976) 国連、国際子ども年(1979) アメリカ連邦教育省設置(1979) スウェーデン、子どもの体罰禁止法(1979)	心身障害者対策基本法(1970) 小規模保育所の設置認可等について(1971) 児童手当法公布(1971) 厚生省「障害児保育事業実施要綱」策定 文部省、「君が代」国歌化(1977) 国公立大学共通一次試験実施(1979) 養護学校教育の義務化(1979)	(日)大阪万博(1970) (日)沖縄返還協定調印(1971) (日)日中国交回復(1972) 国際婦人年(1975) ベトナム戦争終結(1975) (日)日中平和友好条約調印(1978) スリーマイル島原発事故(1979)
1980	ユネスコ世界軍縮教育会議(1980) 国連、国際障害者年(1981) アメリカ、州合同教育審議会報告『危機に立つ国家』(1983) 国際青年年(1985) ユネスコ、学習権宣言採択(1985) 国連「子どもの権利条約」採択(1989)	校内暴力多発(1980) 「保育所における障害児の受け入れについて」(1980) 臨時教育審議会設置(1984) 放送大学開始(1985) 子どもの権利条約批准(1989) 「幼稚園教育要領」改訂(1989) 小学校・中学校・高等学校「学習指導要領改訂」(1989)	ソビエト、チェルノブイリ原発事故(1986) (日)消費税法成立(1988) (日)昭和天皇崩御(1989) 中国、天安門事件(1989)
1990	ユネスコ、「国際識字年」識字サミット開催(1990) イギリス、大学評価実施(1993) アメリカ、学校改善法(1994) 国連、国際家族年(1994) ユネスコの特別ニーズ教育世界会議「サラマンカ宣言」採択 ユネスコ、21世紀高等教育世界宣言(1998)	大学入試センター試験実施(1990) 小学校「生活科」導入(1990) 「日の丸」「君が代」義務化(1990) 学校週五日制実施(月1回)(1992) 「子どもの権利に関する条約」批准、発効(1994) エンゼルプラン(1994) 「保育所保育指針」改訂(1990) 学校週五日制実施(月2回)(1995) 中教審、21世紀を展望した我が国の教育の在り方について第一次答申(1998) 「幼稚園教育要領」改訂(1998) 「保育所保育指針」改訂(1999) 新エンゼルプラン(1999)	中国、天安門事件(1990) イラク軍、クェート侵攻(1990) 東西ドイツ統一(1990) 湾岸戦争(1991) ソビエト連邦解体(1991) (日)PKO協力法成立(1992) (日)阪神・淡路大震災(1996) (日)温暖化防止京都会議(1997) (日)男女共同参画社会基本法(1999) (日)国旗・国家法成立(1999)
2000		学校教育法施行規則改正 「幼稚園教育要領」改訂 「児童虐待の防止等に関する法律(児童虐待防止法)」制定 教育改革国民会議「教育を変える17の提案」最終報告	(日)社会保険庁年金問題 (日)改正少年法成立 自衛隊イラク派遣

年代	諸外国	日本	日本と世界の情勢
2001		DV防止法 保育士国家資格化 文部省と科学技術庁を併せ、文部科学省設置	（日）中央省庁再編、1府12省庁体制 （日）小泉政権誕生 アメリカ同時多発テロ
2002			日朝平壌宣言 （日）日朝首脳会議
2003		「次世代育成支援対策推進法」成立 「少子化社会対策基本法」成立 国立大学法人法公布	イラク戦争
2004		子ども・子育て応援プラン 発達障害者支援法	（日）裁判員制度成立 アテネオリンピック
2005		中央教育審議会、新たな時代の義務教育について答申 特殊教育から特別支援教育への転換を提言	（日）郵政民営化法成立
2006	国連総会「障害者の権利に関する条約」採択	教育再生会議設置 改正学校教育法成立 就学前の子どもに関する教育、保育等の総合的な提供の推進に関する法律 認定こども園発足 公立中高一貫校はじまる 改正教育基本法成立 中央教育審議会、教員養成・免許制度のあり方について答申	（日）第一次安倍政権誕生
2007		学校教育法改正 学校教育法施行規則改正 ゆとり教育見直し 改正教育職員免許法公布及び教員免許更新制制定	（日）社会保険庁年金問題
2008		「幼稚園教育要領」改訂、「保育所保育指針」改訂 「小学校・中学校・高等学校学習指導要領」改訂 教育再生懇談会設置	（日）福田政権誕生 北京オリンピック （日）麻生政権誕生

年代	諸外国	日本	日本と世界の情勢
2009		教員免許更新制導入	(日)衆議院選挙で民主党圧勝、政権交代 アメリカ第44代オバマ大統領 (日)裁判員制度開始 (日)鳩山政権誕生
2010		「子ども・若者育成支援推進法」施行 高等学校授業料無償化制度成立 文部科学省『生徒指導提要』作成	(日)菅政権誕生
2011		「障害者虐待防止法」施行 「障害者基本法」改正	(日)東日本大震災
2012		「子ども・子育て支援法」制定 教育再生実行会議設置 待機児童解消加速化プラン	(日)第二次安倍政権誕生
2013		「いじめ防止対策推進法」公布・施行	
2015		保育士確保プラン公表	
2016	イギリス、EU離脱決定	「次世代の学校・地域」創生プラン策定	リオデジャネイロオリンピック
2017		「幼稚園教育要領」「幼保連携型認定こども園教育・保育要領」「保育所保育指針」「小学校・中学校・高等学校学習指導要領」告示	アメリカ第45代トランプ大統領

索　引

◆ア 行◆

赤井米吉	60
アカデメイア	86
アクティブ・ラーニング	65
足利学校	32
アビトゥア	98
アメリカ教育使節団報告書	37
アリエス（Ariès, P.）	26
アリストテレス（Aristoteles）	24, 39, 86
生きる力	64
いじめ	142
いじめ防止対策推進法	143
『一般教育学』	17
意図的教育	4, 42
イニシエーション	50
居場所づくり	82
イリッチ（Illich, I.）	6, 140
『隠者の夕暮』	14, 28
ヴィゴツキー（Vygotsky, L.）	67-8, 70
ウェンガー（Wenger, E.）	66
芸亭	32
『エミール』	12, 28
エラスムス（Erasmus, D.）	25
エリアーデ（Eliade, M.）	51
エンゲストローム（Engeström, Y.）	67
及川平治	60
オーウェン（Owen, R.）	29
オーズベル（Ausubel, D. P.）	75
小原國芳	60
オペラント条件づけ（operant conditioning）	76
恩物	16

◆カ 行◆

改正教育令	35
解説オーガナイザー	76
貝原益軒	34
開放制	113
科学的教育学の祖	17
核家族	46
学事奨励に関する被仰出書	35
学習指導要領	61, 63-4
学制	35, 58, 104
学童疎開	37
学歴	7
──社会	49-50
『下層階級の子弟のための労働学校案』	11
学級経営	134
──案	135
学校運営協議会（コミュニティ・スクール）	117, 119
学校教育法	37, 60, 113
学校経営	116
学校裁量権限	117
『学校と社会』	20
学校評価	120
──ガイドライン	120
学校評議員制度	117, 119
学校歴尊重	7
活動理論	67-8
金沢文庫	32
カリキュラム	54-7, 69-70
──・マネジメント	65
河合隼雄	47
カント（Kant, I.）	1
危機管理意識	136
絆づくり	83
木下竹次	60
義務教育諸学校における学校評価ガイドライン	120
ギムナジウム	87, 91
教育委員会	110
教育基本法	37, 60, 107, 112
教育行政	107
──の自治と独立	108
──の中立性	109
教育公務員特例法	116
教育刷新委員会	37
教育職員免許法	113

207

教育審議会	37	公選制	110
教育勅語（教育ニ関スル勅語）	35, 59	高度知識社会	7
教育的教授	18	校内研究	129
教育的存在	2	国民学校	37, 60
教育内容の現代化	7	子どもの発見者	13
『教育に関する若干の考察（教育論）』	11	コミュニティ・スクール	65-6
教育に対する責任	126	コメニウス（Comenius, J. A.）	1, 26, 87
教育の可能性	3	コレージュ	87, 91
教育の機会均等	90	コンドルセ（Condorcet, M. J. A. N. de C.）	28, 88
教育の現代化	62		
教育の質的転換	105	コンピテンシー	65
教育の無償性	90	◆サ 行◆	
教育爆発の時代	6		
教育令	35	佐藤学	69-70
教育を受ける権利	89	沢柳政太郎	60
教員育成指標策定指針	115	産婆術	23
教員育成評議会	115	自己指導能力	81
教員免許更新制	114	私塾	33
教学刷新評議会	36	七自由科	86
教科書	80	実学主義（リアリズム）	26
教材教具	79	実験学校	20
キルパトリック（Kilpatrick, W. H.）	74	指導改善研修	128
近代学校制度	87	児童から（Vom kinde aus）	19
クーリー（Cooley, C. H.）	45	児童中心（Child-centered）	19
グラマー・スクール	91	指導力不足教員	146
グランゼコール	96	事物教授	26
クリーク（Krieck, E.）	41	社会化	43
ケアリング	68-9	『社会契約論』	12
経験主義	61-2	社会的自己指導能力	83
経験の連続的改造	21	社会的動物	2
形式的教育	42	社会文化的アプローチ	68
継続的な研究	124	宗教改革	26
系統主義	61-2	修道院学校	86
ゲーレン（Gehlen, A.）	1	十年経験者研修	115, 128
欠陥生物	2	自由学園	60
『ゲルトルートはいかにしてその子を教えるか』	14	授業	77
		綜芸種智院	31
研究協力校	130	生涯学習	6
研修	114	状況的学習	66
検定外教科書	80	消極的教育	13
検定教科書	80	少子化（人口減社会）	105
合科学習	60	昌平坂学問所	33
公教育	89	諸学校令	35

助教法	29	『庭訓往来』	34
職員会議	118	ディルタイ（Dilthey, W.）	40
職務	128	デューイ（Dewey, J.）	40, 44, 56, 69-70, 73
初等教育法	30	デュルケム（Durkheim, É）	42
初任者研修	115, 128	寺子屋	34
新学力観	63	統一学校運動	92
新教育運動	60	陶冶性	3
人文主義	25	特色ある学校づくり	117
スキナー（Skinner, B. F.）	76	特別免許状	114
スコラ哲学	24	ドルトン・プラン	60
性格形成論	29	トロー（Trow, M.）	94

◆ナ 行◆

成城小学校	60		
生徒指導	81	ナトルプ（Natorp, P. G.）	40
『生徒指導提要』	81	20世紀は児童の世紀	18
生理的早産	1	日本国憲法	111
『世界図絵』	9	『人間の教育』	16
世界ではじめての幼稚園（Kindergarten）	15	任命制	110
先行オーガナイザー（advance organizer）	76	粘土板の家	85
		ノディングズ（Noddings, N.）	68-9

◆ハ 行◆

全面発達	15		
専門性	123	パーカースト（Parkhurst, H.）	60
専門的知識	124	パーソンズ（Parsons, T.）	45
総合教育会議	111	バカロレア	96
ソクラテス（Sokrates）	23, 86	白紙（タブラ＝ラサ）	27
		――説	10

◆タ 行◆

第一次集団	45	発見学習	74
大学別曹	31	バトラー法	92
大学寮	31	羽仁もと子	60
『大教授学』	9, 87	パブリック・スクール	87, 91
大綱	111	林羅山	33
脱学校論（deschooling）	6, 140	藩校（藩学）	33
玉川学園	60	反省的思考（reflective thinking）	73
段階教授法	72	比較オーガナイザー	76
単線型	91	非形式的教育	42
チームとしての学校	65	PISA（生徒の学習到達度）調査	65, 98
地方教育行政の組織及び運営に関する法律（地方教育行政法）	110	福祉に対する責任	126
中央教育審議会（中教審）	110	複線型	91
中堅教諭等資質向上研修	115	服装	116
直観教授	28, 72	父性原理	46-7
ツィラー（Ziller, T.）	73	不登校	140
		プラトン（Platon）	24, 86

フリースクール	142	無意図的教育	4, 42
ブルーナー（Bruner, J. S.）	55, 74	元田永孚	35
フレーベル（Fröbel, F. W. A.）	29	森有礼	35, 59
プログラム学習（programmed learning）	76	モンスターペアレント	147
プロジェクト・メソッド（project method）	74	問題解決学習（problem solving learning）	21, 73
分岐型	92	文部科学省	109

◆ヤ　行◆

有意味受容学習	75
ゆとり	63-4
ユニバーサル（普遍）型	94
ユニバーサル化	94

分限と懲戒	116
分団式動的教育	60
ペスタロッチ（Pestalozzi, J. H.）	4, 28, 39, 72, 88
ベル（Bell, A.）	29
ベルトワン改革	92
ヘルバルト（Herbart, J. F.）	72
――の4段階	18
方法の社会化	43
法律主義	108
保健室登校	141
母性原理	46-7
ポルトマン（Portmann, A.）	1
本山学校	86

◆ラ　行◆

ライン（Rein, W.）	73
螺旋型カリキュラム	75
ランカスター（Lancaster, J.）	29
力量形成	127
リセ	91, 96
リュケイオン	86
ルソー（Rousseau, J.-J.）	2, 5, 27
ルター（Luther, M.）	26, 87
ルネサンス（文芸復興）運動	25, 86-7
レイブ（Lave, J.）	66
連携	137
ロック（Locke, J.）	27

◆マ　行◆

マードック（Murdock, G. P.）	46
マイヤー（Meier, D.）	56, 69
学びの共同体	56, 69
マン（Mann, H.）	89
明星学園	60
『民主主義と教育』	21

◆ワ　行◆

ワーチ（Wertsch, J.）	68

● 監修者・編著者紹介 ●

監修者　平野智美（ひらの・ともみ）
1961年、広島大学大学院教育学研究科教育学専攻博士課程修了。
ドイツ・ミュンスター大学、ボン大学留学。元・上智大学名誉教授。教育学博士（広島大学）。教育哲学、教育思想専攻。
主要著訳書：
『現代のドイツ教育哲学』共著（玉川大学出版部）、『人間形成の思想』編著（学習研究社）、『教育思想史（全6巻）』編著（東洋館出版社）、『ドイツ教育思想の源流』訳（東信堂）、『誤りから学ぶ教育に向けて―20世紀教育理論の再解釈―』共訳（勁草書房）、ほか。

編著者　中山幸夫（なかやま・ゆきお）
1984年、上智大学大学院文学研究科教育学専攻博士後期課程満期退学。
現在、敬愛大学教授。教育哲学、教師教育学専攻。
主要著訳書：
『教育の理論』共著（八千代出版）、『新たな時代の道徳教育』編著（八千代出版）、『教育の基礎と展開』共著（学文社）、ほか。

編著者　田中正浩（たなか・まさひろ）
1987年、上智大学大学院文学研究科教育学専攻博士前期課程修了。
現在、実践女子大学教授。教育哲学、幼児教育学専攻。
主要著書：
『教育方法・技術』共著（八千代出版）、『新たな時代の道徳教育』編著（八千代出版）、『保育の質を高める保育原理』編著（大学図書出版）、ほか。

新・教育学のグランドデザイン

2017年3月17日　第1版1刷発行
2019年11月7日　第1版2刷発行

監修者 ── 平　野　智　美
編著者 ── 中山幸夫・田中正浩
発行者 ── 森　口　恵美子
印刷所 ── 新　灯　印　刷㈱
製本所 ── グ　リ　ー　ン㈱
発行所 ── 八千代出版株式会社

〒101-0061　東京都千代田区神田三崎町2-2-13
TEL　03-3262-0420
FAX　03-3237-0723
振替　00190-4-168060

＊定価はカバーに表示してあります。
＊落丁・乱丁本はお取替えいたします。

Ⓒ 2017 Tomomi Hirano et al.　　ISBN978-4-8429-1695-8